会计仿真实训教程

基础会计实训

会计仿真实训平台项目组 编著

清华大学出版社
北 京

内 容 简 介

基础会计是会计入门的必修课程，学生需要在本门课程中掌握会计的基本概念、基本原理和基本方法。本书用于基础会计课程实训，依托"清华职教"平台，提供了线上线下结合的仿真实训操作内容。本书将课程知识点融入实训，书中单据均来源于企业的真实业务，学生可通过纸质单据开展手工实操，并结合在线实训平台反复练习，有效提高会计基本操作技能。

本书适合高职高专财务会计专业学生使用，也可供会计自学者学习。

图书在版编目(CIP)数据

基础会计实训/会计仿真实训平台项目组编著. —北京：清华大学出版社，2018(2021.9重印)
(会计仿真实训教程)
ISBN 978-7-302-49342-6

Ⅰ. ①基… Ⅱ. ①会… Ⅲ. ①会计学—职业教育—教材 Ⅳ. ①F230

中国版本图书馆 CIP 数据核字(2018)第 014881 号

责任编辑：刘士平
封面设计：毛丽娟
责任校对：赵琳爽
责任印制：杨 艳

出版发行：清华大学出版社
网　　址：http://www.tup.com.cn，http://www.wqbook.com
地　　址：北京清华大学学研大厦 A 座　　**邮　　编**：100084
社 总 机：010-62770175　　**邮　　购**：010-62786544
投稿与读者服务：010-62776969，c-service@tup.tsinghua.edu.cn
质量反馈：010-62772015，zhiliang@tup.tsinghua.edu.cn
课件下载：http://www.tup.com.cn，010-83470410
印 装 者：涿州市京南印刷厂
经　　销：全国新华书店
开　　本：185mm×260mm　　**印　张**：19.75　　**字　　数**：273 千字
版　　次：2018 年 9 月第 1 版　　**印　　次**：2021 年 9 月第 2 次印刷
定　　价：58.00 元(全二册)

产品编号：074164-01

丛　书　序

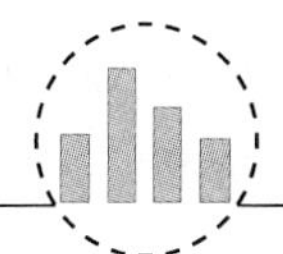

信息技术的发展正深刻改变着职业教育的教学模式，职业院校的师生迫切需要更加多样化的在线教学平台。“清华职教”（www.qinghuazhijiao.com）是在认真调研、精准把握职业院校课程改革以及在线教学需求的基础上，由清华大学出版社开发的，融虚拟仿真实训、富媒体教学资源、在线过程评测于一体的职业教育理实一体化课程平台。“清华职教”的在线课程除了传统的理论课、考证课之外，最大特色在于利用仿真技术开发的会计实训课。

“清华职教”旨在解决职业院校理论教学与实训教学相脱节、实训教学内容与企业真实业务不匹配的弊端，帮助学生真正提高实务操作技能，快速具备上岗能力。该项目于2014年被批准为新闻出版改革发展项目库入库项目，并获得财政部文化产业发展专项资金支持。

“清华职教”目前上线课程涵盖会计专业的主干实训课程和财经大类的部分理论课程。所有在线课程均与纸质教材相配套，实现了理论课程与实训课程的相互配套，线上仿真实训与线下真账实操的相互融合。

“会计仿真实训教程”系列教材是“清华职教”所开发的13门实训课程的配套实训教材，分别是出纳实训、纳税实训、审计实训、基础会计实训、财务会计实训、成本会计实训、税务会计实训、会计综合实训、财务管理实训、管理会计实训、会计电算化实训、财务报表分析实训、财经法规与会计职业道德实训。

“清华职教”会计仿真实训平台及配套教材具备以下八个方面的功能与特色。

1. 贴近岗位要求

根据不同会计岗位要求和课程特点，精选典型实训业务，如“出纳实训”除常规的现金、银行等业务仿真操作外，还提供了模拟网银操作；再如“纳税实训”，学生可登录模拟国税局和地税局网站进行纳税申报；再如“会计电算化实训”，平台也实现了电算化模拟操作。

2. 虚拟仿真操作

无论是原始凭证、记账凭证还是各类账簿、报表等，全都与真实业务中的最新版本一样，学生不用进入企业实习就可以接触到真实的业务场景和单据，在线进行虚拟仿真操作，填写记账凭证、登记账簿、编制报表、画线、盖章、生成支付密码等。

3. 智能比对答案

学生在线完成实训业务后，点击“提交答案”，如填写有误系统会自动“报错”（以红色块标示）。错误之处可以重新填写，直至答对。学生也可以查看“正确答案”，自主分析错误原因；还可以将填写内容全部清空，然后重新填写，反复练习。

4. 实时反馈成绩

每门实训课程的首页会根据学生实训进度和答题正确率,实时反馈学习成绩,生成综合报告,以便学生整体把握实训成绩。教师也可以在线组建班级,动态跟踪本班全部学员的实训情况。

5. 理实一体开发

实训课程通过"外部课程"链接与理论课程建立关联,充分实现理实一体的设计理念,服务职业院校理实一体化教学。

6. 内容体系科学

实训课程内容在充分体现会计岗位要求的基础上,按照职业院校会计专业的教学计划和课程标准,采用"项目—任务—业务"的编排体系,符合职业教育的教学规律。

7. 课程资源丰富

全部实训任务在线提供 PPT 课件,重难点任务还提供视频和微课讲解。学生实训时可以对照课件和视频,边学习边实训。

8. 线上线下结合

全部 13 门实训课程都配套出版纸质教材,提供仿真单据簿和各类账证表。学生通过教材附赠的序列号即可登录平台进行在线学习与实训,从而实现了线上学习与线下学习的结合,线上实训与手工实操的互补。

"清华职教"会计仿真实训平台的开发和配套教材的出版,是清华大学出版社在互联网教育领域的新尝试,是基于互联网提供会计课程整体解决方案的新做法,我们衷心期待这套产品的使用者给我们提出宝贵的意见和建议,以便我们的创新能够走得更稳,也衷心期待有志于互联网会计教学改革的院校和教师与我们一起,共同开发更符合院校特色专业建设要求的定制平台,共同打造会计教学的新模式。

"清华职教"将努力打造更多样的仿真实训课程、更精品的专业课程资源、更智能的数字学习方式,让教育者不再为缺乏教学资源而苦恼,让学习者真正学到有用的技能,让课堂学习不再与社会需求脱节。

会计仿真实训平台项目组

2017 年 12 月

前　言

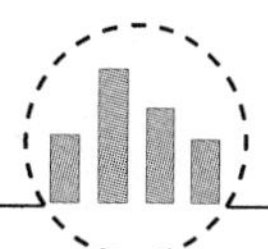

基础会计是会计入门的必修课程，同时也是经济管理类专业的专业基础课程，为学习专业会计和有关管理课程提供了必要的理论基础和专业技能。在现代社会，不懂会计知识、不善于利用会计信息的人，是很难从事经济管理工作的。随着科学技术与经济的快速发展，会计学的理论与实践需要不断进行总结与完善。2014 年，国际财务报告准则的新一轮改革已经进入了关键阶段，为了保持我国会计准则与国际财务报告准则的持续、深入趋同，进一步完善我国企业会计准则体系，提高财务报表列报质量和会计信息透明度，2014 年伊始，财政部对会计准则进行了大规模修订，相继修订 4 项会计准则，并发布 3 项新准则及 1 项补充规定，7 项准则统一于 7 月 1 日起在所有执行企业会计准则的企业范围内施行，鼓励在境外上市的企业提前执行。

本书以新《企业会计准则》为依据，帮助学生在实训过程中深入理解会计学的基本概念、基本原理和基本方法。在掌握借贷记账法原理的基础上，以制造业企业为例，系统介绍了企业基本经济业务的会计核算，注重可操作性，注重实例的运用和知识的更新，内容丰富，结构合理，逻辑性强。

本书以企业的经济活动为例，按照会计岗位的要求设计实训项目和任务，素材丰富、资料翔实。实训内容具有实用性和可操作性，并且依据会计核算实务的实际操作流程及财务核算方法进行设计，重点强化训练学生填制原始凭证、编制记账凭证及核算的能力。通过实训，可以提高学生对会计岗位核算流程的理解，提高实际操作技能。

本书项目 1～项目 8 为单项实训，实训内容涉及原始凭证和记账凭证的填制和审核、账簿的设置和登记、会计报表的填制，以及工业企业和商业企业的会计核算；项目 9 为线上综合实训（请登录“清华职教”平台进行实训），内容涉及工业企业整个业务流程和商品流通企业整个业务流程。本书按照由浅入深、先分后总的顺序安排实训业务，教师可依据实际教学需求进行取舍，安排实训进度。

本书及配套实训平台的编写、开发得到了会计专业教师、企业一线会计人员和教育技术人员的大力帮助，在此深表谢意。由于水平有限，书中难免存在疏漏和不足，恳请读者朋友批评指正。

会计仿真实训平台项目组

2018 年 5 月

目　录

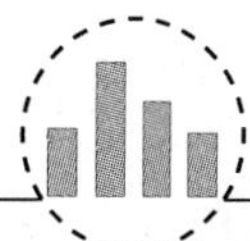

项目 1

填制和审核原始凭证

任务 1.1　与货币资金收支有关的原始单据填制

【业务 1.1.1】

2017 年 2 月 1 日，金陵钱多多家具有限公司开出现金支票一张，金额为 1000 元，从银行提取现金以备零用。请根据背景资料(见单据 1-1)填写现金支票。(说明：支付密码器签发人口令为 123456)

【业务 1.1.2】

2017 年 4 月 11 日，金陵钱多多家具有限公司从金陵易能达商贸有限公司购进一批商品，价款为 9580 元，以转账支票支付。请根据背景资料(见单据 1-1)填制转账支票。(说明：支付密码器签发人口令为 123456)

【业务 1.1.3】

2017 年 2 月 15 日，金陵钱多多家具有限公司收到货款，请根据背景资料(见单据 1-2 和单据 1-3)填写银行进账单。

【业务 1.1.4】

2017 年 4 月 26 日，金陵钱多多家具有限公司出纳员李丽把现金 1000 元(销售款)送存银行。其中，票面 100 元的 5 张，票面 50 元的 8 张，票面 20 元的 3 张，票面 10 元的 4 张。请填写现金存款凭条。

【业务 1.1.5】

2017 年 2 月 20 日，金陵钱多多家具有限公司(账号：1298010002000316285，开户行：中国工商银行金陵玄武支行)申请办理银行汇票 20000 元，向金陵易能达商贸有限公司(账号：1208736877823412463，开户行：中国工商银行金陵上地支行)采购货物。请代为填写银行汇票。

【业务 1.1.6】

2017 年 6 月 6 日，金陵钱多多家具有限公司（一般纳税人）采购商品，以电汇方式结算。请根据背景资料（见单据 1-4）填写银行电汇凭证。

【业务 1.1.7】

2017 年 9 月 5 日，金陵钱多多家具有限公司将快过期的银行承兑汇票向开户银行委托收款（电划），合同名称号码为 20170892，已发货。请根据背景资料（见单据 1-5）填写托收凭证。

【业务 1.1.8】

2017 年 3 月 12 日，金陵钱多多家具有限公司签发银行承兑汇票支付设备款项。请根据银行承兑协议填写银行承兑汇票。（付款行行号：50300；付款地址：金陵市玄武区中山路 75 号）见单据簿中单据 1-6。

【业务 1.1.9】

2017 年 2 月 18 日，金陵钱多多家具有限公司（开户行：中国工商银行金陵玄武支行，行号：45701，开户行地址：金陵市玄武区中山路 75 号，电话：0688-86615898，账号：1298010002000316285）从金陵易能达商贸有限公司（开户行：中国工商银行金陵上地支行，账号：1208736877823412463）购买材料一批，交易合同号码为 20170766，金额 46800 元，金陵易能达商贸有限公司签发商业承兑汇票一张，汇票期限为一个月。请填写相应的商业承兑汇票。

【业务 1.1.10】

2017 年 5 月 26 日，金陵钱多多家具有限公司采购员李奇报销差旅费 2805 元，交回余款 195 元。请填写收回余款的收款收据。

任务 1.2　与销售有关的原始单据填制

【业务 1.2.1】

2017 年 7 月 21 日，金陵钱多多家具有限公司销售给上海美新商贸有限公司一批商品，请根据背景资料（见单据 1-7 和单据 1-8）开具增值税专用发票。（说明：销售单中为不含税价格，增值税税率为 17%）

【业务 1.2.2】

2017 年 7 月 27 日，金陵钱多多家具有限公司（小规模纳税人）销售给金陵易能达商贸

有限公司一批货物，请根据背景资料（见单据 1-9 和单据 1-10）开具增值税普通发票。（说明：销售单中为不含税价格，税率 3%）

任务 1.3 与购货有关的原始单据填制

【业务 1.3.1】

2017 年 6 月 10 日，金陵钱多多家具有限公司采购部购入一批办公桌，请根据背景资料（见单据 1-11 和单据 1-12）填写入库单。（说明：验收仓库是第三仓库，按照实际价格入库）

【业务 1.3.2】

2017 年 5 月 10 日，金陵钱多多家具有限公司从金陵积善行商贸有限公司购进 2000 张密度板，规格是 SW10，单价 120 元/张，共计货款 240000 元，以转账方式结算。请填写收料单。（说明：发货数与实收数一致；合同号：Q058；无运杂费）

任务 1.4 与其他方面经济活动有关的原始单据填制

【业务 1.4.1】

根据背景资料（见单据 1-13 和单据 1-14）编制工资表。（说明：个税起征点为 3500 元）

【业务 1.4.2】

2017 年 7 月 3 日，金陵钱多多家具有限公司生产部领用密度板 100 个，用于生产办公桌，单价 50 元。请填写领料单。（说明：请领与实发数量一致；领料人：于军）

【业务 1.4.3】

2017 年 2 月，金陵钱多多纸业有限公司第四生产车间共领用了三次红麻纤维纸浆（材料类别为 A 级，编号为 A001），用于生产精品纸张。2 月 1 日领用了 50 吨，2 月 11 日领用了 40 吨，2 月 21 日领用了 10 吨，单价是 700 元，领料人均是赵学猛，发料人均是梁立韵。此原材料当月限额领料数量为 120 吨。发料仓库是第四仓库，请领与实发数量一致，无代用数量和退料数量。请填写限额领料单。

【业务 1.4.4】

2017 年 6 月 30 日，金陵钱多多家具有限公司盘存周转材料螺钉（编号 31、第一仓库），计量单位千克，单价 20 元。账面结存数量 2550 千克，金额 51000 元。实际盘点结果为：数量 2500 千克，金额 50000 元。请据此编制盘点报告表。

任务 1.5　原始凭证的审核

【业务 1.5.1】

采购员李奇将于 2017 年 4 月 5 日出差，4 月 1 日预借采购款 1500 元，他填写的借款借据见单据簿中的单据 1-15。请审核该原始单据，如果填写有误，请帮其填写正确的单据。

【业务 1.5.2】

商业汇票 2017 年 7 月 4 日到期，金陵易能达商贸有限公司办理进账，请在背景资料(见单据 1-16～单据 1-19)中选择正确的原始凭证。

项目2

填制和审核记账凭证

任务 2.1　收款凭证的填制

【业务 2.1.1】

2017 年 1 月 5 日，金陵钱多多家具有限公司销售一批办公椅，货款已收。请根据背景资料（见单据 2-1～单据 2-3）编制收款凭证。（凭证编号：银收 001）

【业务 2.1.2】

2017 年 1 月 6 日，金陵钱多多家具有限公司销售一批办公桌，货款收回并存入银行。请根据背景资料（见单据 2-4～单据 2-6）编制收款凭证。（凭证编号：银收 002）

【业务 2.1.3】

2017 年 1 月 13 日，金陵钱多多家具有限公司商业汇票到期办理进账。请根据背景资料（见单据 2-7）编制收款凭证。（凭证编号：银收 003）

【业务 2.1.4】

2017 年 1 月 15 日，金陵钱多多家具有限公司收回上月销售款。请根据背景资料（见单据 2-8）编制收款凭证。（凭证编号：银收 004）

【业务 2.1.5】

2017 年 1 月 18 日，金陵钱多多家具有限公司收到上海美新商贸有限公司所欠货款 50000 元。请根据背景资料（见单据 2-9）编制收款凭证。（凭证编号：银收 005）

【业务 2.1.6】

2017 年 1 月 20 日，金陵钱多多家具有限公司收到上海美新商贸有限公司转来预付货款 30000 元。请根据背景资料（见单据 2-10）编制收款凭证。（凭证编号：银收 006）

【业务 2.1.7】

2017 年 1 月 22 日，金陵钱多多家具有限公司销售人员李奇报销差旅费，交回余款 300 元。

请根据背景资料(见单据 2-11)编制收款凭证。(凭证编号:现收 007)

【业务 2.1.8】

2017 年 1 月 26 日,金陵钱多多家具有限公司收到投资人金陵易能达商贸有限公司的投资款 150000 元。请根据背景资料(见单据 2-12)编制收款凭证。(凭证编号:银收 009)

任务 2.2 付款凭证的填制

【业务 2.2.1】

2017 年 1 月 3 日,金陵钱多多家具有限公司偿还前欠帝都日行一善商贸有限公司材料款。请根据背景资料(见单据 2-13)编制付款凭证。(凭证编号:银付 001)

【业务 2.2.2】

2017 年 1 月 8 日,金陵钱多多家具有限公司从银行提取现金 100000 元用于发放工资。请根据背景资料(见单据 2-14)编制付款凭证。(凭证编号:银付 002)

【业务 2.2.3】

2017 年 1 月 10 日,金陵钱多多家具有限公司职工王玲预借差旅费,以现金支付。请根据背景资料(见单据 2-15)编制付款凭证。(凭证编号:现付 003)

【业务 2.2.4】

2017 年 1 月 15 日,金陵钱多多家具有限公司将以现金方式收到的货款存入银行。请根据背景资料(见单据 2-16)编制付款凭证。(凭证编号:现付 004)

【业务 2.2.5】

2017 年 1 月 20 日,金陵钱多多家具有限公司支付本公司所欠金陵易能达商贸有限公司的购货款 30000 元。请根据背景资料(见单据 2-17 和单据 2-18)编制付款凭证。(凭证编号:银付 005)

【业务 2.2.6】

2017 年 1 月 25 日,金陵钱多多家具有限公司通过转账支票支付广告费 10000 元。请根据背景资料(见单据 2-19)填制付款凭证。(凭证编号:银付 006)

【业务 2.2.7】

2017 年 1 月 28 日,金陵钱多多家具有限公司向金陵积善行商贸有限公司采购材料一批,收到增值税专用发票,材料款通过转账支票支付。请根据背景资料(见单据 2-20~单

据 2-22)编制付款凭证。(凭证编号：银付 007)

【业务 2.2.8】

2017 年 1 月 29 日，金陵钱多多家具有限公司通过转账支票预付帝都谦虚家具有限公司货款 3000 元。请根据背景资料(见单据 2-23)编制付款凭证。(凭证编号：银付 008)

任务 2.3 转账凭证的填制

【业务 2.3.1】

2017 年 1 月 5 日，金陵钱多多家具有限公司按实际成本计价法采购材料一批，款项尚未支付。请根据背景资料(见单据 2-24)编制转账凭证。(凭证编号：001)

【业务 2.3.2】

2017 年 1 月 15 日，金陵钱多多家具有限公司生产部门领用材料。请根据背景资料(见单据 2-25)编制转账凭证。(凭证编号：004)

【业务 2.3.3】

2017 年 1 月 18 日，金陵钱多多家具有限公司计提分配本月福利费 1400 元，其中生产工人 700 元，销售人员 420 元，公司管理人员 280 元。请根据背景资料(见单据 2-26)编制转账凭证。(凭证编号：006)

【业务 2.3.4】

2017 年 1 月 20 日，金陵钱多多家具有限公司计提本月工资 13000 元，其中生产工人 5000 元，销售人员 5000 元，管理人员 3000 元。请编制转账凭证。(凭证编号：007)

【业务 2.3.5】

2017 年 1 月 22 日，金陵钱多多家具有限公司销售商品，款项未收。请根据背景资料(见单据 2-27)编制转账凭证。(凭证编号：008)

【业务 2.3.6】

2017 年 1 月 28 日，金陵钱多多家具有限公司办理差旅费报销。请根据背景资料(见单据 2-28)编制转账凭证。(凭证编号：009)

任务 2.4　记账凭证的审核

【业务 2.4.1】

2017 年 1 月 10 日，金陵钱多多家具有限公司第一车间领用机物料，请审核该记账凭证（见单据 2-29）。若不正确，请编制正确的记账凭证。（凭证编号：001）

【业务 2.4.2】

2017 年 1 月 15 日，金陵钱多多家具有限公司偿还上月购料款，请审核该记账凭证（见单据 2-30）。若不正确，请编制正确的记账凭证。（凭证编号：002）

【业务 2.4.3】

2017 年 1 月 20 日，金陵钱多多家具有限公司从银行提取现金，以备零星开支，请根据现金支票存根（见单据 2-31）审核该记账凭证（见单据 2-32）。若不正确，请编制正确的记账凭证。（凭证编号：002）

【业务 2.4.4】

2017 年 1 月 25 日，金陵钱多多家具有限公司收到出借包装物的押金，请根据收款收据（见单据 2-33）审核该记账凭证（见单据 2-34）。若不正确，请编制正确的记账凭证。（凭证编号：001）

项目 3 账簿的设置和登记

任务 3.1 总账的建账

【业务 3.1.1】

2017 年 1 月 1 日,金陵钱多多家具有限公司“库存现金”的期初余额为 6000 元。请建立库存现金总账。

【业务 3.1.2】

2017 年 1 月 1 日,金陵钱多多家具有限公司“银行存款”的期初余额为 415000 元。请建立银行存款总账。

【业务 3.1.3】

2017 年 1 月 1 日,金陵钱多多家具有限公司“其他货币资金”的期初余额为 1000 元。请建立其他货币资金总账。

【业务 3.1.4】

2017 年 1 月 1 日,金陵钱多多家具有限公司“应收票据”的期初余额为 30000 元。请建立应收票据总账。

【业务 3.1.5】

2017 年 1 月 1 日,金陵钱多多家具有限公司“应收账款”的期初余额为 72000 元。请建立应收账款总账。

【业务 3.1.6】

2017 年 1 月 1 日,金陵钱多多家具有限公司“预付账款”的期初余额为 30000 元。请建立预付账款总账。

【业务 3.1.7】

2017 年 1 月 1 日,金陵钱多多家具有限公司“其他应收款”的期初余额为 400 元。请建立其他应收款总账。

【业务 3.1.8】

2017 年 1 月 1 日，金陵钱多多家具有限公司“原材料”的期初余额为 60000 元。请建立原材料总账。

【业务 3.1.9】

2017 年 1 月 1 日，金陵钱多多家具有限公司“生产成本”的期初余额为 6000 元。请建立生产成本总账。

【业务 3.1.10】

2017 年 1 月 1 日，金陵钱多多家具有限公司“库存商品”的期初余额为 63000 元。请建立库存商品总账。

任务 3.2　明细账的建账

【业务 3.2.1】

2017 年 1 月 1 日，金陵钱多多家具有限公司“应收账款——金陵易能达商贸有限公司”科目的期初余额为借方 72000 元，请建立该明细账。

【业务 3.2.2】

2017 年 1 月 1 日，金陵钱多多家具有限公司“预付账款——金陵宏鑫商贸有限公司”科目的期初余额为借方 30000 元，请建立该明细账。

【业务 3.2.3】

2017 年 1 月 1 日，金陵钱多多家具有限公司“预收账款——帝都谦虚家具有限公司”科目的期初余额为贷方 25740 元，请建立该明细账。

【业务 3.2.4】

2017 年 1 月 1 日，金陵钱多多家具有限公司“应付账款——帝都日行一善商贸有限公司”科目的期初余额为贷方 51600 元，请建立该明细账。

【业务 3.2.5】

2017 年 1 月 1 日，金陵钱多多家具有限公司“其他应收款——李奇”科目的期初余额为借方 400 元，请建立该明细账。

【业务 3.2.6】

2017 年 1 月 1 日,金陵钱多多家具有限公司“原材料——密度板”科目的库存为 500 张,单价为 200 元/张,期初余额为 100000 元,请建立该明细账。

任务 3.3 日记账的建账

【业务 3.3.1】

2017 年 1 月 1 日,金陵钱多多家具有限公司“库存现金”的期初余额为 6000 元,请建立库存现金日记账。

【业务 3.3.2】

2017 年 1 月 1 日,金陵钱多多家具有限公司“银行存款”的期初余额为 415000 元。请建立银行存款日记账。

任务 3.4 账簿的启用

【业务 3.4.1】

2017 年 1 月 1 日,金陵钱多多家具有限公司开始建账,请填写总分类账的“账簿启用及交接表”。(总经理：钱多多;会计主管：张丽;记账：张雯;复核：李林;出纳：李丽)

说明：盖章操作请在线上完成。

【业务 3.4.2】

2017 年 1 月 1 日,金陵钱多多家具有限公司开始建账,请填写库存现金日记账的“账簿启用及交接表”。(总经理：钱多多;会计主管：张丽;复核：李林;记账：张雯;出纳：李丽)

说明：盖章操作请在线上完成。

【业务 3.4.3】

2017 年 1 月 1 日,金陵钱多多家具有限公司开始建账,请填写银行存款日记账的“账簿启用及交接表”。(总经理：钱多多;会计主管：张丽;复核：李林;记账：张雯;出纳：李丽)

说明：盖章操作请在线上完成。

【业务 3.4.4】

2017 年 1 月 1 日,金陵钱多多家具有限公司开始建账,请填写数量金额式明细账的“账簿启用及交接表”。(总经理：钱多多;会计主管：张丽;复核：李林;记账：张雯;出纳：李丽)

说明：盖章操作请在线上完成。

【业务 3.4.5】

2017 年 1 月 1 日，金陵钱多多家具有限公司开始建账，请填写三栏式明细账的“账簿启用及交接表”。(总经理：钱多多；会计主管：张丽；复核：李林；记账：张雯；出纳：李丽)

说明：盖章操作请在线上完成。

【业务 3.4.6】

2017 年 1 月 1 日，金陵钱多多家具有限公司开始建账，请填写多栏式明细账的“账簿启用及交接表”。(总经理：钱多多；会计主管：张丽；复核：李林；记账：张雯；出纳：李丽)

说明：盖章操作请在线上完成。

任务 3.5 总账的登记

【业务 3.5.1】

根据背景资料(见单据 3-1)登记“银行存款”总账，并进行月结。银行存款期初余额为 149000 元。

说明：画线操作请在线上完成。

【业务 3.5.2】

根据背景资料(见单据 3-1)登记“应收账款”总账，并进行月结。应收账款期初余额为 250000 元。

说明：画线操作请在线上完成。

【业务 3.5.3】

根据背景资料(见单据 3-1)登记“短期借款”总账，并进行月结。短期借款期初余额为 295000 元。

说明：画线操作请在线上完成。

【业务 3.5.4】

根据背景资料(见单据 3-1)登记“应付账款”总账，并进行月结。应付账款期初余额为 125000 元。

说明：画线操作请在线上完成。

任务 3.6 明细账的登记

【业务 3.6.1】

金陵钱多多家具有限公司 2017 年 4 月“应收账款——金陵宏鑫商贸有限公司”账户的期初余额借方为 70000 元。请根据背景资料(见单据 3-2～单据 3-4)登记“应收账款——金陵宏鑫商贸有限公司”明细账,并进行月结。

【业务 3.6.2】

金陵钱多多家具有限公司 2017 年 4 月“原材料——密度板”账户的期初余额借方为 120000 元,数量为 600 张,单价 200 元。请根据背景资料(见单据 3-5～单据 3-8)登记“原材料——密度板”明细账,并进行月结。(提示:密度板所有的进价和出库单价都是 200 元/件)

【业务 3.6.3】

请根据相关资料(见单据 3-9～单据 3-12)登记金陵钱多多家具有限公司 4 月 1～10 日“管理费用”明细账 。

任务 3.7 日记账的登记

【业务 3.7.1】

金陵钱多多家具有限公司 2017 年 3 月 1 日库存现金期初余额为 4000 元,请根据背景资料(见单据 3-13～单据 3-25)编制库存现金日记账,并进行月结。

说明:背景资料为金陵钱多多家具有限公司 2017 年 3 月所编制的所有与现金有关的付款和收款凭证。

【业务 3.7.2】

金陵钱多多家具有限公司 2017 年 3 月 1 日银行存款期初余额为 140000 元,请根据背景资料(见单据 3-26～单据 3-37)登记银行存款日记账,并进行月结。

说明:背景资料是金陵钱多多家具有限公司 2017 年 3 月所编制的所有与银行存款有关的付款和收款凭证。画线操作请在线上完成。

项目 4 对账与错账更正

任务 4.1 对　　账

【业务 4.1.1】

请将制造费用明细账(见单据 4-1)与总账(见单据 4-2)核对,判断是否相符。

【业务 4.1.2】

请将管理费用明细账(见单据 4-3)与总账(见单据 4-4)核对,判断是否相符。

【业务 4.1.3】

请将记账凭证(见单据 4-5～单据 4-9)与明细账(见单据 4-10)核对,判断是否符合。

【业务 4.1.4】

请将记账凭证(见单据 4-11～单据 4-15)与明细账(见单据 4-16)核对,判断是否相符。

任务 4.2　红字更正法(会计科目错误)

【业务 4.2.1】

根据背景资料(见单据 4-17),找出错误之处,并填制一张红字转账凭证。(此为红字更正法的第一步;凭证日期:2017 年 5 月 31 日;红字凭证编号:069)

【业务 4.2.2】

承接业务 4.2.1,编制正确的转账凭证。(此为红字更正的第二步;凭证日期:2017 年 5 月 31 日;凭证编号:070)

【业务 4.2.3】

根据背景资料(见单据 4-18 和单据 4-19),找出错误之处,并填制一张红字凭证。(此为

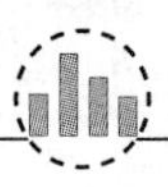

红字更正的第一步;凭证日期:2017年4月30日;凭证编号:035)

【业务4.2.4】

承接业务4.2.3,编制正确的记账凭证。(此为红字更正的第二步;凭证日期:2017年4月30日;凭证编号:036)

任务4.3 红字更正法(会计科目及金额错误)

【业务4.3.1】

根据背景资料(见单据4-20和单据4-21),找出错误之处,并填制一张红字转账凭证。(凭证日期:2017年7月31日;凭证编号:069)

【业务4.3.2】

承接业务4.3.1,编制正确的转账凭证。(凭证日期:2017年7月31日;凭证编号:070)

【业务4.3.3】

根据背景资料(见单据4-22和单据4-23),找出错误之处,并填制一张红字付款凭证。(凭证日期:2017年6月30日;凭证编号:035)

【业务4.3.4】

承接业务4.3.3,编制正确的付款凭证。(凭证日期:2017年6月30日;凭证编号:036)

任务4.4 红字更正法(金额错误)

【业务4.4.1】

根据背景资料(见单据4-24和单据4-25)更正错误的付款凭证。(凭证日期:2017年6月30日;凭证编号:032)

【业务4.4.2】

根据背景资料(见单据4-26和单据4-27)更正错误的转账凭证。(凭证日期:2017年7月31日;凭证编号:087)

任务 4.5 补充更正法

【业务 4.5.1】

根据背景资料(见单据 4-28 和单据 4-29)更正错误的记账凭证。(凭证日期：2017 年 7 月 31 日;凭证编号：058)

【业务 4.5.2】

根据背景资料(见单据 4-30～单据 4-32)更正错误的记账凭证。(凭证日期：2017 年 6 月 30 日;凭证编号：035)

项目 5

会计报表的编制

任务 5.1 资产负债表的编制

【业务 5.1.1】

根据背景资料(见单据 5-1)编制金陵钱多多家具有限公司 2016 年 12 月 31 日的资产负债表。(年初余额已给出)

【业务 5.1.2】

根据背景资料(见单据 5-2)编制金陵宏鑫商贸有限公司 2017 年 12 月 31 日的资产负债表。(不考虑年初余额)

任务 5.2 利润表的编制

【业务 5.2.1】

根据背景资料(见单据 5-3)编制金陵钱多多家具有限公司 2016 年 12 月的利润表。(不考虑上期金额)

【业务 5.2.2】

承接业务 5.2.1,根据背景资料(见单据 5-4)编制金陵钱多多家具有限公司 2017 年 12 月的利润表。

项目 6

特殊项目专练

任务 6.1　银行存款余额调节表的编制

【业务 6.1.1】

根据背景资料(见单据 6-1)编制银行存款余额调节表。(开户行：中国工商银行金陵玄武支行，账号：1298010002000316285，出纳员：李丽)

【业务 6.1.2】

根据背景资料(见单据 6-2)编制银行存款余额调节表。(开户行：中国工商银行金陵玄武支行，账号：1298010002000316285，出纳员：李丽)

任务 6.2　财 产 盘 盈

【业务 6.2.1】

2017 年 12 月 31 日，金陵钱多多家具有限公司进行全面资产清查，盘盈一批木料价值 10000 元，请填制转账凭证。(凭证编号：097)

【业务 6.2.2】

承接业务 6.2.1，2017 年 12 月 31 日，金陵钱多多家具有限公司对盘盈材料进行处理，请根据背景资料(见单据 6-3)填制转账凭证。(凭证编号：098)

【业务 6.2.3】

2017 年 12 月 31 日，金陵钱多多家具有限公司进行全面资产清查，发现一个完工工程(实际成本 55000 元)还挂在在建工程科目。经测算，该固定资产已累计折旧 11000 元。请填制结转在建工程、补提折旧的转账凭证。(假设此属于重要的前期差错，凭证编号：035)

【业务 6.2.4】

承接业务 6.2.3，请填制将“以前年度损益调整”科目余额转入利润分配的转账凭证。

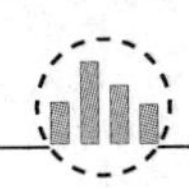

（不考虑纳税调整事项，该公司按净利润的15%提取盈余公积金，凭证编号：036）

【业务6.2.5】

2017年12月31日，金陵钱多多家具有限公司进行财产清查，发现账外设备一台，估计原价20000元，已提折旧12000元。经查是因为当时计入了当期费用。有关部门作出了审批，此属于不重要的前期差错。请填制批准处理后的转账凭证。（凭证编号：065）

任务6.3　财产盘亏

【业务6.3.1】

2017年12月31日，金陵钱多多家具有限公司进行财产清查，发现库存现金短缺100元，请根据背景资料（见单据6-4）填制转账凭证。（凭证编号：068）

【业务6.3.2】

承接业务6.3.1，经审查发现，上述库存现金短缺100元是出纳员李丽的过错，由其负责赔偿，请填制转账凭证。（凭证编号：069）

【业务6.3.3】

2017年12月31日，北京南方股份有限公司（增值税一般纳税人）进行财产清查，在清查中发现：PU材料（增值税税率为17%）账面余额4550千克，价值27300元。盘点实际存量为4500千克，原因待查。请填制转账凭证。（凭证编号：065）

【业务6.3.4】

承接业务6.3.3，请根据背景资料（见单据6-5）填制转账凭证。（凭证编号：066）

【业务6.3.5】

承接业务6.3.3，经查明材料短缺是因为保管人员张慧失职，由其赔偿。请填制批准处理后的转账凭证 。（凭证编号：066）

【业务6.3.6】

2017年12月31日，金陵钱多多家具有限公司进行财产清查，发现盘亏机床一台。该机床原值15200元，已提折旧9120元。请填制审批前的转账凭证。（凭证编号：067）

【业务6.3.7】

承接业务6.3.6，经查明盘亏原因是自然灾害造成的，金陵保险公司赔偿5000元，其他损失计入营业外支出。请填制审批后的转账凭证。（凭证编号：068）

任务 6.4 往来账项清查

【业务 6.4.1】

2017 年 12 月 31 日，金陵钱多多家具有限公司进行清查，请根据背景资料（见单据 6-6）填写转账凭证。（凭证编码：095）

【业务 6.4.2】

2017 年 12 月 31 日，金陵钱多多家具有限公司进行清查时发现无法支付的应付账款（金陵易能达商贸有限公司）3500 元，经查明该公司已经破产，经批准作营业外收入处理，请根据背景资料（见单据 6-7）填制转账凭证。（凭证编号：064）

任务 6.5 汇总记账和科目汇总表实训

【业务 6.5.1】

根据背景资料（见单据 6-8～单据 6-21）编制汇总付款凭证（银行存款）。

【业务 6.5.2】

承接业务 6.5.1，根据背景资料（见单据 6-8～单据 6-21）编制汇总付款凭证（库存现金）。

【业务 6.5.3】

承接业务 6.5.1，根据背景资料（见单据 6-8～单据 6-21）编制汇总转账凭证（本年利润）。

【业务 6.5.4】

承接业务 6.5.1，根据背景资料（见单据 6-8～单据 6-21）按顺序编制汇总转账凭证（应交税费）。

【业务 6.5.5】

承接业务 6.5.1，根据背景资料（见单据 6-8～单据 6-21）编制汇总收款凭证（银行存款）。

【业务 6.5.6】

承接业务 6.5.1，根据背景资料（见单据 6-8～单据 6-21）编制汇总收款凭证（库存现金）。

【业务 6.5.7】

承接业务 6.5.1～业务 6.5.6，根据背景资料（见单据 6-8～单据 6-21）编制科目汇总表。

任务 6.6　记账凭证账务处理程序实训

【业务 6.6.1】

根据背景资料（见单据 6-22～单据 6-31），按顺序登记库存现金总账。（假设期初余额为借方 2000 元）

【业务 6.6.2】

承接业务 6.6.1，根据背景资料（见单据 6-22～单据 6-31）按顺序登记银行存款总账。（假设期初余额为借方 300000 元）

【业务 6.6.3】

承接业务 6.6.2，根据背景资料（见单据 6-22～单据 6-31）按顺序登记应付职工薪酬总账。（假设期初余额为贷方 15000 元）

【业务 6.6.4】

承接业务 6.6.3，根据背景资料（见单据 6-22～单据 6-31）按顺序登记库存商品总账。（假设期初余额为借方 100000 元）

【业务 6.6.5】

承接业务 6.6.4，根据背景资料（见单据 6-22～单据 6-31）按顺序登记应交税费总账。（假设期初余额为贷方 100 元）

【业务 6.6.6】

承接业务 6.6.5，根据背景资料（见单据 6-22～单据 6-31）按顺序登记主营业务收入总账。

【业务 6.6.7】

承接业务 6.6.6，根据背景资料（见单据 6-22～单据 6-31）按顺序登记主营业务成本总账。

【业务 6.6.8】

承接业务 6.6.7，根据背景资料（见单据 6-22～单据 6-31）按顺序登记所得税费用总账。

【业务 6.6.9】

承接业务 6.6.8，根据相关资料(见单据 6-22～单据 6-31)按顺序登记管理费用总账。

【业务 6.6.10】

承接业务 6.6.9，根据背景资料(见单据 6-22～单据 6-31)按顺序登记本年利润总账。

【业务 6.6.11】

承接业务 6.6.10，根据背景资料(见单据 6-22～单据 6-31)按顺序登记利润分配总账。(假设期初余额为贷方 20000 元)

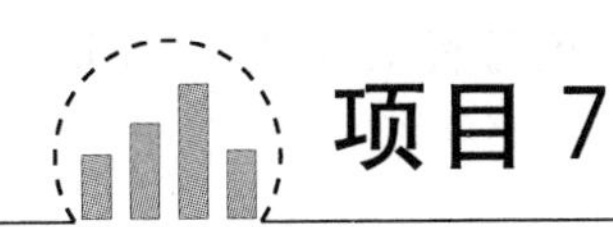

项目 7

工业企业会计核算

任务 7.1 工业企业资金筹集的核算

【业务 7.1.1】

2017 年 1 月 3 日，金陵钱多多家具有限公司收到施加林的投资款，请根据背景资料（见单据 7-1 和单据 7-2）填写收款凭证。（凭证编号：001）

【业务 7.1.2】

2017 年 1 月 3 日，金陵钱多多家具有限公司收到金陵易能达商贸有限公司投入的货币资金，请根据背景资料（见单据 7-3 和单据 7-4）填写收款凭证。（凭证编号：003）

【业务 7.1.3】

2017 年 1 月 8 日，金陵钱多多家具有限公司收到投资方投入的固定资产，请根据背景资料（见单据 7-5～单据 7-7）填写转账凭证。（凭证编号：001）

【业务 7.1.4】

2017 年 2 月 1 日，金陵钱多多家具有限公司向银行借入短期借款，请根据背景资料（见单据 7-8）填写收款凭证。（凭证编号：005）

【业务 7.1.5】

2017 年 3 月 1 日，金陵钱多多家具有限公司向银行借入长期借款，请根据背景资料（见单据 7-9）填写收款凭证。（凭证编号：006）

任务 7.2 工业企业采购过程的核算

【业务 7.2.1】

2017 年 1 月 4 日，金陵钱多多家具有限公司（一般纳税人，采用实际成本核算）采购原

材料，尚未验收入库，请根据背景资料(见单据 7-10～单据 7-12)填写付款凭证。(凭证编号：001)

【业务 7.2.2】

2017 年 1 月 10 日，金陵钱多多家具有限公司(一般纳税人，采用实际成本核算)采购原材料，尚未验收入库，请根据背景资料(见单据 7-13 和单据 7-14)填写付款凭证。(凭证编号：002)

【业务 7.2.3】

2017 年 1 月 16 日，金陵钱多多家具有限公司(一般纳税人，采用实际成本核算)采购原材料，尚未验收入库，请根据背景资料(见单据 7-15 和单据 7-16)填写转账凭证。(凭证编号：003)

【业务 7.2.4】

2017 年 1 月 20 日，金陵钱多多家具有限公司支付采购原材料的运费，该原材料尚未验收入库。请根据背景资料(见单据 7-17～单据 7-19)填写付款凭证。(凭证编号：005)

【业务 7.2.5】

2017 年 1 月 22 日，金陵钱多多家具有限公司签发的银行承兑汇票到期付款，请根据背景资料(见单据 7-20)填写付款凭证。(凭证编号：006)

【业务 7.2.6】

2017 年 1 月 26 日，金陵钱多多家具有限公司结转采购材料的成本(采用实际成本法核算)，请根据背景资料(见单据 7-21)填写转账凭证。(凭证编号：008)

任务 7.3　工业企业生产过程的核算

【业务 7.3.1】

2017 年 1 月 9 日，金陵钱多多家具有限公司生产车间从仓库领用一批材料用于生产，请根据背景资料(见单据 7-22)填写凭证。(凭证编号：008)

【业务 7.3.2】

2017 年 1 月 10 日，金陵钱多多家具有限公司计提当月工资，请根据背景资料(见单据 7-23)填写凭证。(凭证编号：010)

【业务 7.3.3】

2017 年 1 月 11 日，金陵钱多多家具有限公司签发支票提取现金用于发放工资，请根据背景资料（见单据 7-24）填写凭证。（凭证编号：011）

【业务 7.3.4】

2017 年 1 月 12 日，金陵钱多多家具有限公司签发支票提取现金。请根据背景资料（见单据 7-25）填写凭证。（凭证编号：012）

【业务 7.3.5】

2017 年 1 月 11 日，金陵钱多多家具有限公司委托银行发放上月工资（假设不考虑代扣社保、公积金、个税等因素）。请根据背景资料（见单据 7-26 和单据 7-27）填写凭证。（凭证编号：013）

【业务 7.3.6】

2017 年 1 月 12 日，金陵钱多多家具有限公司计提本月福利费，请根据背景资料（见单据 7-28）填写凭证。（凭证编号：014）

【业务 7.3.7】

2017 年 1 月 12 日，金陵钱多多家具有限公司以现金支付办公费用，请根据背景资料（见单据 7-29）填写凭证。（凭证编号：015）

【业务 7.3.8】

2017 年 1 月 12 日，金陵钱多多家具有限公司支付招待费，请根据背景资料（见单据 7-30）填写凭证。（凭证编号：016）

【业务 7.3.9】

2017 年 1 月 31 日，金陵钱多多家具有限公司支付借款利息，请根据背景资料（见单据 7-31）填写凭证。（凭证编号：017）

【业务 7.3.10】

2017 年 1 月 31 日，金陵钱多多家具有限公司计提本月固定资产折旧费。请根据背景资料（见单据 7-32）填制凭证。（凭证编号：018）

【业务 7.3.11】

2017 年 1 月 21 日，金陵钱多多家具有限公司生产车间发生设备修理费，请根据背景资

料(见单据 7-33～单据 7-35)填写凭证。(凭证编号：019)

【业务 7.3.12】

2017 年 1 月 31 日，金陵钱多多家具有限公司结转本月制造费用，请根据背景资料(见单据 7-36)填写凭证。(凭证编号：020)

【业务 7.3.13】

2017 年 1 月 31 日，金陵钱多多家具有限公司结转本月完工产品成本，请根据背景资料(见单据 7-37)填写凭证。(凭证编号：021)

【业务 7.3.14】

2017 年 1 月 31 日，金陵钱多多家具有限公司结转本月完工产品成本，请根据背景资料(见单据 7-38)填写凭证。(凭证编号：022)

任务 7.4　工业企业销售过程的核算

【业务 7.4.1】

2017 年 1 月 31 日，金陵钱多多家具有限公司销售产品，货款未收，请根据背景资料(见单据 7-39 和单据 7-40)填写凭证。(凭证编号：031)

【业务 7.4.2】

2017 年 1 月 31 日，金陵钱多多家具有限公司销售产品，货款已收，请根据背景资料(见单据 7-41～单据 7-43)填写凭证。(凭证编号：032)

【业务 7.4.3】

2017 年 1 月 31 日，金陵钱多多烟草有限公司计提本月消费税，请根据背景资料(见单据 7-44)填写凭证。(凭证编号：033)

业务 7.4.4】

2017 年 1 月 31 日，金陵钱多多家具有限公司支付外出销售过程中临时发生的包装费用，请根据背景资料(见单据 7-45～单据 7-47)填写凭证。(凭证编号：035)

【业务 7.4.5】

2017 年 1 月 31 日，金陵钱多多家具有限公司结转当天已销商品(办公桌)的成本，请填写凭证。(销售数量：96；单位成本：200；凭证编号：037)

【业务 7.4.6】

2017 年 1 月 31 日，金陵钱多多家具有限公司以现金支付销售部门差旅费，请根据背景资料（见单据 7-48）填制凭证。（凭证编号：039）

任务 7.5　工业企业财务成果的核算

【业务 7.5.1】

2017 年 1 月 31 日，金陵钱多多家具有限公司出售原材料，请根据背景资料（见单据 7-49～单据 7-51）填写凭证。（凭证编号：009）

【业务 7.5.2】

2017 年 1 月 31 日，金陵钱多多家具有限公司结转出售多余生产用料（密度板）的成本。请填写凭证。（数量 360 张；单位成本 150 元；凭证编号：024）

【业务 7.5.3】

2017 年 1 月 31 日，金陵钱多多家具有限公司出售旧设备一台，请根据背景资料（见单据 7-52）编制结转设备处置净损益的转账凭证。（凭证编号：025）

【业务 7.5.4】

2017 年 1 月 31 日，金陵钱多多家具有限公司计提本季度的所得税，请根据背景资料（见单据 7-53）填写凭证。（凭证编号：027）

【业务 7.5.5】

2017 年 1 月 31 日，金陵钱多多家具有限公司结转本期收入，请根据背景资料（见单据 7-54）填写凭证。（凭证编号：028）

【业务 7.5.6】

2017 年 1 月 31 日，金陵钱多多家具有限公司结转本期成本和费用，请根据背景资料（见单据 7-54）填写凭证。（凭证编号：029）

【业务 7.5.7】

2017 年 1 月 31 日，金陵钱多多家具有限公司分配利润，请根据背景资料（见单据 7-55）填写凭证。（凭证编号：032）

任务 7.6　工业企业资金调整和退出的核算

【业务 7.6.1】

2017 年 1 月 31 日，金陵钱多多家具有限公司归还短期临时借款的本金，请根据背景资料(见单据 7-56 和单据 7-57)填写凭证。(凭证编号：023)

【业务 7.6.2】

2017 年 1 月 31 日，金陵钱多多家具有限公司出售旧设备一台，请根据背景资料(见单据 7-58)填写固定资产转入清理的凭证。(凭证编号：037)

【业务 7.6.3】

承接业务 7.6.2，2017 年 1 月 31 日，金陵钱多多家具有限公司出售旧设备一台，请根据背景资料(见单据 7-59 和单据 7-60)填写清理固定资产取得收入的凭证。(凭证编号：011)

【业务 7.6.4】

2017 年 1 月 31 日，金陵钱多多家具有限公司用固定资产进行长期股权投资，请根据背景资料(见单据 7-61)填写固定资产转入清理的凭证。(凭证编号：048)

【业务 7.6.5】

承接业务 7.6.4，2017 年 1 月 31 日，金陵钱多多家具有限公司用固定资产进行长期股权投资，请根据背景资料(见单据 7-62 和单据 7-63)填写固定资产确认投资的凭证。(凭证编号：049)

【业务 7.6.6】

2017 年 1 月 31 日，金陵钱多多家具有限公司发生福利费支出，请根据背景资料(见单据 7-64)填写凭证。(凭证编号：025)

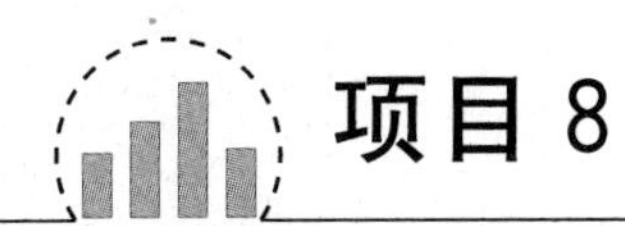

项目 8

商业企业会计核算

任务 8.1　商业企业批发商品购进核算

【业务 8.1.1】

2017 年 9 月 27 日，金陵钱多多家具有限公司（一般纳税人，采用数量进价核算的批发企业）购进商品，已验收入库。请根据背景资料（见单据 8-1～单据 8-4）填写凭证。（凭证编号：615）

【业务 8.1.2】

2017 年 5 月 15 日，金陵钱多多家具有限公司（一般纳税人，采用进价金额、实际成本法核算购进货物）发生采购业务，商品尚未收到。请根据背景资料（见单据 8-5～单据 8-7）填写凭证。（凭证编号：054）

【业务 8.1.3】

2017 年 8 月 8 日，金陵钱多多家具有限公司（一般纳税人，采用进价金额、实际成本法核算购进货物）收到之前采购的商品，并验收入库。请根据背景资料（见单据 8-8）填写凭证。（凭证编号：065）

【业务 8.1.4】

2017 年 8 月 16 日，金陵钱多多家具有限公司（一般纳税人，采用进价金额、实际成本法核算购进货物）购进一批商品，尚未支付款项。请根据背景资料（见单据 8-9 和单据 8-10）填写凭证。（凭证编号：165）

任务 8.2　商业企业批发商品销售核算

【业务 8.2.1】

2017 年 1 月 18 日，金陵钱多多家具有限公司（采用数量进价金额核算）批发售出一批商品，请根据背景资料（见单据 8-11～单据 8-13）填写凭证。（凭证编号：009）

【业务 8.2.2】

2017 年 1 月 23 日，金陵钱多多家具有限公司结转当天已销商品的成本，请根据背景资料（见单据 8-14）填写凭证。（出库单价：192 元；凭证编号：043）

【业务 8.2.3】

2017 年 7 月 26 日，金陵钱多多家具有限公司销售商品时为客户金陵积善行商贸有限公司代垫运费。请根据背景资料（见单据 8-15 和单据 8-16）填写凭证。（凭证编号：564）

【业务 8.2.4】

2017 年 11 月 16 日，金陵钱多多家具有限公司（采用数量进价核算）批发销售商品，请根据背景资料（见单据 8-17～单据 8-19）填写凭证。（凭证编号：127）

【业务 8.2.5】

2017 年 11 月 11 日，金陵钱多多家具有限公司收到客户前欠货款。请根据背景资料（见单据 8-20）填写凭证。（凭证编号：128）

任务 8.3　商业企业售价金额核算方法

【业务 8.3.1】

2017 年 8 月 13 日，金陵钱多多家具有限公司（一般纳税人，采用售价金额核算）采购商品，支付价款，商品未验收入库。请根据背景资料（见单据 8-21～单据 8-23）填写凭证。（凭证编号：322）

【业务 8.3.2】

承接业务 8.3.1，2017 年 8 月 19 日，金陵钱多多家具有限公司（一般纳税人，采用售价金额核算）采购的商品验收入库，请根据背景资料（见单据 8-24）填写凭证。（假定公司为该批商品确定的售价为 240 元/张；凭证编号：340）

【业务 8.3.3】

承接业务 8.3.2，2017 年 8 月 21 日，金陵钱多多家具有限公司（一般纳税人，采用售价金额核算）销售一批商品，请根据背景资料（见单据 8-25～单据 8-27）填写凭证。（凭证编号：054）

【业务 8.3.4】

承接业务 8.3.3，2017 年 8 月 31 日，金陵钱多多家具有限公司（一般纳税人，采用售价

金额核算)结转商品销售成本,请填写凭证。(凭证编号：350)

【业务 8.3.5】

(单选题)承接业务 8.3.4,2017 年 8 月 31 日,金陵钱多多家具有限公司(一般纳税人,采用售价金额核算)计算本月商品进销差价率。(说明：假定期初余额为 0,本月只发生 1 笔采购业务和 1 笔销售业务。)以下计算正确的是(　　)。

A. 10%　　B. 15%　　C. 16.67%　　D. 20%

【业务 8.3.6】

承接业务 8.3.5,2017 年 8 月 31 日,金陵钱多多家具有限公司(一般纳税人,采用售价金额核算)结转本月商品进销差价,请填写凭证。(凭证编号：351)

任务 8.4　商业企业进价金额核算方法

【业务 8.4.1】

2017 年 10 月 21 日,金陵钱多多家具有限公司(一般纳税人,采用进价金额核算)采购一批商品,请根据背景资料(见单据 8-28～单据 8-30)填写凭证。(凭证编号：034)

【业务 8.4.2】

承接业务 8.4.1,2017 年 10 月 26 日,金陵钱多多家具有限公司(一般纳税人,采用进价金额核算)销售一批商品,请根据背景资料(见单据 8-31～单据 8-33)填写凭证。(凭证编号：218)

【业务 8.4.3】

承接业务 8.4.2,2017 年 10 月 31 日,金陵钱多多家具有限公司(一般纳税人,采用进价金额核算)盘点库存商品办公桌,按最后一次进价计算的库存商品余额为 64800 元。假定 2017 年 9 月末“库存商品”科目进价余额为 43500 元,本月按进价计算的进货总额为 379080 元,请填写结转进价成本的凭证。(凭证编号：089)

任务 8.5　商业企业流通费用核算

【业务 8.5.1】

2017 年 12 月 11 日,金陵钱多多家具有限公司支付商品保管费,请根据背景资料(见单据 8-34～单据 8-36)填写凭证。(凭证编号：164)

【业务 8.5.2】

2017 年 7 月 13 日，金陵钱多多家具有限公司领用一批低值易耗品(入账金额为 5000 元)，按五五摊销法摊销，请根据背景资料(见单据 8-37)填写凭证。(凭证编号：135)

任务 8.6　商业企业利润和利润分配核算

【业务 8.6.1】

2017 年 6 月 30 日，金陵钱多多家具有限公司计提企业所得税。请根据背景资料(见单据 8-38)填写凭证。(凭证编号：174)

【业务 8.6.2】

2017 年 12 月 31 日，金陵钱多多家具有限公司结转本年利润。请根据背景资料(见单据 8-39)填写结转收入的凭证。(凭证编号：251)

【业务 8.6.3】

2017 年 12 月 31 日，金陵钱多多家具有限公司结转本年利润。请根据背景资料(见单据 8-40)填写结转成本与费用的凭证。(凭证编号：252)

【业务 8.6.4】

2017 年 12 月 31 日，金陵钱多多家具有限公司实现税后净利润 451782.25 元，请填写结转当年净利润的凭证。(凭证编号：059)

【业务 8.6.5】

2017 年 4 月 30 日，金陵钱多多家具有限公司根据公司章程按税后净利润 214965.60 元的 10%计提法定盈余公积，请填写凭证。(凭证编号：187)

基础会计单据簿目录

续表

续表

项目	任务	业务编号	单据名称	页码
项目3　账簿的设置和登记	任务3.6　明细账的登记	【业务3.6.3】	单据3-11　付款凭证	33
			单据3-12　付款凭证	34
	任务3.7　日记账的登记	【业务3.7.1】	单据3-13　付款凭证	34
			单据3-14　付款凭证	35
			单据3-15　付款凭证	35
			单据3-16　收款凭证	36
			单据3-17　付款凭证	36
			单据3-18　付款凭证	37
			单据3-19　付款凭证	37
			单据3-20　付款凭证	38
			单据3-21　付款凭证	38
			单据3-22　付款凭证	39
			单据3-23　付款凭证	39
			单据3-24　付款凭证	40
			单据3-25　付款凭证	40
		【业务3.7.2】	单据3-26　付款凭证	41
			单据3-27　付款凭证	41
			单据3-28　付款凭证	42
			单据3-29　付款凭证	42
			单据3-30　收款凭证	43
			单据3-31　付款凭证	43
			单据3-32　付款凭证	44
			单据3-33　付款凭证	44
			单据3-34　收款凭证	45
			单据3-35　收款凭证	45
			单据3-36　收款凭证	46
			单据3-37　付款凭证	46
项目4　对账与错账更正	任务4.1　对账	【业务4.1.1】	单据4-1　多栏式明细账	47
			单据4-2　制造费用总分类账	48
		【业务4.1.2】	单据4-3　多栏式明细账	48
			单据4-4　管理费用总分类账	48
		【业务4.1.3】	单据4-5　付款凭证	49

续表

续表

续表

续表

续表

续表

项目	任务	业务编号	单据名称	页码
项目8　商业企业会计核算	任务8.4　商业企业进价金额核算方法	【业务8.4.2】	单据8-33　银行进账单	129
	任务8.5　商业企业流通费用核算	【业务8.5.1】	单据8-34　转账支票存根	129
			单据8-35　银行进账单	130
			单据8-36　增值税普通发票	130
		【业务8.5.2】	单据8-37　出库单	131
	任务8.6　商业企业利润和利润分配核算	【业务8.6.1】	单据8-38　企业所得税计算表	131
		【业务8.6.2】	单据8-39　损益类科目余额表	132
		【业务8.6.3】	单据8-40　成本收益类科目余额表	132

项目 1

填制和审核原始凭证

任务 1.1 与货币资金收支有关的原始单据填制

【业务 1.1.1】

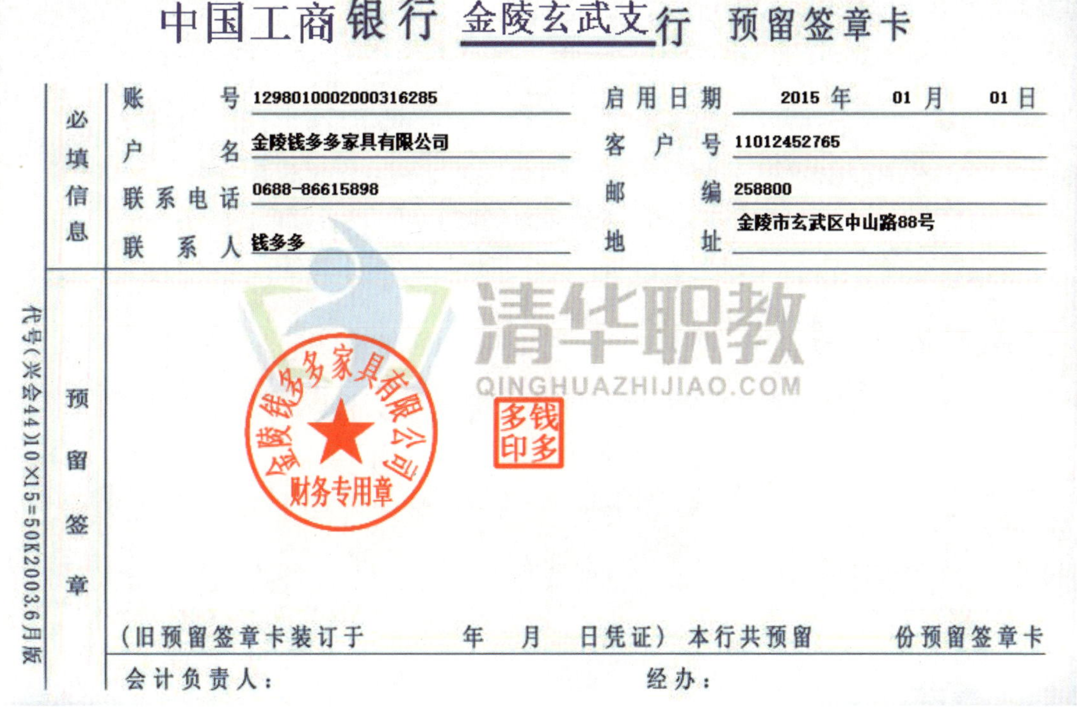

中国工商银行 金陵玄武支行 预留签章卡

必填信息			
账号	1298010002000316285	启用日期	2015 年 01 月 01 日
户名	金陵钱多多家具有限公司	客户号	11012452765
联系电话	0688-86615898	邮编	258800
联系人	钱多多	地址	金陵市玄武区中山路88号

预留签章

（旧预留签章卡装订于　　年　月　日凭证）本行共预留　　份预留签章卡

会计负责人：　　经办：

代号（兴会44）10×15=50K2003.6月版

单据 1-1　银行预留签章卡

【业务 1.1.3】

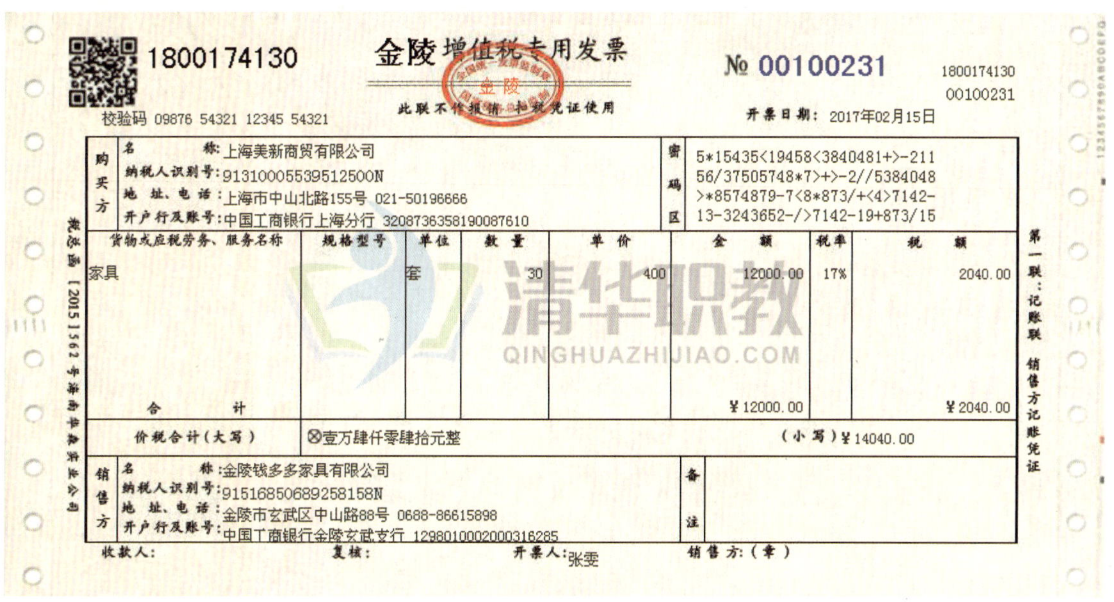

金陵增值税专用发票

1800174130　　№ 00100231　　1800174130 00100231

校验码 09876 54321 12345 54321　　此联不作报销、扣税凭证使用　　开票日期：2017年02月15日

购买方	
名称	上海美新商贸有限公司
纳税人识别号	91310005539512500N
地址、电话	上海市中山北路155号 021-50196666
开户行及账号	中国工商银行上海分行 3208736358190087610

密码区：5*15435<19458<3840481+>-211 56/37505748*7>+>-2//5384048 >*8574879-7<8*873/+<4>7142- 13-3243652-/>7142-19+873/15

货物或应税劳务、服务名称	规格型号	单位	数量	单价	金额	税率	税额
家具		套	30	400	12000.00	17%	2040.00
合计					¥12000.00		¥2040.00
价税合计（大写）	⊗壹万肆仟零肆拾元整				（小写）¥14040.00		

销售方	
名称	金陵钱多多家具有限公司
纳税人识别号	91516850689258158N
地址、电话	金陵市玄武区中山路88号 0688-86615898
开户行及账号	中国工商银行金陵玄武支行 1298010002000316285

备注：

收款人：　　复核：　　开票人：张雯　　销售方：（章）

第一联：记账联 销售方记账凭证

税总函[2015]562号海南华森实业公司

单据 1-2　增值税专用发票

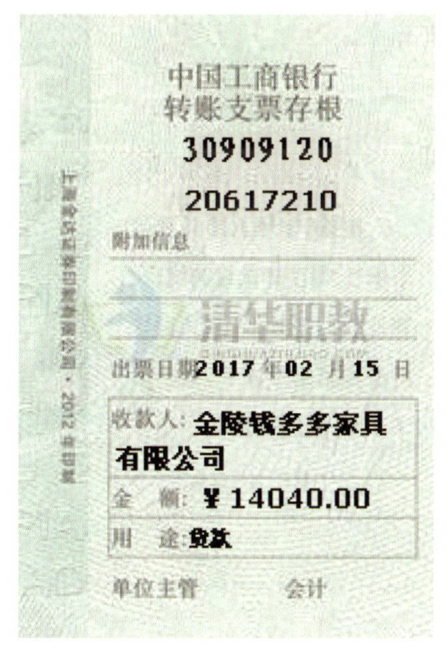

中国工商银行
转账支票存根
30909120
20617210

附加信息

出票日期 2017 年 02 月 15 日

收款人：金陵钱多多家具有限公司

金　额：¥14040.00

用　途：货款

单位主管　　会计

单据 1-3　转账支票存根

【业务 1.1.6】

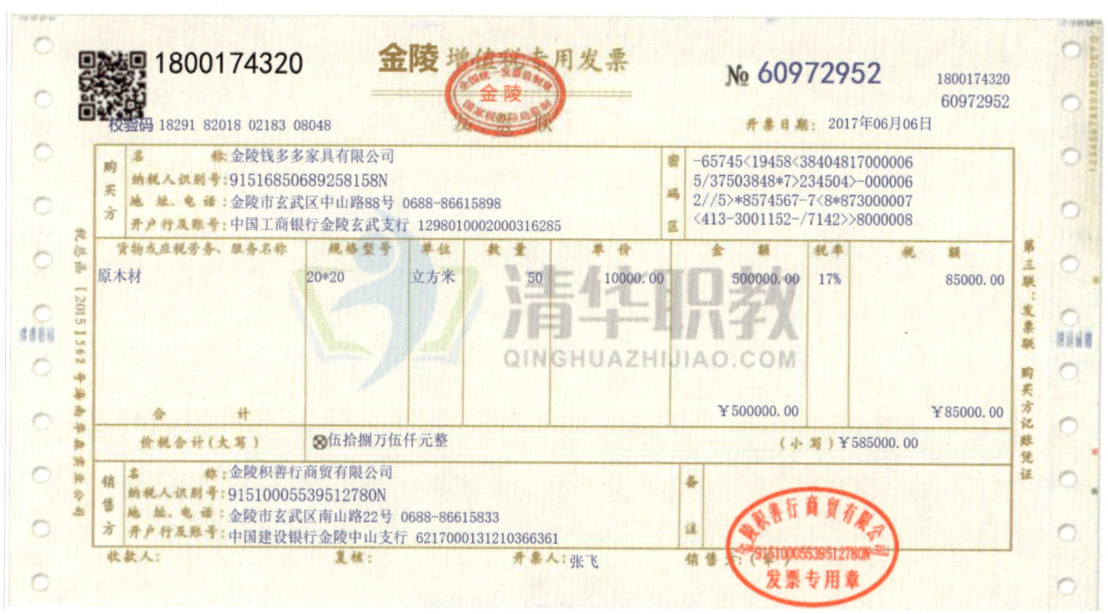

1800174320　　金陵增值税专用发票　　№ 60972952　　1800174320 60972952

发票联

校验码 18291 82018 02183 08048　　开票日期：2017年06月06日

购买方	名　　称：金陵钱多多家具有限公司 纳税人识别号：91516850689258158N 地 址、电 话：金陵市玄武区中山路88号 0688-86615898 开户行及账号：中国工商银行金陵玄武支行 1298010002000316285	密码区	-65745<19458<38404817000006 5/37503848*7>234504>-000006 2//5>*8574567-7<8*873000007 <413-3001152-/7142>>8000008

货物或应税劳务、服务名称	规格型号	单位	数量	单价	金额	税率	税额
原木材	20*20	立方米	50	10000.00	500000.00	17%	85000.00
合　计					￥500000.00		￥85000.00
价税合计（大写）	⊗伍拾捌万伍仟元整				（小写）￥585000.00		

销售方	名　　称：金陵积善行商贸有限公司 纳税人识别号：91510005539512780N 地 址、电 话：金陵市玄武区南山路22号 0688-86615833 开户行及账号：中国建设银行金陵中山支行 6217000131210366361	备注	

收款人：　　复核：　　开票人：张飞　　销售方：（章）

第三联：发票联　购买方记账凭证

单据 1-4　增值税专用发票

【业务 1.1.7】

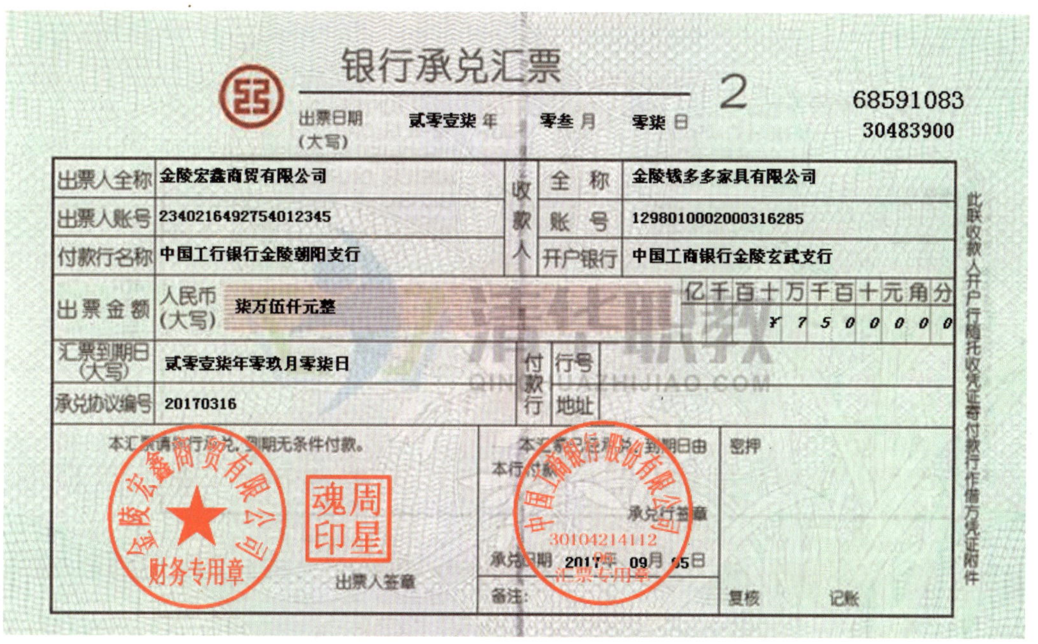

银行承兑汇票　　2　　68591083 30483900

出票日期（大写）　贰零壹柒 年　零叁 月　零柒 日

出票人全称	金陵宏鑫商贸有限公司	收款人	全　称	金陵钱多多家具有限公司
出票人账号	2340216492754012345		账　号	1298010002000316285
付款行名称	中国工行银行金陵朝阳支行		开户银行	中国工商银行金陵玄武支行
出票金额	人民币（大写）柒万伍仟元整		亿千百十万千百十元角分	￥7500000
汇票到期日（大写）	贰零壹柒年零玖月零柒日	付款行	行号	
承兑协议编号	20170316		地址	
本汇票请你行承兑，到期无条件付款。 出票人签章		本汇票已经承兑，到期日由本行付款。 承兑行签章 承兑日期 2017年 09月 05日 备注：		密押 复核　　记账

此联收款人开户行随托收凭证寄付款行作借方凭证附件

单据 1-5　银行承兑汇票

【业务 1.1.8】

银行承兑协议

编号：20172112

银行承兑汇票的内容：

出票人全称：**金陵钱多多家具有限公司**　　收款人全称：**上海美新商贸有限公司**

开户　银行：**中国工商银行金陵玄武支行**　　开户　银行：**中国工商银行上海支行**

账　号：**1298010002000316285**　　账　号：**3208736358190087610**

汇票　号码：**81463970**　　汇票金额（大写）：**壹拾柒万零玖佰元整**

出票　日期：　2017 年　03 月　12 日　　到期　日期：　2017 年　06 月　12 日

以上汇票经银行承兑，出票人愿意遵守《支付结算办法》的规定及下来条款；

一、出票人于汇票到期日前应付票款足额交存承兑银行。

二、承兑手续费按票面金额千分之（五）计算，在银行承兑时一次付清。

三、出票人于持票人如发生任何交易纠纷，均由其双方自行处理，票款于到期前按第一条办理不误。

四、承兑汇票到期日。承兑银行凭票无条件支付票款。到期日之前出票人不能足额交付票款时，承兑银行对不足支付部分的票款转作出票申请人逾期贷款，并按照有关规定计收罚息。

五、汇票款付清后，本协议自动失败。

承兑银行签章

出票人签章

订立承兑协议日期　2017 年　03 月　12 日

单据 1-6　银行承兑协议

任务 1.2　与销售有关的原始单据填制

【业务 1.2.1】

金陵钱多多家具有限公司

销售单

NO.1234432

地址:金陵市玄武区中山路88号

电话:0688-86615898　　邮编:200021

客户名称:上海美新商贸有限公司

地址电话:上海市中山北路155号 021-50196666　　日期:2017年07月21日

编码	产品名称	规格	单位	单价	数量	金额	备注
01	办公桌		张	200.00	150	30000.00	
02	办公椅		把	50.00	880	44000.00	
	人民币(大写):柒万肆仟元整					¥74000.00	

会计联

销售经理:　　会计:　　仓管:　　签收人:　　经办人:

单据 1-7　销售单

开票资料

购买方名称：上海美新商贸有限公司

纳税人识别号：91310005539512500N

地址、电话：上海市中山北路155号 021-50196666

开户行及账号：中国工商银行上海支行 320873635819008761O

销售方名称：金陵钱多多家具有限公司

纳税人识别号：91516850689258158N

地址、电话：金陵市玄武区中山路88号 0688-86615898

开户行及账号：中国工商银行金陵玄武支行 1298010002000316285

单据 1-8　开票资料

【业务 1.2.2】

金陵钱多多家具有限公司
销售单

NO. 1234434

地址：金陵市玄武区中山路88号
电话：0688-86615898　　邮编：200021

客户名称：金陵易能达商贸有限公司
地址电话：金陵市海淀区上地路1号 0688-23425112　　日期：2017年07月27日

编码	产品名称	规格	单位	单价	数量	金额	备注
01	办公桌		张	240.00	2	480.00	
	人民币(大写)：肆佰捌拾元整					¥480.00	

会计联

销售经理：　　会计：　　仓管：　　签收人：　　经办人：

单据 1-9　销售单

开票资料

购买方名称：金陵易能达商贸有限公司
纳税人识别号：91516850689259876N
地址、电话：金陵市海淀区上地路1号 0688-23425112
开户行及账号：中国工商银行金陵上地支行 120873687782341246

销售方名称：金陵钱多多家具有限公司
纳税人识别号：91516850689258158N
地址、电话：金陵市玄武区中山路88号 0688-86615898
开户行及账号：中国工商银行金陵玄武支行 129801000200031628

单据 1-10　开票资料

任务 1.3　与购货有关的原始单据填制

【业务 1.3.1】

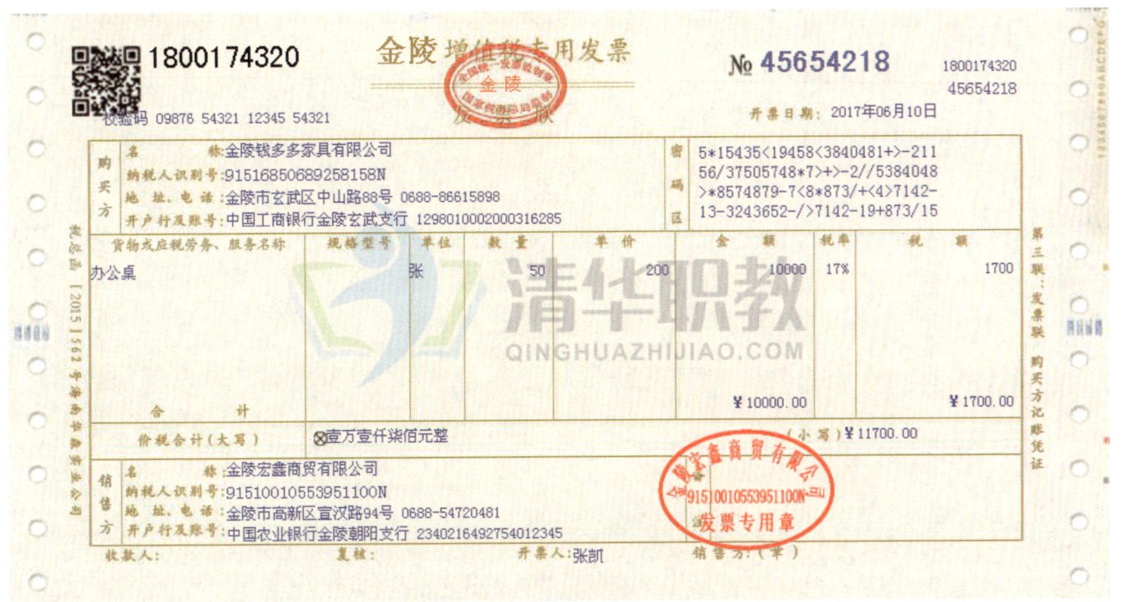

1800174320

金陵增值税专用发票

№ 45654218　　1800174320　45654218

校验码 09876 54321 12345 54321　　　开票日期：2017年06月10日

购买方	
名称	金陵钱多多家具有限公司
纳税人识别号	91516850689258158N
地址、电话	金陵市玄武区中山路88号 0688-86615898
开户行及账号	中国工商银行金陵玄武支行 1298010002000316285

密码区：5*15435<19458<3840481+>-211 56/37505748*7>+>-2//5384048 >*8574879-7<8*873/+<4>7142- 13-3243652-/>7142-19+873/15

货物或应税劳务、服务名称	规格型号	单位	数量	单价	金额	税率	税额
办公桌		张	50	200	10000	17%	1700
合计					¥10000.00		¥1700.00
价税合计（大写）	⊗壹万壹仟柒佰元整				（小写）¥11700.00		

销售方	
名称	金陵宏鑫商贸有限公司
纳税人识别号	91510010553951100N
地址、电话	金陵市高新区宣汉路94号 0688-54720481
开户行及账号	中国农业银行金陵朝阳支行 2340216492754012345

收款人：　　复核：　　开票人：张凯　　销售方：（章）

第三联：发票联　购买方记账凭证

金陵宏鑫商贸有限公司　91510010553951100N　发票专用章

单据 1-11　增值税专用发票

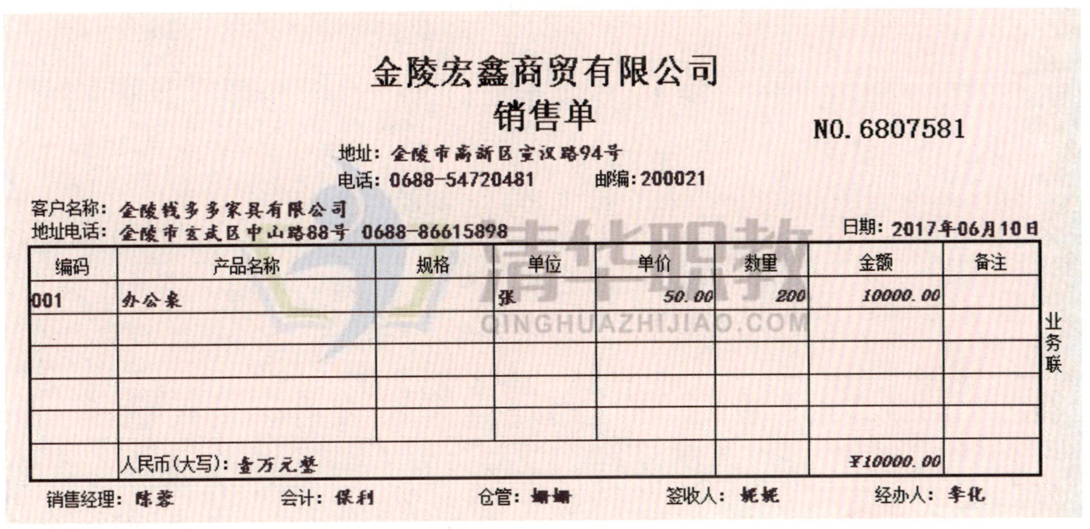

金陵宏鑫商贸有限公司

销售单

NO. 6807581

地址：金陵市高新区宣汉路94号

电话：0688-54720481　　邮编：200021

客户名称：金陵钱多多家具有限公司

地址电话：金陵市玄武区中山路88号 0688-86615898　　　日期：2017年06月10日

编码	产品名称	规格	单位	单价	数量	金额	备注
001	办公桌		张	50.00	200	10000.00	
	人民币(大写)：壹万元整					¥10000.00	

业务联

销售经理：陈蓉　　会计：保利　　仓管：姗姗　　签收人：妮妮　　经办人：李化

单据 1-12　销售单

任务 1.4　与其他方面经济活动有关的原始单据填制

【业务 1.4.1】

2017年7月工资资料

编号	姓名	基本工资	岗位工资	绩效工资	通信补贴	应付工资	备注
1	王玲	4600	600	100	100	5400	个税起征点3500元
2	李林	2800	500	200	100	3600	个税起征点3500元
3	李丽	2700	500	100	0	3300	个税起征点3500元
4	张丽	2600	500	100	50	3250	个税起征点3500元
5	宋强	2600	500	100	100	3300	个税起征点3500元
6	李奇	2600	300	200	100	3200	个税起征点3500元

单据 1-13　2017 年 7 月工资资料

社保与公积金计提比例

项目	养老	医疗	失业	工伤	生育	公积金
个人	8%	2%	1%	0	0	10%
单位	20%	8%	2%	0.5%	0.8%	10%

单据 1-14　社保与公积金计提比例

任务 1.5　原始凭证的审核

【业务 1.5.1】

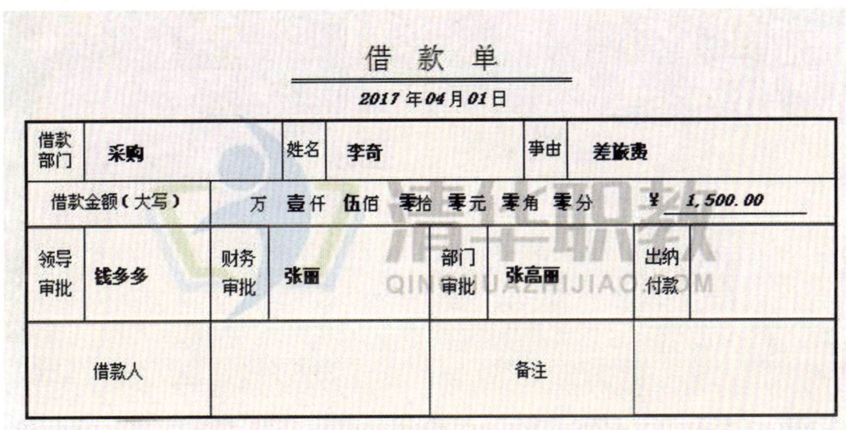

借 款 单

2017 年 04 月 01 日

借款部门	采购	姓名	李奇	事由	差旅费
借款金额（大写）	万 壹仟 伍佰 零拾 零元 零角 零分			¥ 1,500.00	
领导审批	钱多多	财务审批 张丽		部门审批 张高丽	出纳付款
借款人		备注			

单据 1-15　借款单

【业务 1.5.2】

ICBC 中国工商银行　　进账单（回　单）2

2017 年 07 月 03 日　　№

出票人	全　称	金陵钱多多家具有限公司	收款人	全　称	金陵易能达商贸有限公司
	账　号	1298010002000316285		账　号	120873687782341 2463
	开户银行	中国工商银行金陵玄武支行		开户银行	中国工商银行金陵上地支行
金额	人民币（大写）	伍万元整		亿千百十万千百十元角分	¥5000000
票据种类	银行承兑汇票	票据张数	1		
票据号码					
备注：					
复核：	记账：			开户银行签章	

中国工商银行股份有限公司 金陵玄武支行 业务专用章 850FBCEF0014

175*85mm GH066011

此联是开户银行交给（持）出票人的回单

单据 1-16　银行进账单

ICBC 中国工商银行　　进账单（回　单）2

2017 年 07 月 04 日　　№

出票人	全　称	金陵钱多多家具有限公司	收款人	全　称	金陵易能达商贸有限公司
	账　号	1298010002000316285		账　号	1208736877823412463
	开户银行	中国工商银行金陵玄武支行		开户银行	中国工商银行金陵上地支行
金额	人民币（大写）	伍万元整		亿千百十万千百十元角分	¥5000000
票据种类	银行承兑汇票	票据张数	1		
票据号码					
备注：					
复核：	记账：			开户银行签章	

中国工商银行股份有限公司 金陵玄武支行 业务专用章 850FBCEF0014

175*85mm GH066011

此联是开户银行交给（持）出票人的回单

单据 1-17　银行进账单

现金收讫

收　款　收　据　　NO. 6013567

2017 年 07 月 04 日

今　收　到	金陵钱多多家具有限公司			
金额（大写）	壹 拾　伍 万　壹 仟　壹 佰　壹 拾　壹 元　壹 角　壹 分			
¥ 5,000.00	☑ 现金　☐ 支票　☐ 信用卡　☐ 其他			收款单位（盖章）

核准　　会计　　记账　　出纳　　经手人

第三联 会计联

单据 1-18　收款收据

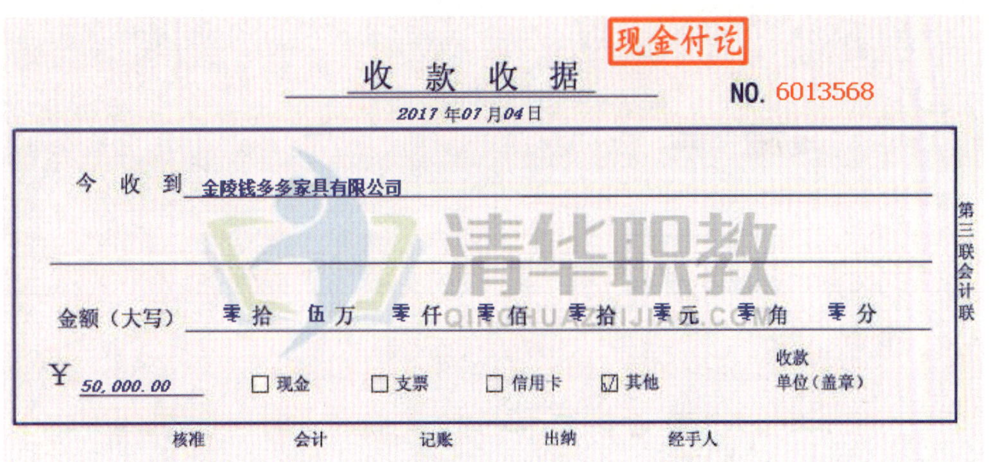

现金付讫

收 款 收 据

NO. 6013568

2017 年07 月04 日

今 收 到 金陵钱多多家具有限公司

金额（大写） 零 拾 伍 万 零 仟 零 佰 零 拾 零 元 零 角 零 分

¥ 50,000.00 □现金 □支票 □信用卡 ☑其他 收款单位（盖章）

核准 会计 记账 出纳 经手人

第三联会计联

单据 1-19 收款收据

项目 2

填制和审核记账凭证

任务 2.1　收款凭证的填制

【业务 2.1.1】

1800174130　　**金陵增值税专用发票**　　№ 10584241　　1800174130 10584241

此联不作报销、扣税凭证使用　　开票日期：2017年01月05日

校验码 09876 54321 12345 54321

购买方	名　　称：金陵宏鑫商贸有限公司 纳税人识别号：91510010553951100N 地 址、电 话：金陵市高新区宣汉路94号 0688-54720481 开户行及账号：中国农业银行金陵朝阳支行 2340216492754012345	密码区	5*15435<19458<3840481+>-211 56/37505748*7>+>-2//5384048 >*8574879-7<8*873/+<4>7142- 13-3243652-/>7142-19+873/15

货物或应税劳务、服务名称	规格型号	单位	数量	单价	金额	税率	税额
办公椅		把	10000	50.00	500000.00	17%	85000.00
合　　计					￥500000.00		￥85000.00
价税合计（大写）	⊗伍拾捌万伍仟元整				（小写）￥585000.00		

销售方	名　　称：金陵钱多多家具有限公司 纳税人识别号：91516850689258158N 地 址、电 话：金陵市玄武区中山路88号 0688-86615896 开户行及账号：中国工商银行玄武支行 1298010002000316285	备注	

收款人：　　复核：　　开票人：张雯　　销售方：（章）

税总函〔2015〕562号海南华森实业公司

第一联：记账联　销售方记账凭证

单据 2-1　增值税专用发票

ICBC 中国工商银行　　业务回单（收款）

日期：　2017年　01月　05日　　　　　　　回单编号：　1534900002

付款人户名：　金陵宏鑫商贸有限公司　　　　　　　付款人开户行：　中国农业银行金陵朝阳支行

付款人账号（卡号）：　2340216492754012345

收款人户名：　金陵钱多多家具有限公司　　　　　　收款人开户行：　中国工商银行金陵玄武支行

收款人账号（卡号）：　1298010002000316285

金额：　伍拾捌万伍仟元整　　　　　　　　　　　　小写：　585000.00元

业务（产品）种类：　　　　　　凭证种类：　　　　凭证号码：　0000000000000000

摘要：　货款　　　　　　　　　用途：

转账缴存　　　　　　　　　　　　　　　　　　　　币种：　人民币

交易机构：　0410000292　记账柜员：　03741　交易代码：　02108　　　　渠道：　柜面

产品名称：　　　　　　　　　　费用名称：

应收金额：　585000.00　实收金额：　585000.00　收费渠道：

本回单为第一次打印，注意重复　　打印日期：　2017年　01月　05日　　打印柜员：　9　验证码：　0A87640EF006

（印章：中国工商银行股份有限公司 金陵玄武支行 业务专用章 850FBCEF0014）

单据 2-2　业务回单

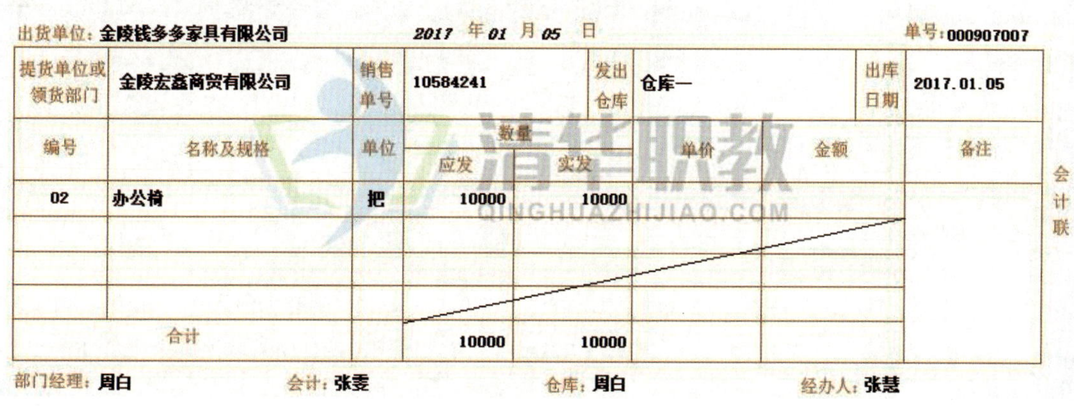

出　库　单

出货单位：金陵钱多多家具有限公司　　　　2017 年 01 月 05 日　　　　单号：000907007

提货单位或领货部门	金陵宏鑫商贸有限公司	销售单号	10584241	发出仓库	仓库一	出库日期	2017.01.05
编号	名称及规格	单位	数量 应发	数量 实发	单价	金额	备注
02	办公椅	把	10000	10000			
合计			10000	10000			

会计联

部门经理：周白　　　会计：张雯　　　仓库：周白　　　经办人：张慧

单据 2-3　出库单

【业务 2.1.2】

1800174130　　金陵增值税专用发票　　№ 10584245　　1800174130 10584245

此联不作报销、扣税凭证使用　　开票日期：2017年01月06日

校验码 09876 54321 12345 54321

购买方	名称：金陵日精进商贸有限公司 纳税人识别号：91510050689250051N 地址、电话：金陵市玄武区南华路78号 0688-86615649 开户行及账号：中国工商银行金陵玄武支行 1298010002000316234				密码区	5*15435<19458<3840481+>-211 56/37505748*7>+>-2//5384048 >*8574879-7<8*873/+<4>7142- 13-3243652-/>7142-19+873/15		
货物或应税劳务、服务名称	规格型号	单位	数量	单价	金额	税率	税额	
办公桌		张	200	200.00	40000.00	17%	6800.00	
合计					¥40000.00		¥6800.00	
价税合计（大写）	⊗肆万陆仟捌佰元整				（小写）¥46800.00			
销售方	名称：金陵钱多多家具有限公司 纳税人识别号：91516850689258158N 地址、电话：金陵市玄武区中山路88号 0688-86615898 开户行及账号：中国工商银行玄武支行 1298010002000316285				备注			

收款人：　　复核：　　开票人：张雯　　销售方：（章）

第一联：记账联　销售方记账凭证

税总函［2015］562号海南华森实业公司

单据 2-4　增值税专用发票

ICBC 中国工商银行　　进账单（收账通知）3

2017 年 01 月 06 日　　№

出票人	全称	金陵日精进商贸有限公司	收款人	全称	金陵钱多多家具有限公司
	账号	1298010002000316234		账号	1298010002000316285
	开户银行	中国工商银行金陵玄武支行		开户银行	中国工商银行金陵玄武支行
金额	人民币（大写）	肆万陆仟捌佰元整		亿千百十万千百十元角分	¥4680000
票据种类	转账支票	票据张数	1		
票据号码					
备注：	复核：　记账：			收款人开户银行签章	中国工商银行股份有限公司 金陵玄武支行 业务专用章 850FBCEF0014

此联是收款人开户银行交给收款人的收账通知

175*85mm GH066011

单据 2-5　银行进账单

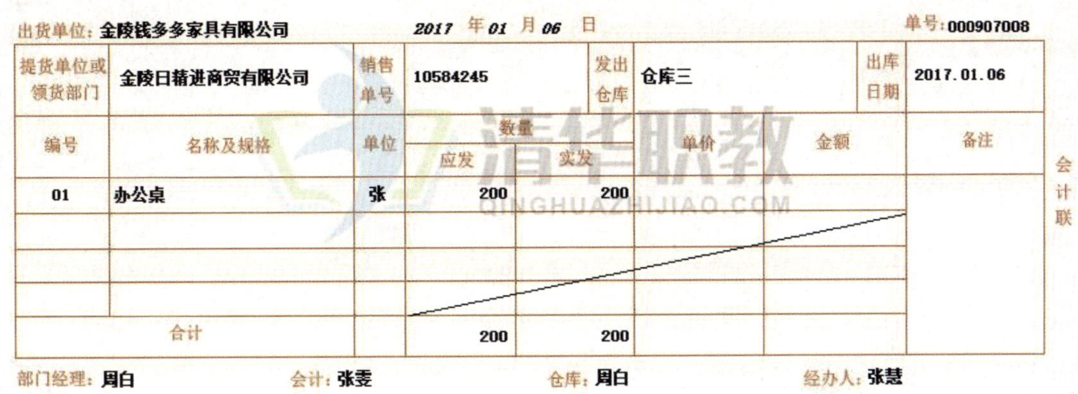

出 库 单

出货单位：金陵钱多多家具有限公司　　2017 年 01 月 06 日　　单号：000907008

提货单位或领货部门	金陵日精进商贸有限公司	销售单号	10584245		发出仓库	仓库三	出库日期	2017.01.06
编号	名称及规格	单位	数量		单价	金额	备注	
			应发	实发				
01	办公桌	张	200	200				
合计			200	200				

会计联

部门经理：周白　　会计：张雯　　仓库：周白　　经办人：张慧

单据 2-6　出库单

【业务 2.1.3】

ICBC 中国工商银行　业务回单（收款）

日期：2017年 01月 13日　　回单编号：1534900003

付款人户名：金陵积善行商贸有限公司　　付款人开户行：中国建设银行金陵中山支行

付款人账号（卡号）：6217000131210366361

收款人户名：金陵钱多多家具有限公司　　收款人开户行：中国工商银行金陵玄武支行

收款人账号（卡号）：1298010002000316285

金额：贰万捌仟元整　　小写：28000.00元

业务（产品）种类：　　凭证种类：　　凭证号码：00000000000000000

摘要：材料款　　用途：

转账缴存　　币种：人民币

交易机构：0410000292　记账柜员：03741　交易代码：02108　　渠道：柜面

产品名称：　　费用名称：

应收金额：28000.00　实收金额：28000.00　收费渠道：

本回单为第一次打印，注意重复　　打印日期：2017年 01月 13日　　打印柜员：9　验证码：0A87640EF006

单据 2-7　业务回单

【业务 2.1.4】

ICBC 中国工商银行　　进账单（收账通知）3

2017 年 01 月 15 日　　№

出票人	全　称	金陵易能达商贸有限公司		收款人	全　称	金陵钱多多家具有限公司
	账　号	1208736877823412463			账　号	1298010002000316285
	开户银行	中国工商银行金陵上地支行			开户银行	中国工商银行金陵玄武支行
金额	人民币（大写）	伍万捌仟元整			亿千百十万千百十元角分	¥5800000
票据种类	转账支票	票据张数	1			
票据号码						
备注：						
复核：		记账：			收款人开户银行签章	

中国工商银行股份有限公司 金陵玄武支行 业务专用章 850FBCEF0014

175*85mm GH066011

此联是收款人开户银行交给收款人的收账通知

单据 2-8　银行进账单

【业务 2.1.5】

ICBC 中国工商银行　　业务回单（收款）

日期：　2017年　01月　18日　　回单编号：　1534900004

付款人户名：　上海美新商贸有限公司　　付款人开户行：　中国工商银行上海分行

付款人账号（卡号）：　3208736358190087610

收款人户名：　金陵钱多多家具有限公司　　收款人开户行：　中国工商银行金陵玄武支行

收款人账号（卡号）：　1298010002000316285

金额：　伍万元整　　小写：　50000.00元

业务（产品）种类：　　凭证种类：　　凭证号码：　0000000000000000

摘要：　货款　　用途：　　币种：　人民币

转账缴存

交易机构：　0410000292　记账柜员：　03741　交易代码：　02108　　渠道：　柜面

产品名称：　　费用名称：

应收金额：　50000.00　实收金额：　50000.00　收费渠道：

本回单为第一次打印，注意重复　　打印日期：　2017年　01月　18日　　打印柜员：　9　　验证码：　0A87640EF006

中国工商银行股份有限公司 金陵玄武支行 业务专用章 850FBCEF0014

单据 2-9　业务回单

【业务 2.1.6】

收 款 收 据

NO. 6013561

2017 年01 月20日

今 收 到 上海美新商贸有限公司预付货款

金额（大写） 零拾 叁万 零仟 零佰 零拾 零元 零角 零分

¥ 30,000.00 　□现金 　□支票 　□信用卡 　☑其他 　收款单位（盖章）

第三联会计联

核准 　会计 　记账 　出纳 　经手人

单据 2-10　收款收据

【业务 2.1.7】

现金收讫

收 款 收 据

NO. 6013562

2017 年01 月22日

今 收 到 李奇交回差旅费借款

金额（大写） 零拾 零万 零仟 叁佰 零拾 零元 零角 零分

¥ 300.00 　☑现金 　□支票 　□信用卡 　□其他 　收款单位（盖章）

第三联会计联

核准 　会计 　记账 　出纳 　经手人

单据 2-11　收款收据

【业务 2.1.8】

ICBC 中国工商银行　　进账单（收账通知）3

2017 年 01 月 26 日　　№

出票人	全　称	金陵易能达商贸有限公司	收款人	全　称	金陵钱多多家具有限公司
	账　号	1208736877823412463		账　号	1298010002000316285
	开户银行	中国工商银行金陵上地支行		开户银行	中国工商银行金陵玄武支行
金额	人民币（大写）	壹拾伍万元整		亿千百十万千百十元角分	¥15000000
票据种类	转账支票	票据张数	1		
票据号码					
备注：					
复核：	记账：			收款人开户银行签章	

此联是收款人开户银行交给收款人的收账通知

175*85mm GH 066011

（印章：中国工商银行股份有限公司 金陵玄武支行 业务专用章 850FBCEF0014）

单据 2-12　银行进账单

任务 2.2　付款凭证的填制

【业务 2.2.1】

中国工商银行
转账支票存根
30909320
20617242
附加信息
出票日期 2017 年 01 月 03 日
收款人：帝都日行一善商贸有限公司
金　额：¥20000.00
用　途：支付材料款
单位主管　　会计

单据 2-13　银行支票存根

【业务 2.2.2】

中国工商银行
现金支票存根
30909320
20617232

附加信息

出票日期 2017年01月08日

收款人：金陵钱多多家具有限公司

金　额：¥100000.00

用　途：工资

单位主管　　会计

上海金信达票印制有限公司·2012年印制

单据 2-14　现金支票存根

【业务 2.2.3】

借　款　单

现金付讫

2017 年 01 月 10 日

借款部门	销售部	姓名	王玲	事由	出差
借款金额（大写）	零万　壹仟　零佰　零拾　零元　零角　零分　¥ 1,000.00				

领导审批	钱多多	财务审批	张丽	部门审批	李林	出纳付款	李丽
借款人	王玲			备注			

单据 2-15　借款单

【业务 2.2.4】

ICBC 中国工商银行　　现金存款凭条

2017 年 01 月 15 日

存款人	全称	金陵钱多多家具有限公司		
	账号	1298010002000316285	款项来源	货款
	开户行	中国工商银行玄武支行	交款人	李丽
金额（大写）	伍仟元整		千百十万千百十元角分	¥500000

票面	张数	十万千百十元角分	票面	张数	千百十元角分	备注
壹佰元	40	400000	伍角			
伍拾元	20	100000	贰角			
贰拾元			壹角			
拾元			伍分			
伍元			贰分			
贰元			壹分			
壹元			其他			

中国工商银行股份有限公司 金陵玄武支行 业务专用章 850FBCEF0014

第二联 客户核对联

190mm×100mm

注：此联不作为入账依据

单据 2-16　现金存款凭条

【业务 2.2.5】

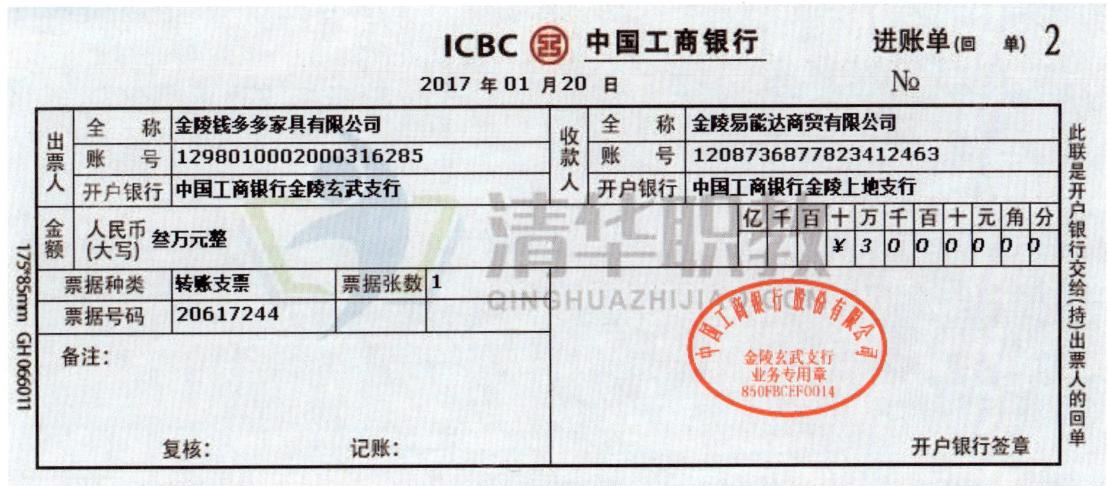

ICBC 中国工商银行　　进账单（回　单）2

2017 年 01 月 20 日　　№

出票人	全称	金陵钱多多家具有限公司	收款人	全称	金陵易能达商贸有限公司
	账号	1298010002000316285		账号	1208736877823412463
	开户银行	中国工商银行金陵玄武支行		开户银行	中国工商银行金陵上地支行
金额	人民币（大写）	叁万元整		亿千百十万千百十元角分	¥3000000
票据种类	转账支票	票据张数	1		
票据号码	20617244				
备注：				中国工商银行股份有限公司 金陵玄武支行 业务专用章 850FBCEF0014	
复核：	记账：			开户银行签章	

此联是开户银行交给（持）出票人的回单

175*85mm GH066011

单据 2-17　银行进账单

中国工商银行
转账支票存根
30909320
20617244
附加信息

出票日期2017年01月20日

收款人：金陵易能达商贸有限公司
金　额：¥30000.00
用　途：货款

单位主管　　会计

单据 2-18　转账支票存根

【业务 2.2.6】

中国工商银行
转账支票存根
30909320
20617245
附加信息

出票日期2017年01月25日

收款人：金陵施林广告有限公司
金　额：¥10000.00
用　途：广告费

单位主管　　会计

单据 2-19　转账支票存根

【业务 2.2.7】

中国工商银行
转账支票存根
30909320
20617246
附加信息

出票日期2017年01月28日

收款人：金陵积善行商贸有限公司
金　额：¥23400.00
用　途：材料款

单位主管　　会计

单据 2-20　转账支票存根

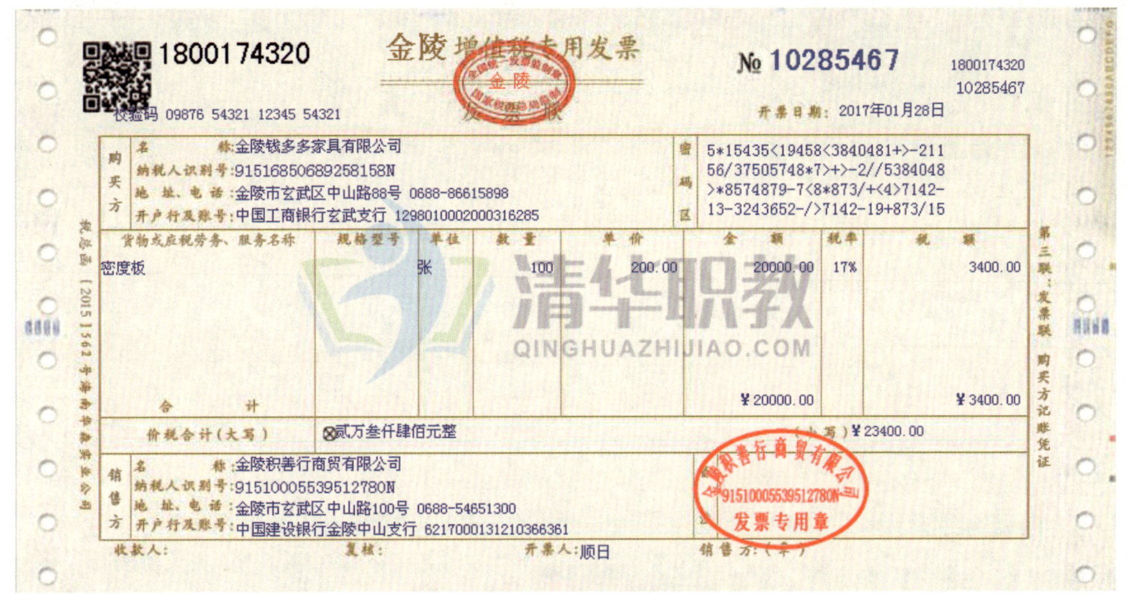

金陵增值税专用发票

1800174320　　№ 10285467　　1800174320　10285467

发票联

校验码 09876 54321 12345 54321　　开票日期：2017年01月28日

购买方	名　　称：金陵钱多多家具有限公司 纳税人识别号：91516850689258158N 地址、电话：金陵市玄武区中山路88号 0688-86615898 开户行及账号：中国工商银行玄武支行 1298010002000316285	密码区	5*15435<19458<3840481+>-211 56/37505748*7>+>-2//5384048 >*8574879-7<8*873/+<4>7142- 13-3243652-/>7142-19+873/15

货物或应税劳务、服务名称	规格型号	单位	数量	单价	金额	税率	税额
密度板		张	100	200.00	20000.00	17%	3400.00
合　　计					¥20000.00		¥3400.00
价税合计（大写）	⊗贰万叁仟肆佰元整				（小写）¥23400.00		

销售方	名　　称：金陵积善行商贸有限公司 纳税人识别号：91510005539512780N 地址、电话：金陵市玄武区中山路100号 0688-54651300 开户行及账号：中国建设银行金陵中山支行 6217000131210366361	备注	

收款人：　　复核：　　开票人：顺日　　销售方：（章）

税总函〔2015〕562号海南华森实业公司

第三联：发票联　购买方记账凭证

单据 2-21　增值税专用发票

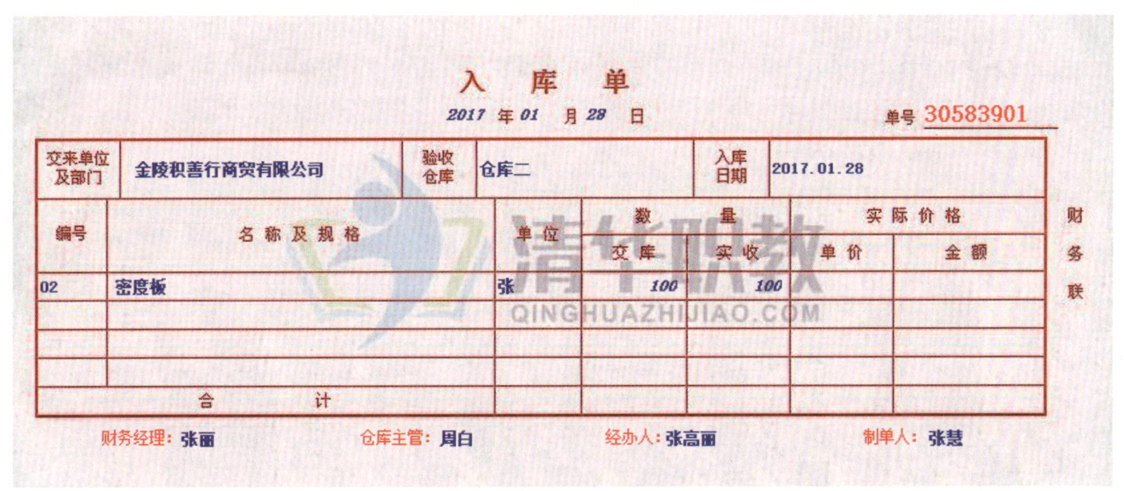

入　库　单

2017 年 01 月 28 日　　单号 30583901

交来单位及部门	金陵积善行商贸有限公司	验收仓库	仓库二	入库日期	2017.01.28	
编号	名称及规格	单位	数量 交库	数量 实收	实际价格 单价	实际价格 金额
02	密度板	张	100	100		
合计						

财务联

财务经理：张丽　　仓库主管：周白　　经办人：张高丽　　制单人：张慧

单据 2-22　入库单

【业务 2.2.8】

中国工商银行
转账支票存根
30909320
20617247
附加信息
出票日期2017年01月29日
收款人：帝都谦虚家具有限公司
金额：¥3000.00
用途：预付货款
单位主管　会计

单据 2-23　转账支票存根

任务 2.3　转账凭证的填制

【业务 2.3.1】

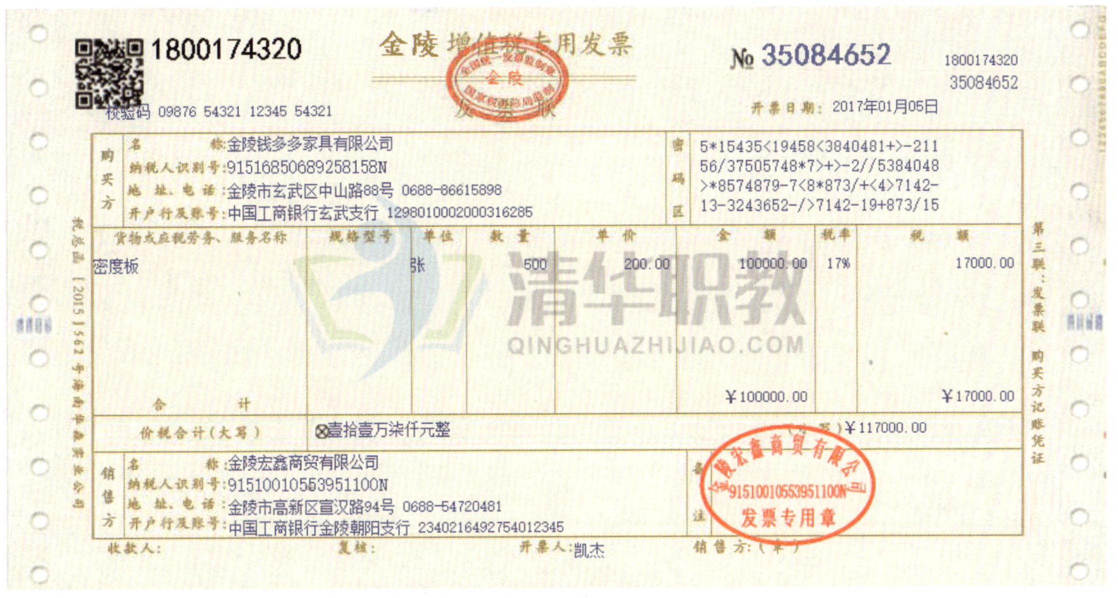
金陵增值税专用发票
1800174320　№ 35084652　1800174320　35084652
校验码 09876 54321 12345 54321
开票日期：2017年01月05日

购买方	名称：金陵钱多多家具有限公司 纳税人识别号：91516850689258158N 地址、电话：金陵市玄武区中山路88号 0688-86615898 开户行及账号：中国工商银行玄武支行 1298010002000316285	密码区	5*15435<19458<3840481+>-211 56/37505748*7>+>-2//5384048 >*8574879-7<8*873/+<4>7142- 13-3243652-/>7142-19+873/15

货物或应税劳务、服务名称	规格型号	单位	数量	单价	金额	税率	税额
密度板		张	500	200.00	100000.00	17%	17000.00
合计					¥100000.00		¥17000.00
价税合计（大写）	⊗壹拾壹万柒仟元整				（小写）¥117000.00		

销售方	名称：金陵宏鑫商贸有限公司 纳税人识别号：91510010553951100N 地址、电话：金陵市高新区宣汉路94号 0688-54720481 开户行及账号：中国工商银行金陵朝阳支行 2340216492754012345	备注	

收款人：　复核：　开票人：凯杰　销售方：（章）

第三联：发票联　购买方记账凭证

单据 2-24　增值税专用发票

【业务 2.3.2】

领　料　单

领料部门：生产部门

用　途 生产办公桌　　　　2017 年 01 月 15 日　　　　第　228 号

材料			单位	数量		成本									
						单价	总价								
编号	名称	规格		请领	实发		百	十	万	千	百	十	元	角	分
01	密度板		张	40	40	200.00				8	0	0	0	0	0
02	乳胶		升	10	10	50.00					5	0	0	0	0
合计									¥	8	5	0	0	0	0

会计联

部门经理：　　会计：张震　　仓库：周白　　经办人：关童

单据 2-25　领料单

【业务 2.3.3】

职工福利费计提表

人员类别	计提金额（元）
生产工人	700
销售人员	420
管理人员	280

单据 2-26　职工福利费计提表

【业务 2.3.5】

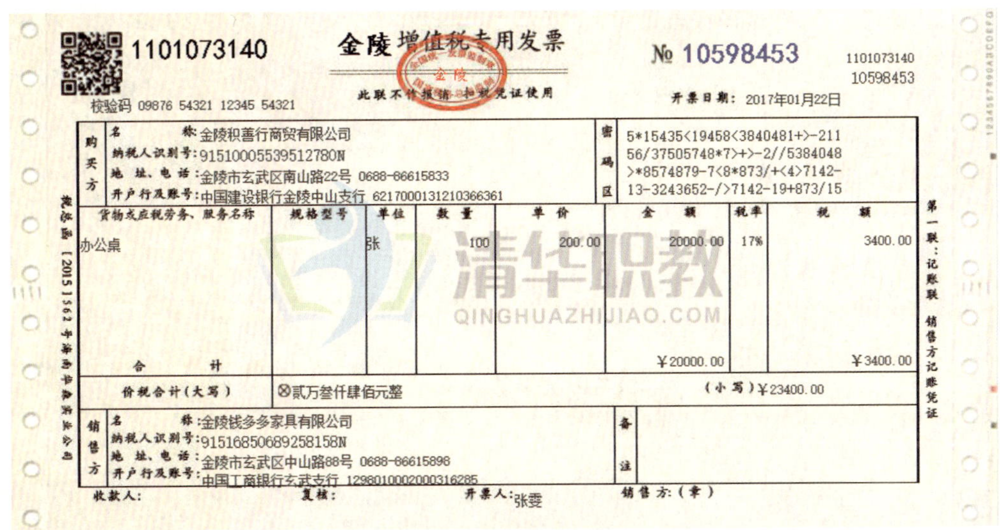

1101073140　　**金陵增值税专用发票**　　№ 10598453　　1101073140 10598453

此联不作报销、扣税凭证使用

校验码 09876 54321 12345 54321　　开票日期：2017年01月22日

购买方
名　　称：金陵积善行商贸有限公司
纳税人识别号：91510005539512780N
地 址、电 话：金陵市玄武区南山路22号 0688-66615833
开户行及账号：中国建设银行金陵中山支行 6217000131210366361

密码区
5*15435<19458<3840481+>-211
56/37505748*7>+>-2//5384048
>*8574879-7<8*873/+<4>7142-
13-3243652-/>7142-19+873/15

货物或应税劳务、服务名称	规格型号	单位	数量	单价	金额	税率	税额
办公桌		张	100	200.00	20000.00	17%	3400.00
合　计					¥20000.00		¥3400.00
价税合计（大写）	⊗贰万叁仟肆佰元整				（小写）¥23400.00		

销售方
名　　称：金陵钱多多家具有限公司
纳税人识别号：91516850689258158N
地 址、电 话：金陵市玄武区中山路88号 0688-66615898
开户行及账号：中国工商银行玄武支行 1298010002000316285

备注

收款人：　　复核：　　开票人：张雯　　销售方：（章）

税总函［2015］562号海南华森实业公司

第一联：记账联　销售方记账凭证

单据 2-27　增值税专用发票

【业务 2.3.6】

差旅费报销单

2017年 01月 28日　　　　单据及附件共5 张

所属部门				销售部门	姓名	王玲	出差事由	洽谈	
出发		到达		起止地点		交通费	住宿费	伙食费	其他
月	日	月	日						
01	22	01	22	金陵—北京		200.00			
01	22	01	25	北京—北京		100.00	400.00	100.00	
01	25	01	25	北京—金陵		200.00			
合计	大写金额：壹仟元整				¥1,000.00	预支旅费	1,000.00	退回金额	0.00
								补付金额	0.00

总经理：钱多多　财务经理：张丽　会计：张雯　出纳：李丽　部门经理：李林　报销人：王玲

单据 2-28　差旅费报销单

任务 2.4　记账凭证的审核

【业务 2.4.1】

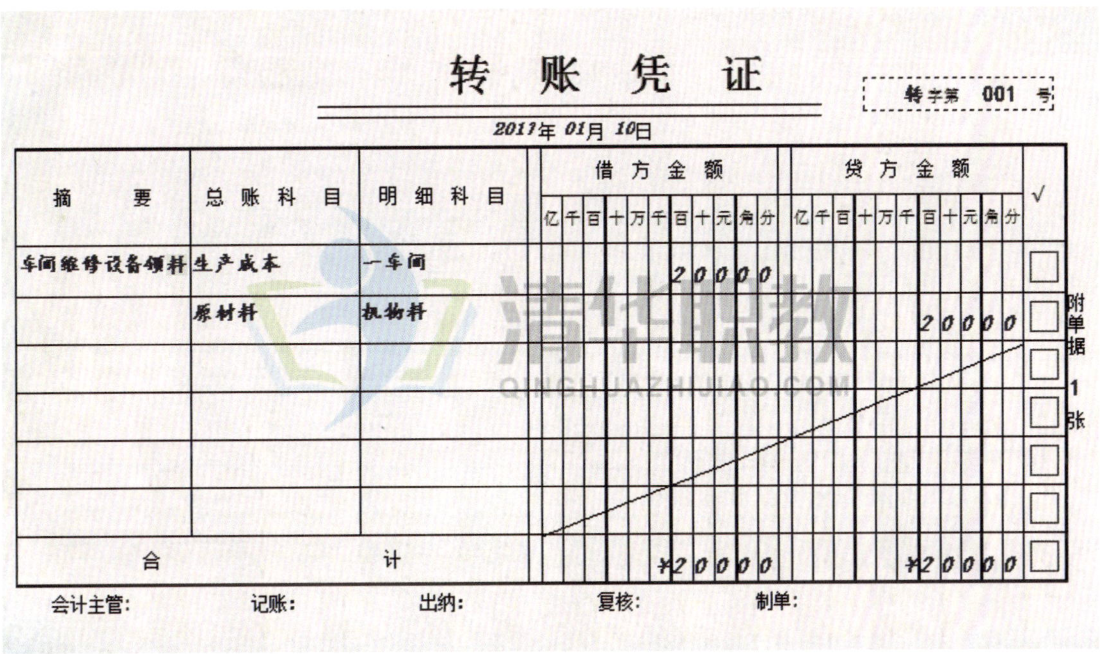

转　账　凭　证

转字第 001 号

2017年 01月 10日

摘要	总账科目	明细科目	借方金额	贷方金额	√
车间维修设备领料	生产成本	一车间	20000		
	原材料	机物料		20000	
合计			¥20000	¥20000	

附单据 1 张

会计主管：　记账：　出纳：　复核：　制单：

单据 2-29　转账凭证

【业务 2.4.2】

付款凭证

付字第 001 号

贷方科目：银行存款　　　　2017年 01月 15日

摘要	对方科目		借或贷	金额										√
	总账科目	明细科目		千	百	十	万	千	百	十	元	角	分	
偿还上月购料款	应付账款	易能达公司	借				3	0	0	0	0	0	0	□
														□
														□
														□
														□
														□
合计						¥	3	0	0	0	0	0	0	□

附单据 1 张

会计主管：　记账：　出纳：　复核：　制单：　收款人：

单据 2-30　付款凭证

【业务 2.4.3】

中国工商银行
现金支票存根
30909320
20617233
附加信息
出票日期 2017年 01 月 20 日
收款人：金陵钱多多家具有限公司
金　额：¥1000.00
用　途：备用金
单位主管　　会计

单据 2-31　现金支票存根

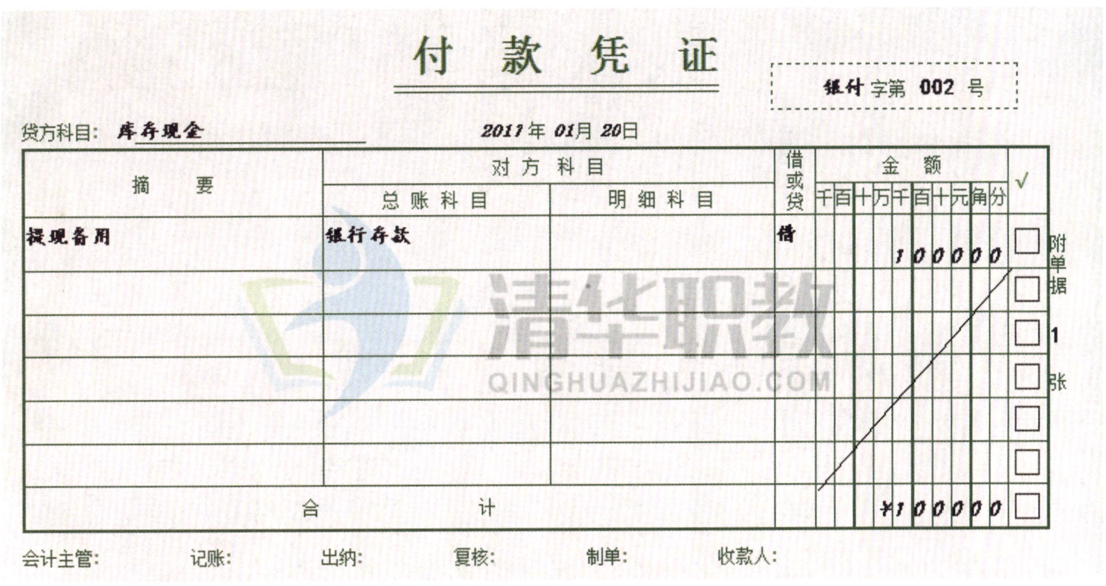

付款凭证

银付 字第 002 号

贷方科目：库存现金　　2017年01月20日

摘要	对方科目 总账科目	对方科目 明细科目	借或贷	金额	√
提现备用	银行存款		借	100000	
合计				¥100000	

附单据 1 张

会计主管：　记账：　出纳：　复核：　制单：　收款人：

单据 2-32　付款凭证

【业务 2.4.4】

现金收讫

收款收据

NO. 6013563

2017年01月25日

今收到 上海美新商贸有限公司包装物押金

金额（大写） 零 拾 零 万 零 仟 伍 佰 零 拾 零 元 零 角 零 分

￥ 500.00　☑现金　☐支票　☐信用卡　☐其他　收款单位（盖章）

核准　会计　记账　出纳　经手人

第三联 会计联

单据 2-33　收款收据

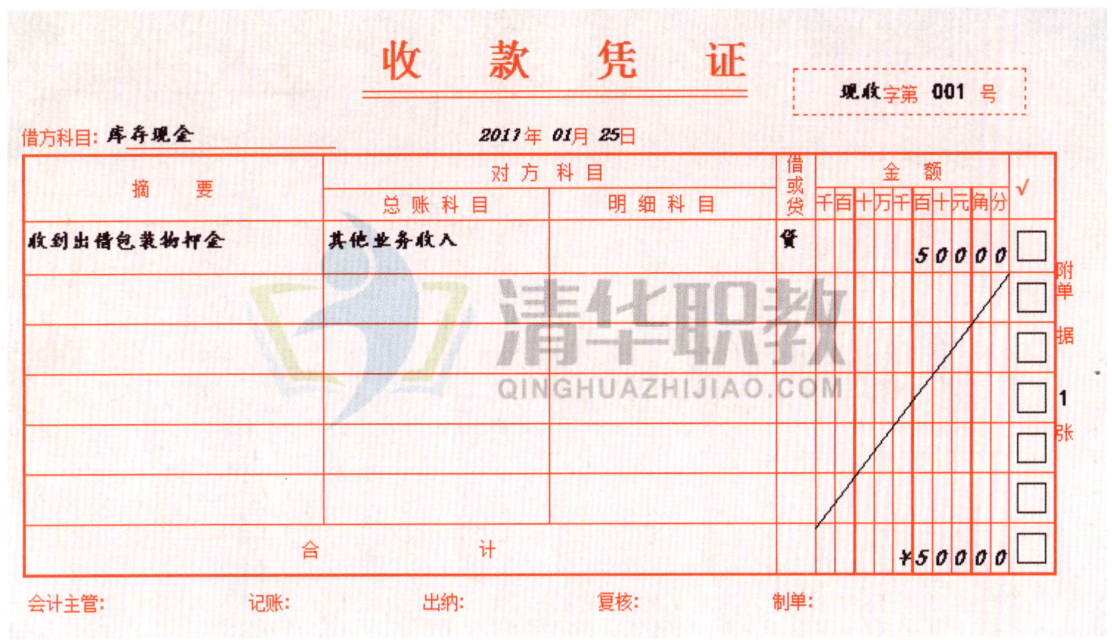

收 款 凭 证

现收字第 001 号

借方科目：库存现金　　2017年 01月 25日

摘要	对方科目		借或贷	金额	√
	总账科目	明细科目		千百十万千百十元角分	
收到出借包装物押金	其他业务收入		贷	50000	□
					□
					□
					□
					□
					□
合计				￥50000	□

附单据 1 张

会计主管：　记账：　出纳：　复核：　制单：

单据 2-34　收款凭证

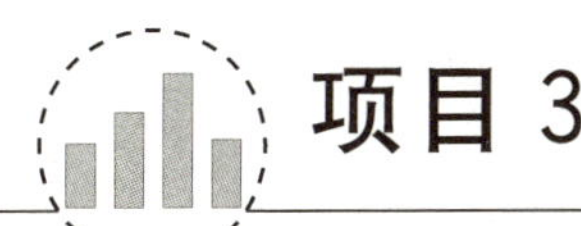

项目 3

账簿的设置和登记

任务 3.5 总账的登记

【业务 3.5.1】

科目汇总表

2017年 04月 01日至 04月 30日

编号:	附件共 张
凭证号数	第 号至 号共 张
	第 号至 号共 张
	第 号至 号共 张

会计科目	总页	借方金额	贷方金额	会计科目	总页	借方金额	贷方金额
银行存款		200000	800000				
应收账款			10000000				
短期借款		10000000	5000000				
应付账款		5000000	10000000				
合计				合计			

财会主管 记账 复核 制表

单据 3-1 科目汇总表

任务 3.6　明细账的登记

【业务 3.6.1】

转　账　凭　证

转字第 012 号

2017年 04月 12日

摘　要	总账科目	明细科目	借方金额（亿千百十万千百十元角分）	贷方金额（亿千百十万千百十元角分）	√
销售办公桌	应收账款	金陵宏鑫商贸	4720000		
	主营业务收入	办公桌		4000000	
	应交税费	应交增值税（销项税额）		680000	
	银行存款			40000	
合　计			¥4720000	¥4720000	

附单据 3 张

会计主管：　记账：　出纳：　复核：　制单：

单据 3-2　转账凭证

收　款　凭　证

银收字第 013 号

借方科目：银行存款　　2017年 04月 15日

摘　要	对方科目：总账科目	对方科目：明细科目	借或贷	金额（千百十万千百十元角分）	√
收到上月欠款	应收账款	金陵宏鑫商贸	贷	4000000	
合　计				¥4000000	

附单据 1 张

会计主管：　记账：　出纳：　复核：　制单：

单据 3-3　收款凭证

转账凭证

转字第 017 号

2017年04月16日

摘要	总账科目	明细科目	借方金额											贷方金额											√
			亿	千	百	十	万	千	百	十	元	角	分	亿	千	百	十	万	千	百	十	元	角	分	
销售办公桌	应收账款	金陵宏鑫商贸					2	3	4	0	0	0	0												
	主营业务收入	办公桌																2	0	0	0	0	0	0	
	应交税费	应交增值税（销项税额）																	3	4	0	0	0	0	
合计						¥	2	3	4	0	0	0	0				¥	2	3	4	0	0	0	0	

附单据 2 张

会计主管：　记账：　出纳：　复核：　制单：

单据 3-4　转账凭证

【业务 3.6.2】

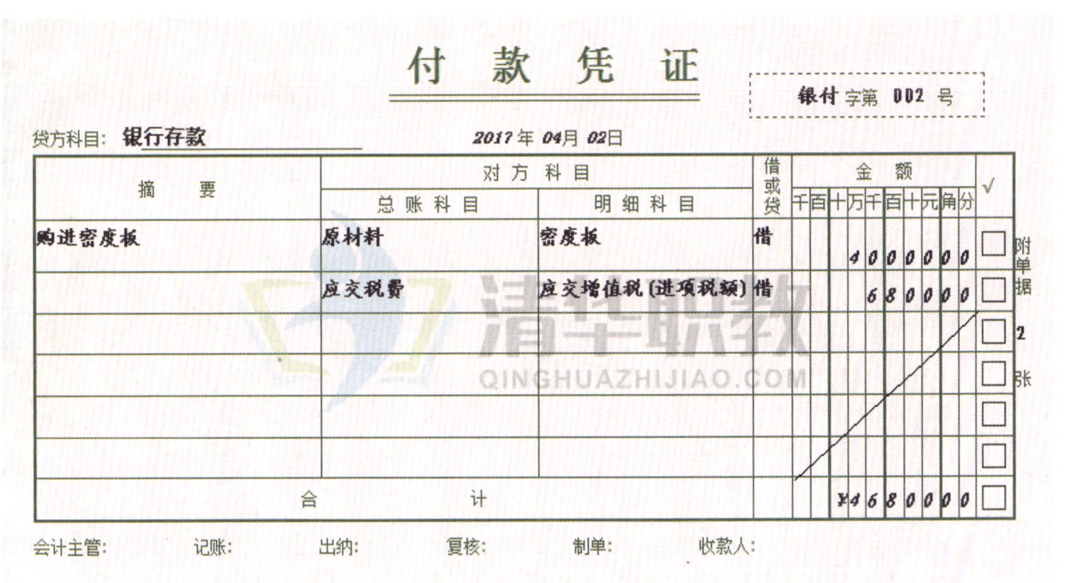

付款凭证

银付字第 002 号

贷方科目：银行存款　　2017年04月02日

摘要	对方科目：总账科目	对方科目：明细科目	借或贷	金额										√
				千	百	十	万	千	百	十	元	角	分	
购进密度板	原材料	密度板	借				4	0	0	0	0	0	0	
	应交税费	应交增值税（进项税额）	借					6	8	0	0	0	0	
合计						¥	4	6	8	0	0	0	0	

附单据 2 张

会计主管：　记账：　出纳：　复核：　制单：　收款人：

单据 3-5　付款凭证

转账凭证

转字第 004 号

2017年 04月 04日

摘要	总账科目	明细科目	借方金额	贷方金额	√
购进密度板	原材料	密度板	8000000		
	应交税费	应交增值税（进项税额）	1360000		
	应付账款	金陵积善行商贸		936000 0	
合计			¥9360000	¥9360000	

附单据 2 张

会计主管:　记账:　出纳:　复核:　制单:

单据 3-6　转账凭证

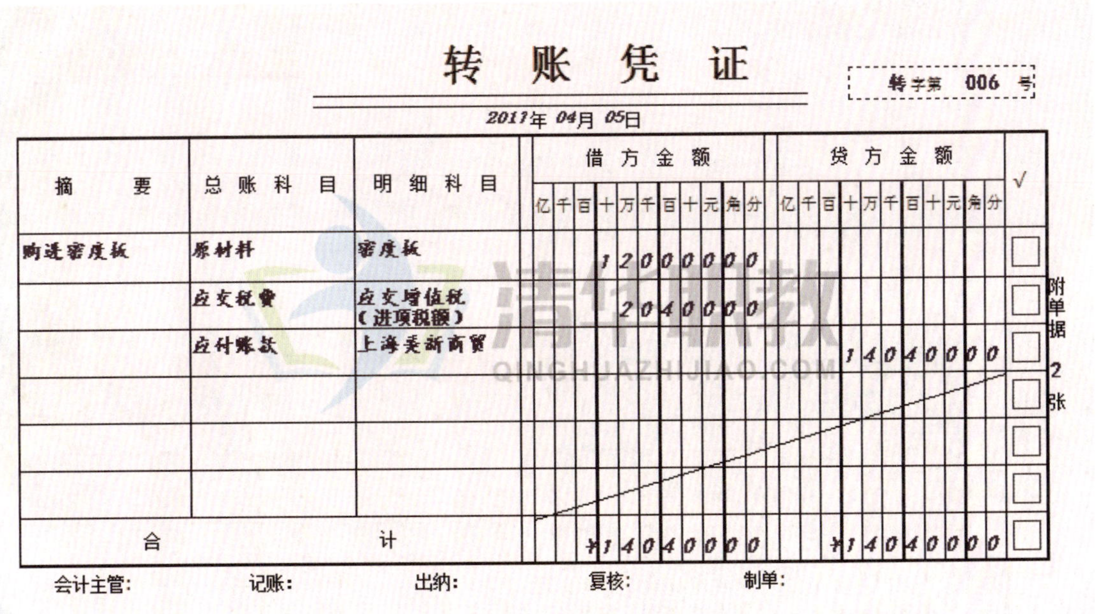

转账凭证

转字第 006 号

2017年 04月 05日

摘要	总账科目	明细科目	借方金额	贷方金额	√
购进密度板	原材料	密度板	12000000		
	应交税费	应交增值税（进项税额）	2040000		
	应付账款	上海美新商贸		14040000	
合计			¥14040000	¥14040000	

附单据 2 张

会计主管:　记账:　出纳:　复核:　制单:

单据 3-7　转账凭证

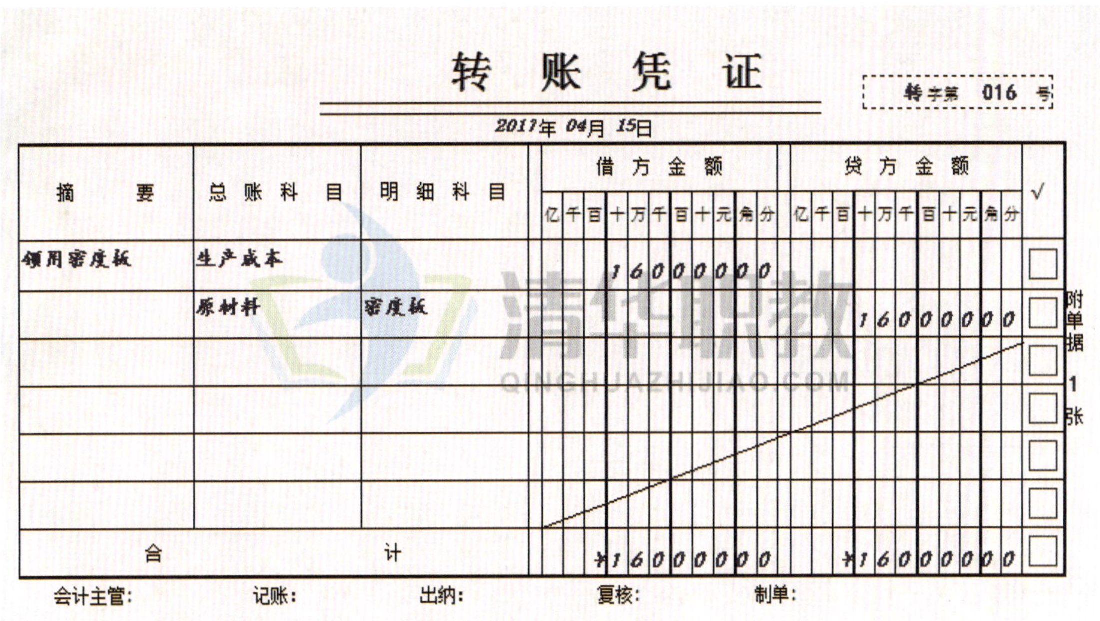

转账凭证

转字第 016 号

2017年 04月 15日

摘要	总账科目	明细科目	借方金额	贷方金额	√
领用窑度板	生产成本		16000000		
	原材料	窑度板		16000000	
合计			¥16000000	¥16000000	

附单据 1 张

会计主管:　记账:　出纳:　复核:　制单:

单据 3-8　转账凭证

【业务 3.6.3】

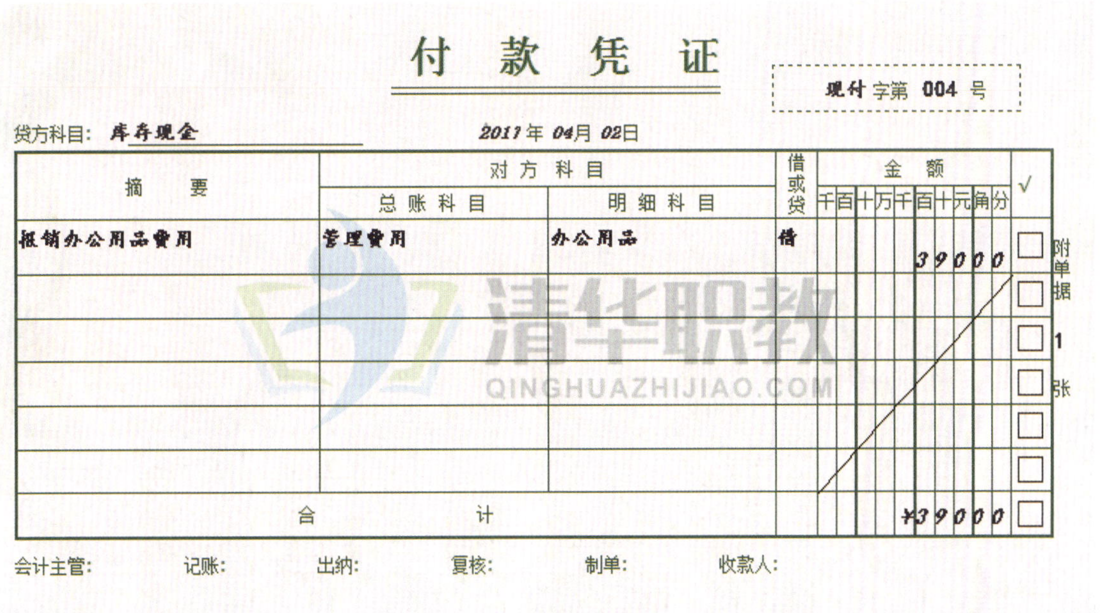

付款凭证

现付字第 004 号

贷方科目: 库存现金

2017年 04月 02日

摘要	对方科目 总账科目	对方科目 明细科目	借或贷	金额	√
报销办公用品费用	管理费用	办公用品	借	39000	
合计				¥39000	

附单据 1 张

会计主管:　记账:　出纳:　复核:　制单:　收款人:

单据 3-9　付款凭证

付 款 凭 证

银付 字第 011 号

贷方科目：银行存款　　　　2017年04月04日

摘要	对方科目		借或贷	金额										√
	总账科目	明细科目		千	百	十	万	千	百	十	元	角	分	
支付维修费	管理费用	维修费	借						5	8	5	0	0	
合　计								¥	5	8	5	0	0	

附单据 3 张

会计主管：　记账：　出纳：　复核：　制单：　收款人：

单据 3-10　付款凭证

付 款 凭 证

银付 字第 022 号

贷方科目：银行存款　　　　2017年04月07日

摘要	对方科目		借或贷	金额										√
	总账科目	明细科目		千	百	十	万	千	百	十	元	角	分	
支付上月通信费	管理费用	通信费	借					1	1	3	0	5	0	
合　计							¥	1	1	3	0	5	0	

附单据　张

会计主管：　记账：　出纳：　复核：　制单：　收款人：

单据 3-11　付款凭证

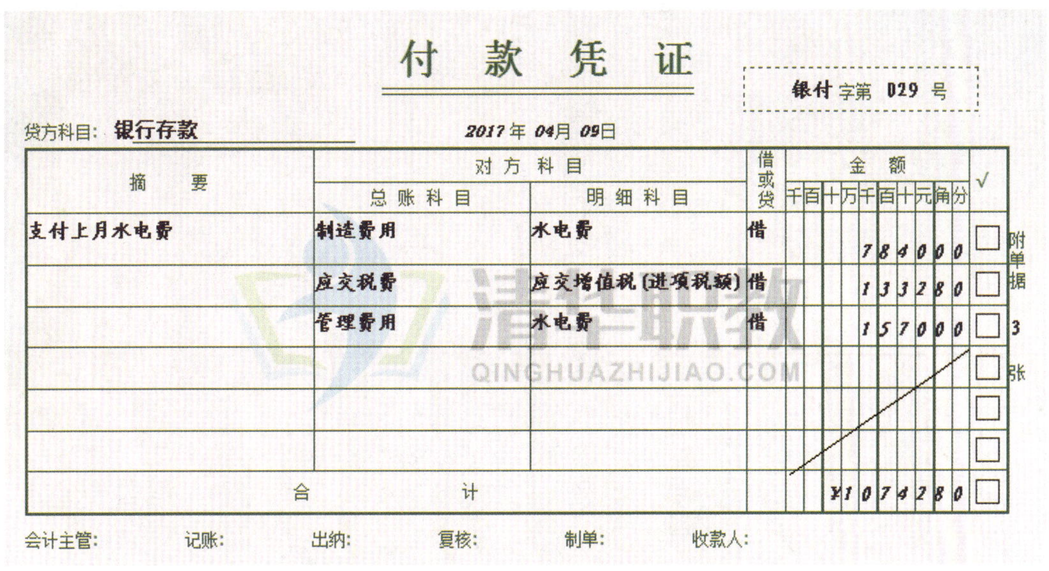

付 款 凭 证

银付 字第 029 号

贷方科目：银行存款　　　2017年04月09日

摘要	对方科目：总账科目	对方科目：明细科目	借或贷	金额（千百十万千百十元角分）	√
支付上月水电费	制造费用	水电费	借	784000	□
	应交税费	应交增值税（进项税额）	借	133280	□
	管理费用	水电费	借	157000	□
					□
					□
					□
合计				¥1074280	□

附单据 3 张

会计主管：　记账：　出纳：　复核：　制单：　收款人：

单据 3-12　付款凭证

任务 3.7　日记账的登记

【业务 3.7.1】

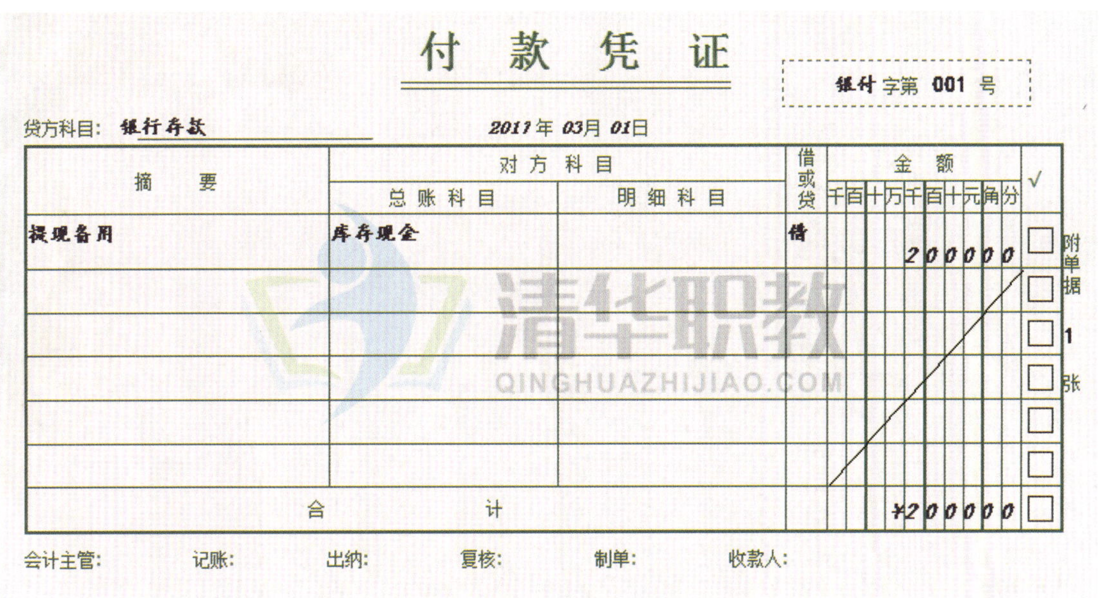

付 款 凭 证

银付 字第 001 号

贷方科目：银行存款　　　2017年03月01日

摘要	对方科目：总账科目	对方科目：明细科目	借或贷	金额（千百十万千百十元角分）	√
提现备用	库存现金		借	200000	□
					□
					□
					□
					□
					□
合计				¥200000	□

附单据 1 张

会计主管：　记账：　出纳：　复核：　制单：　收款人：

单据 3-13　付款凭证

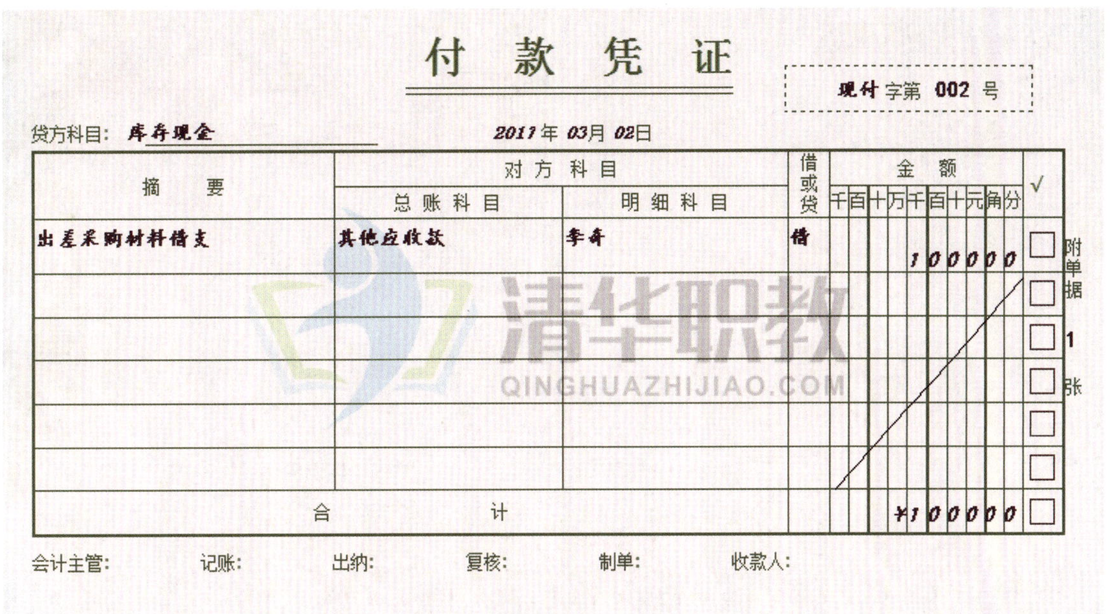

付款凭证

现付 字第 002 号

贷方科目：库存现金　　　　2017年03月02日

摘要	对方科目		借或贷	金额										√
	总账科目	明细科目		千	百	十	万	千	百	十	元	角	分	
出差采购材料借支	其他应收款	李奇	借					1	0	0	0	0	0	
合计							¥	1	0	0	0	0	0	

附单据 1 张

会计主管：　记账：　出纳：　复核：　制单：　收款人：

单据 3-14　付款凭证

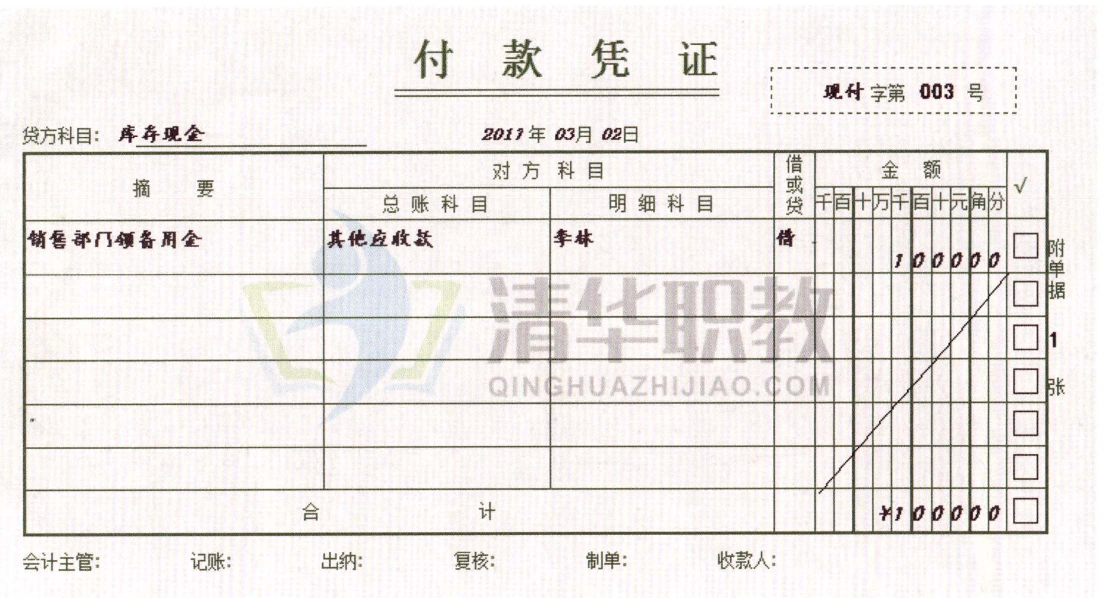

付款凭证

现付 字第 003 号

贷方科目：库存现金　　　　2017年03月02日

摘要	对方科目		借或贷	金额										√
	总账科目	明细科目		千	百	十	万	千	百	十	元	角	分	
销售部门领备用金	其他应收款	李林	借					1	0	0	0	0	0	
合计							¥	1	0	0	0	0	0	

附单据 1 张

会计主管：　记账：　出纳：　复核：　制单：　收款人：

单据 3-15　付款凭证

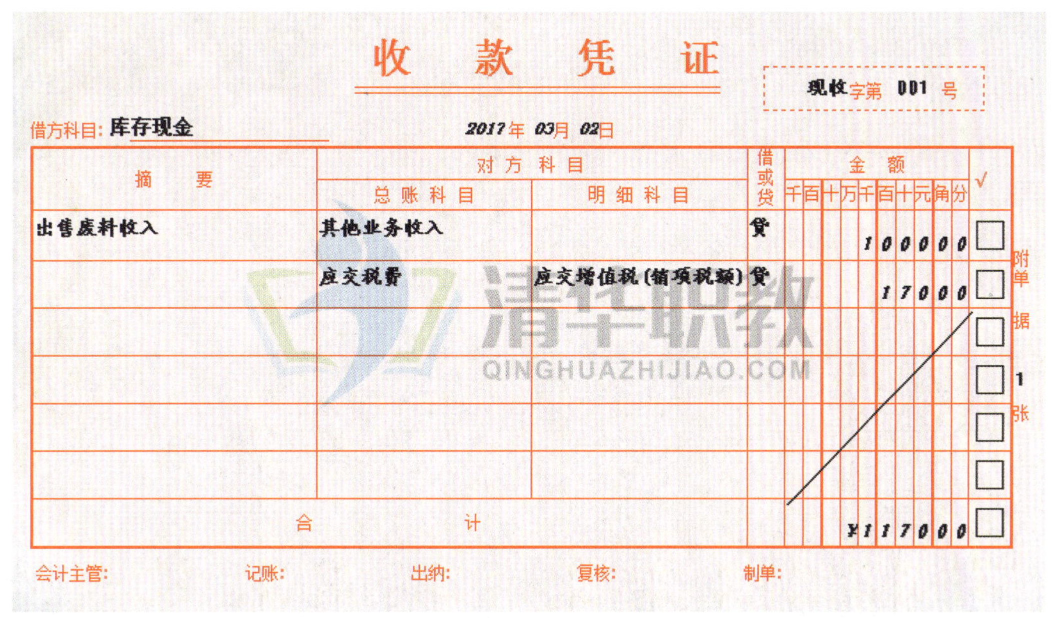

收款凭证

现收字第 001 号

借方科目：库存现金　　2017年03月02日

摘要	对方科目：总账科目	对方科目：明细科目	借或贷	金额	√
出售废料收入	其他业务收入		贷	100000	
	应交税费	应交增值税(销项税额)	贷	17000	
合计				¥117000	

附单据 1 张

会计主管：　记账：　出纳：　复核：　制单：

单据 3-16　收款凭证

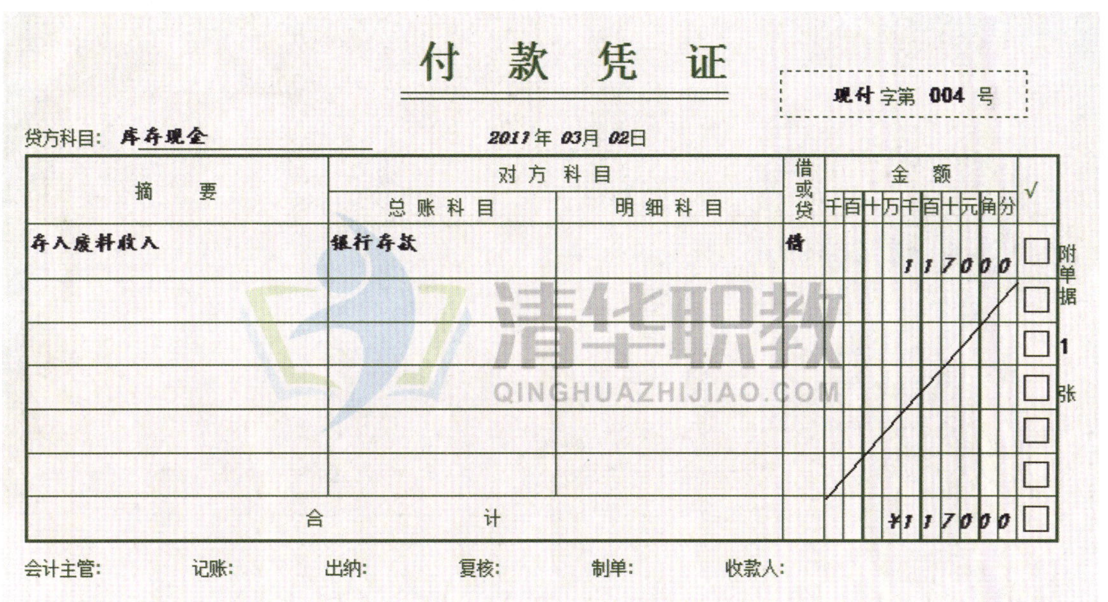

付款凭证

现付字第 004 号

贷方科目：库存现金　　2017年03月02日

摘要	对方科目：总账科目	对方科目：明细科目	借或贷	金额	√
存入废料收入	银行存款		借	117000	
合计				¥117000	

附单据 1 张

会计主管：　记账：　出纳：　复核：　制单：　收款人：

单据 3-17　付款凭证

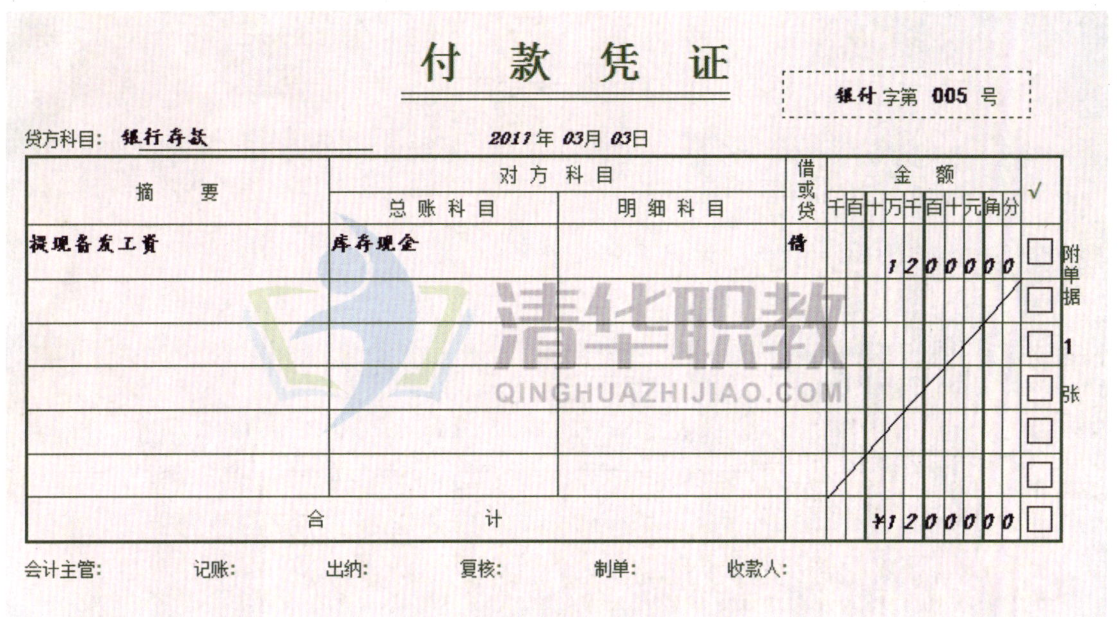

付　款　凭　证

银付 字第 005 号

贷方科目：银行存款　　　　2011年 03月 03日

摘　要	对方科目		借或贷	金额										√
	总账科目	明细科目		千	百	十	万	千	百	十	元	角	分	
提现备发工资	库存现金		借				1	2	0	0	0	0	0	
合　计						¥	1	2	0	0	0	0	0	

附单据 1 张

会计主管：　记账：　出纳：　复核：　制单：　收款人：

单据 3-18　付款凭证

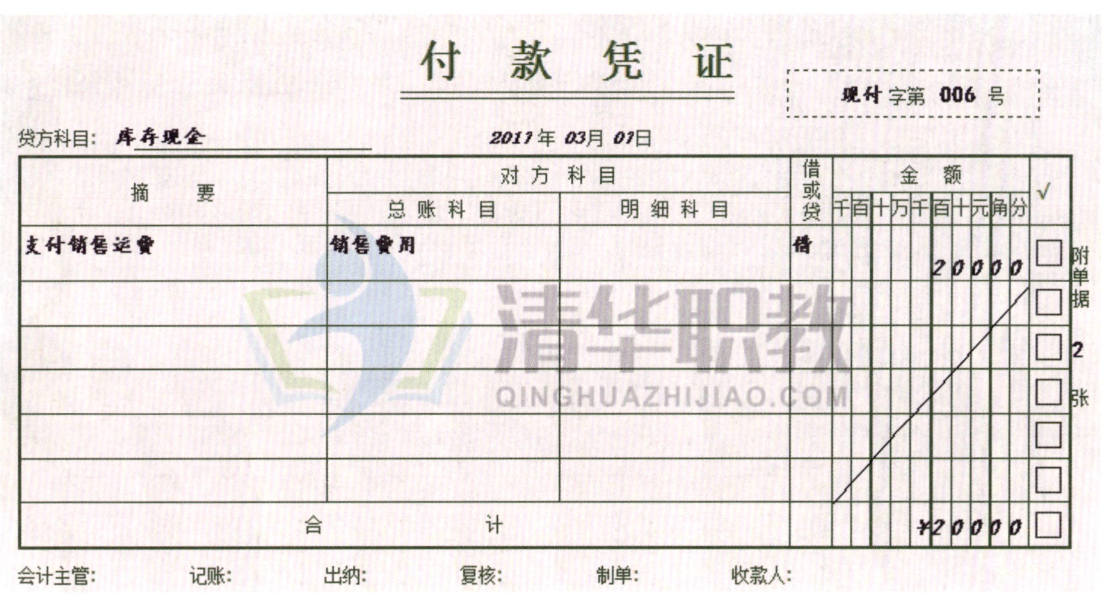

付　款　凭　证

现付 字第 006 号

贷方科目：库存现金　　　　2011年 03月 01日

摘　要	对方科目		借或贷	金额										√
	总账科目	明细科目		千	百	十	万	千	百	十	元	角	分	
支付销售运费	销售费用		借						2	0	0	0	0	
合　计								¥	2	0	0	0	0	

附单据 2 张

会计主管：　记账：　出纳：　复核：　制单：　收款人：

单据 3-19　付款凭证

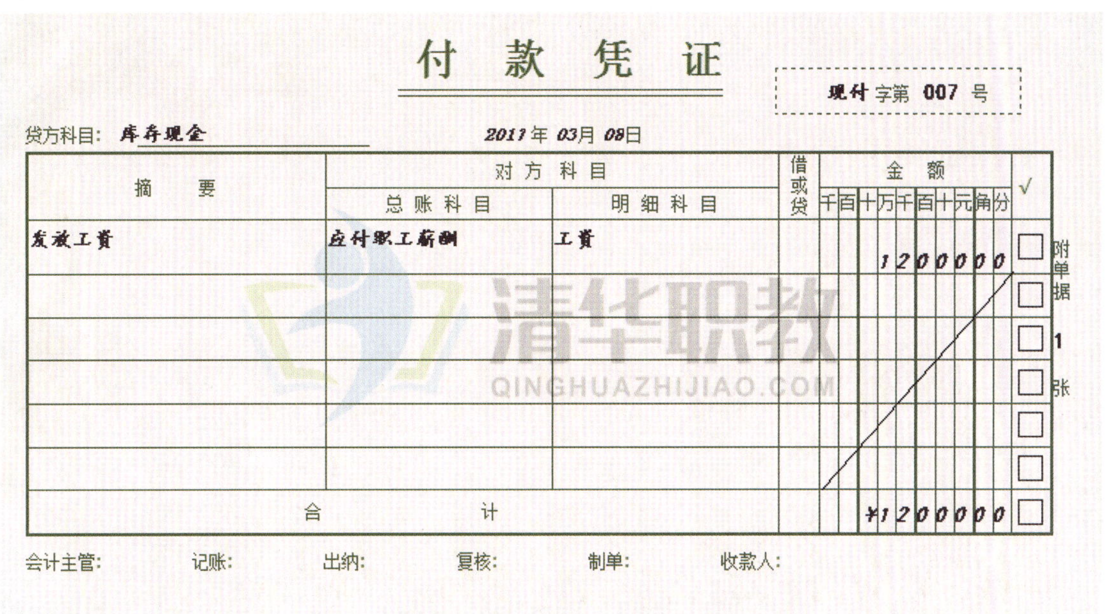

付款凭证

现付 字第 007 号

贷方科目：库存现金　　2017年03月08日

摘要	总账科目	明细科目	借或贷	金额（千百十万千百十元角分）	√
发放工资	应付职工薪酬	工资		1200000	
合计				￥1200000	

附单据 1 张

会计主管：　记账：　出纳：　复核：　制单：　收款人：

单据 3-20　付款凭证

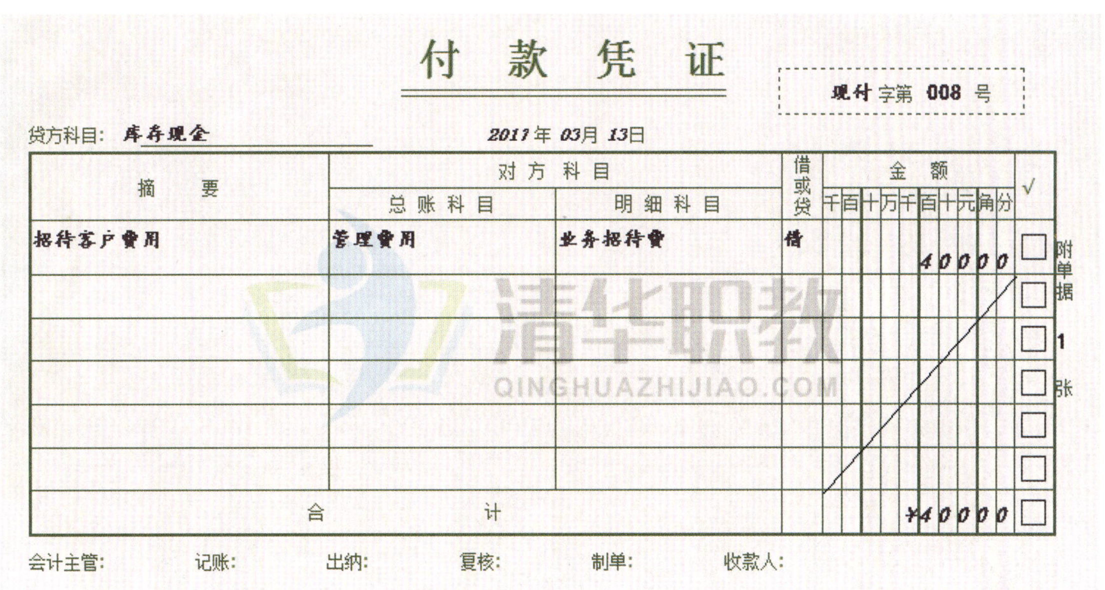

付款凭证

现付 字第 008 号

贷方科目：库存现金　　2017年03月13日

摘要	总账科目	明细科目	借或贷	金额（千百十万千百十元角分）	√
招待客户费用	管理费用	业务招待费	借	40000	
合计				￥40000	

附单据 1 张

会计主管：　记账：　出纳：　复核：　制单：　收款人：

单据 3-21　付款凭证

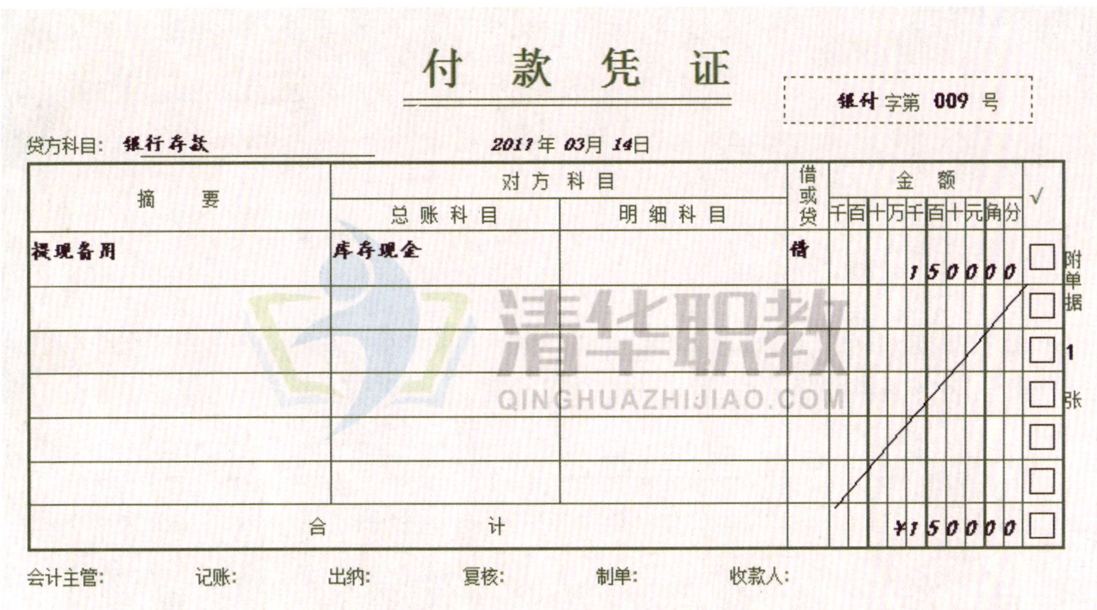

付款凭证

银付字第 009 号

贷方科目：银行存款　　　　2017年 03月 14日

摘要	对方科目		借或贷	金额										√
	总账科目	明细科目		千	百	十	万	千	百	十	元	角	分	
提现备用	库存现金		借					1	5	0	0	0	0	
合计							¥	1	5	0	0	0	0	

附单据 1 张

会计主管：　记账：　出纳：　复核：　制单：　收款人：

单据 3-22　付款凭证

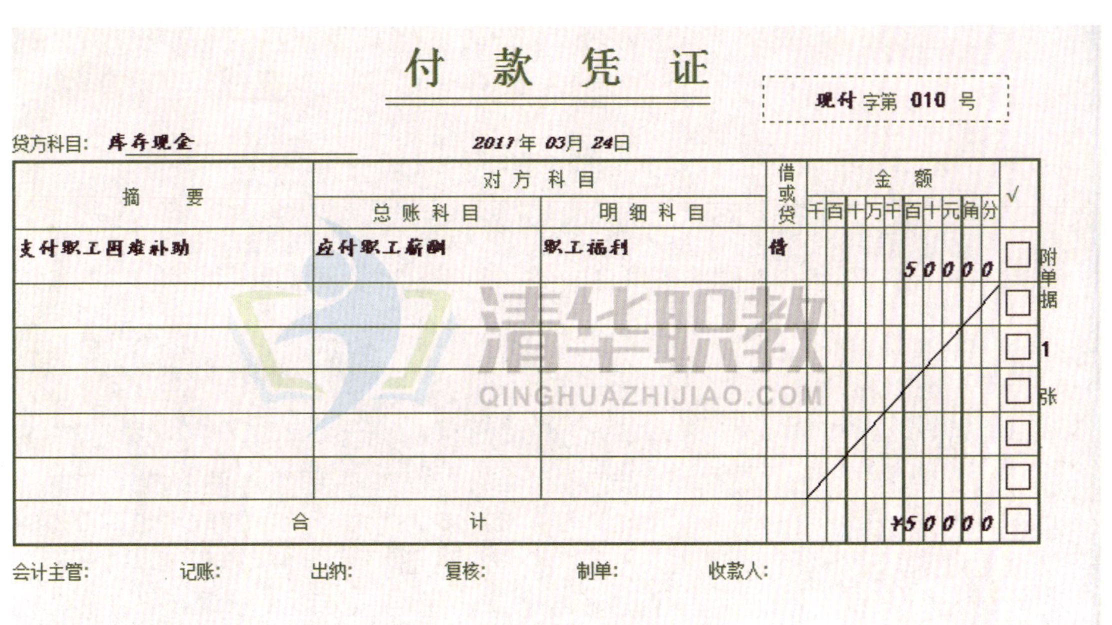

付款凭证

现付字第 010 号

贷方科目：库存现金　　　　2017年 03月 24日

摘要	对方科目		借或贷	金额										√
	总账科目	明细科目		千	百	十	万	千	百	十	元	角	分	
支付职工困难补助	应付职工薪酬	职工福利	借						5	0	0	0	0	
合计								¥	5	0	0	0	0	

附单据 1 张

会计主管：　记账：　出纳：　复核：　制单：　收款人：

单据 3-23　付款凭证

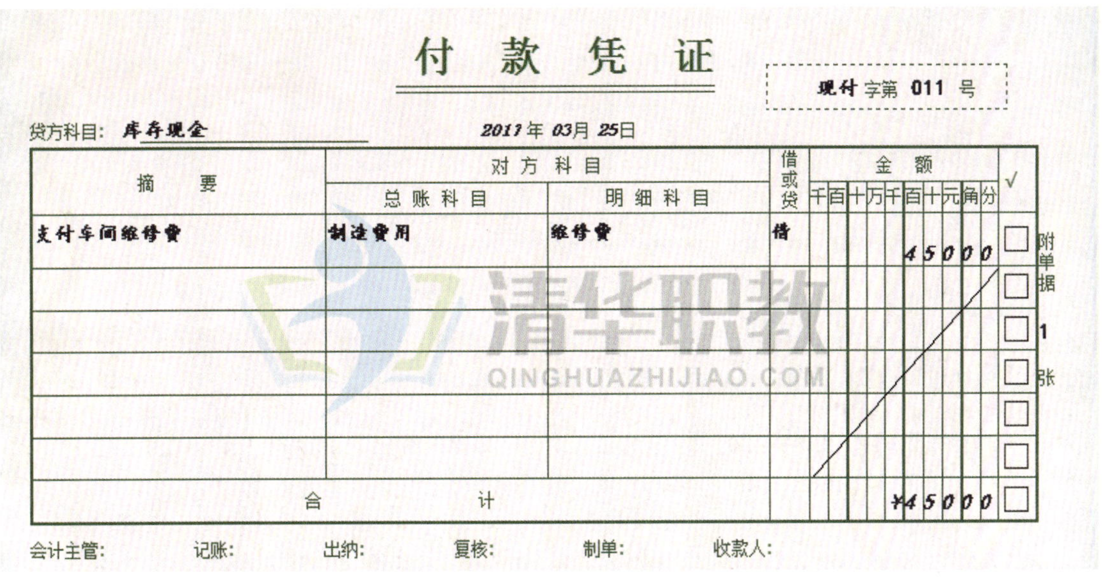

付 款 凭 证

现付 字第 011 号

贷方科目：库存现金　　2017年 03月 25日

摘 要	对方科目		借或贷	金额										√
	总账科目	明细科目		千	百	十	万	千	百	十	元	角	分	
支付车间维修费	制造费用	维修费	借						4	5	0	0	0	
合　　计								¥	4	5	0	0	0	

附单据 1 张

会计主管：　记账：　出纳：　复核：　制单：　收款人：

单据 3-24　付款凭证

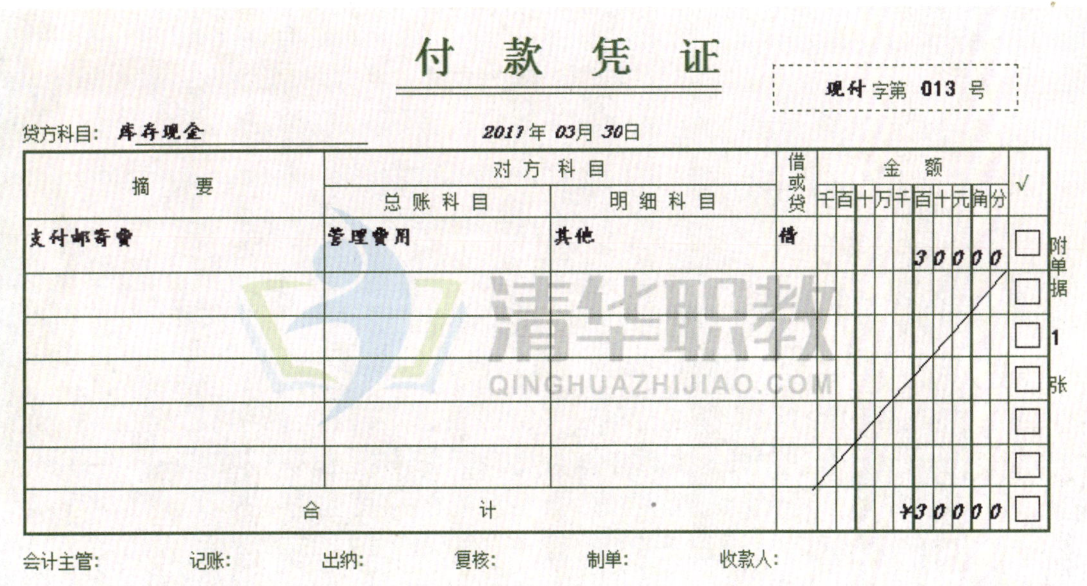

付 款 凭 证

现付 字第 013 号

贷方科目：库存现金　　2017年 03月 30日

摘 要	对方科目		借或贷	金额										√
	总账科目	明细科目		千	百	十	万	千	百	十	元	角	分	
支付邮寄费	管理费用	其他	借						3	0	0	0	0	
合　　计								¥	3	0	0	0	0	

附单据 1 张

会计主管：　记账：　出纳：　复核：　制单：　收款人：

单据 3-25　付款凭证

【业务 3.7.2】

付款凭证

银付 字第 001 号

贷方科目：银行存款　　2017年 03月 01日

摘要	对方科目：总账科目	对方科目：明细科目	借或贷	金额（千百十万千百十元角分）	√
提现备用	库存现金		借	200000	
合计				¥200000	

附单据 1 张

会计主管：　记账：　出纳：　复核：　制单：　收款人：

单据 3-26　付款凭证

付款凭证

银付 字第 002 号

贷方科目：银行存款　　2017年 03月 01日

摘要	对方科目：总账科目	对方科目：明细科目	借或贷	金额（千百十万千百十元角分）	√
支付购货款	原材料	密度板	借	1000000	
	应交税费	应交增值税（进项税额）	借	170000	
合计				¥1170000	

附单据 3 张

会计主管：　记账：　出纳：　复核：　制单：　收款人：

单据 3-27　付款凭证

付款凭证

银付 字第 003 号

贷方科目：银行存款　　　　2017年03月01日

摘要	对方科目：总账科目	对方科目：明细科目	借或贷	金额（千百十万千百十元角分）	√
支付购货款	原材料	拉手	借	2000000	
	应交税费	应交增值税（进项税额）	借	340000	
合计				¥2340000	

附单据 3 张

会计主管：　记账：　出纳：　复核：　制单：　收款人：

单据 3-28　付款凭证

付款凭证

银付 字第 004 号

贷方科目：银行存款　　　　2017年03月02日

摘要	对方科目：总账科目	对方科目：明细科目	借或贷	金额（千百十万千百十元角分）	√
预付货款	预付账款	金陵宏鑫商贸	借	1000000	
合计				¥1000000	

附单据 1 张

会计主管：　记账：　出纳：　复核：　制单：　收款人：

单据 3-29　付款凭证

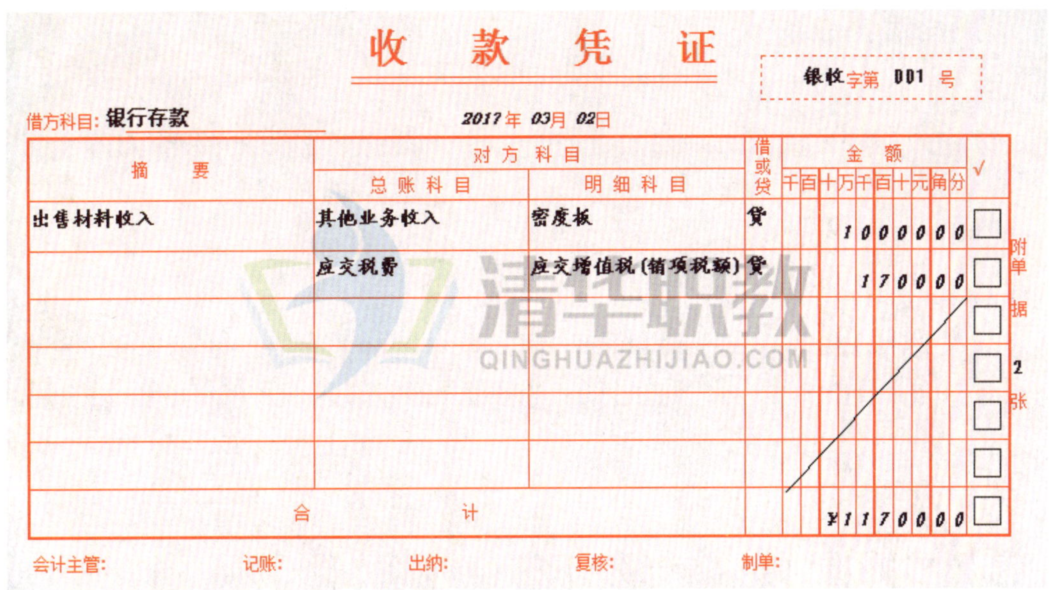

收款凭证

银收字第 001 号

借方科目：银行存款　　2017年 03月 02日

摘要	对方科目		借或贷	金额	√
	总账科目	明细科目		千百十万千百十元角分	
出售材料收入	其他业务收入	密度板	贷	1000000	
	应交税费	应交增值税(销项税额)	贷	170000	
合计				¥1170000	

附单据 2 张

会计主管：　记账：　出纳：　复核：　制单：

单据 3-30　收款凭证

付款凭证

银付字第 005 号

贷方科目：银行存款　　2017年 03月 03日

摘要	对方科目		借或贷	金额	√
	总账科目	明细科目		千百十万千百十元角分	
提现备发工资	库存现金		借	1200000	
合计				¥1200000	

附单据 1 张

会计主管：　记账：　出纳：　复核：　制单：　收款人：

单据 3-31　付款凭证

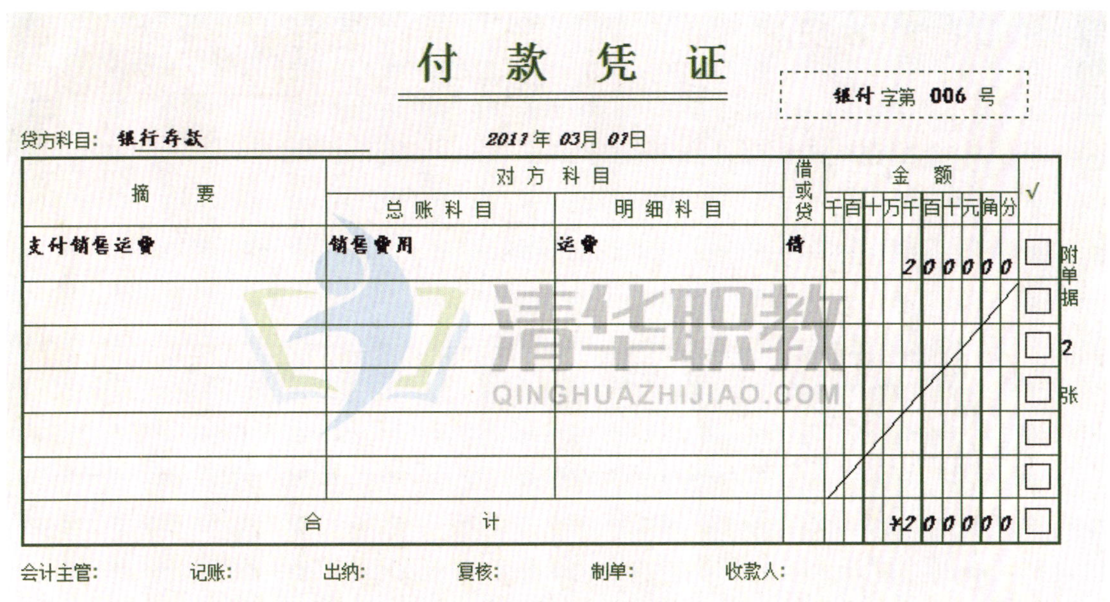

付款凭证

银付字第 006 号

贷方科目：银行存款　　2017年03月07日

摘要	对方科目：总账科目	对方科目：明细科目	借或贷	金额（千百十万千百十元角分）	√
支付销售运费	销售费用	运费	借	200000	
合计				¥200000	

附单据 2 张

会计主管：　记账：　出纳：　复核：　制单：　收款人：

单据 3-32　付款凭证

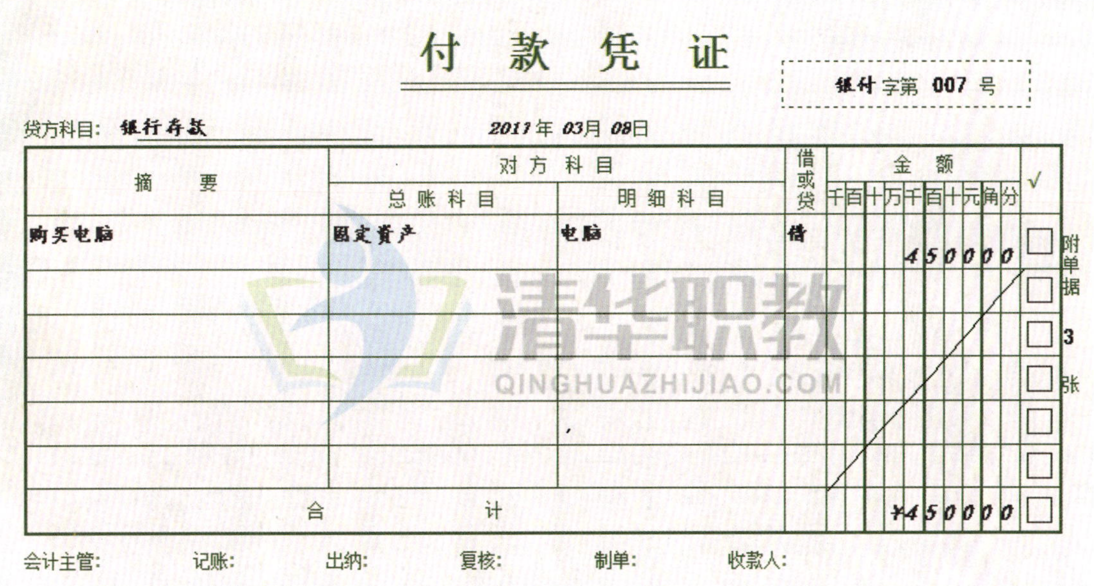

付款凭证

银付字第 007 号

贷方科目：银行存款　　2017年03月08日

摘要	对方科目：总账科目	对方科目：明细科目	借或贷	金额（千百十万千百十元角分）	√
购买电脑	固定资产	电脑	借	450000	
合计				¥450000	

附单据 3 张

会计主管：　记账：　出纳：　复核：　制单：　收款人：

单据 3-33　付款凭证

收款凭证

银收字第 002 号

借方科目：银行存款　　2017年 03月 13日

摘要	对方科目		借或贷	金额										√
	总账科目	明细科目		千	百	十	万	千	百	十	元	角	分	
销售办公桌	主营业务收入	办公桌	贷				2	0	0	0	0	0	0	
	应交税费	应交增值税（销项税额）	贷					3	4	0	0	0	0	
合计						¥	2	3	4	0	0	0	0	

附单据 2 张

会计主管：　　记账：　　出纳：　　复核：　　制单：

单据 3-34　收款凭证

收款凭证

银收字第 003 号

借方科目：银行存款　　2017年 03月 23日

摘要	对方科目		借或贷	金额										√
	总账科目	明细科目		千	百	十	万	千	百	十	元	角	分	
销售办公椅	主营业务收入	办公椅	贷				3	0	0	0	0	0	0	
	应交税费	应交增值税（销项税额）	贷					5	1	0	0	0	0	
合计						¥	3	5	1	0	0	0	0	

附单据 2 张

会计主管：　　记账：　　出纳：　　复核：　　制单：

单据 3-35　收款凭证

收款凭证

银收字第 004 号

借方科目：银行存款　　　　2017年 03月 24日

摘要	对方科目 总账科目	对方科目 明细科目	借或贷	千	百	十	万	千	百	十	元	角	分	√
销售办公椅	主营业务收入	办公椅	贷				4	0	0	0	0	0	0	□
	应交税费	应交增值税（销项税额）	贷					6	8	0	0	0	0	□
														□
														□
														□
														□
合计						¥	4	6	8	0	0	0	0	□

附单据 2 张

会计主管：　　记账：　　出纳：　　复核：　　制单：

单据 3-36　收款凭证

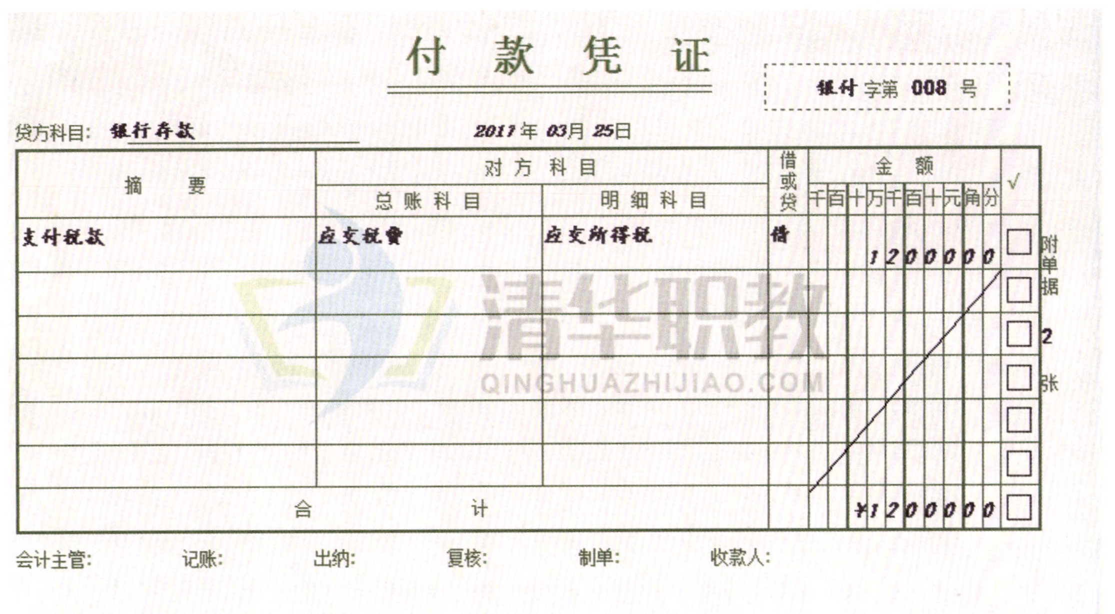

付款凭证

银付字第 008 号

贷方科目：银行存款　　　　2017年 03月 25日

摘要	对方科目 总账科目	对方科目 明细科目	借或贷	千	百	十	万	千	百	十	元	角	分	√
支付税款	应交税费	应交所得税	借				1	2	0	0	0	0	0	□
														□
														□
														□
														□
														□
合计						¥	1	2	0	0	0	0	0	□

附单据 2 张

会计主管：　　记账：　　出纳：　　复核：　　制单：　　收款人：

单据 3-37　付款凭证

项目 4

对账与错账更正

任务 4.1 对　　账

【业务 4.1.1】

分页：　　总页：

多栏式明细账

一级科目：制造费用

二级科目：

2017年 月	日	凭证号数	摘要	工资	办公费	修理费	折旧费	水电费			
				十万千百十元角分	十万千百十元角分	十万千百十元角分	十万千百十元角分	十万千百十元角分	十万千百十元角分	十万千百十元角分	十万千百十元角分
04	07	现付006	报销办公用品费用		20000						
04	13	银付015	支付修理费用			160000					
04	16	银付034	支付上月车间用水电费					330000			
04	25	转037	计提折旧费用				240000				
04	30	转045	计提本月工资	550000							
04	30		本月合计	550000	20000	160000	240000	330000			

单据 4-1　多栏式明细账

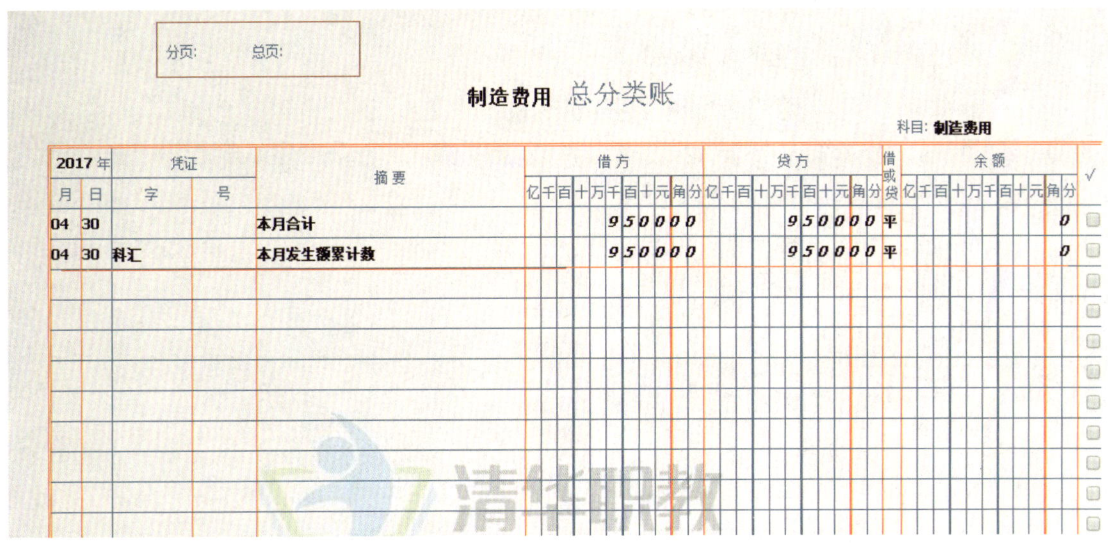

分页:　　总页:

制造费用 总分类账

科目: **制造费用**

2017年 月	日	凭证 字	号	摘要	借方	贷方	借或贷	余额	√
04	30			本月合计	950000	950000	平	0	
04	30	科汇		本月发生额累计数	950000	950000	平	0	

单据 4-2　制造费用总分类账

【业务 4.1.2】

分页:　　总页:

多栏式明细账

一级科目: 管理费用

级科目:

2017年 月	日	凭证号数	摘要	借方	贷方	借或贷	余额	工资	办公费	修理费	折旧费	水电费
04	03	现付003	支付办公用品费用	13000		借	13000		13000			
04	11	银付012	支付办公设备修理费	65000		借	78000			65000		
04	18	银付034	支付上月办公用水电费	110000		借	188000					110000
04	29	转037	计提折旧费用	120000		借	308000				120000	
04	30	转045	计提本月工资	320000		借	628000	320000				
04	30	转052	结转损益		628000	平	0	-320000	-13000	-65000	-120000	-110000
04	30		本月合计	628000	628000	平	0					

单据 4-3　多栏式明细账

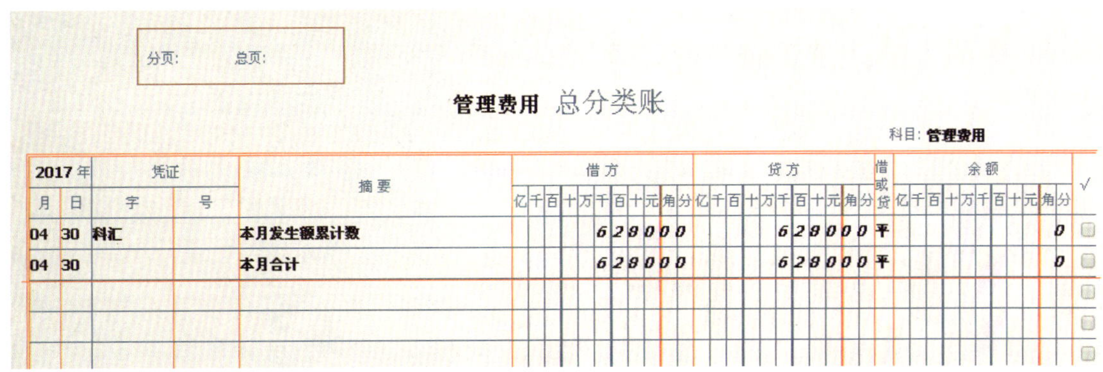

分页:　　总页:

管理费用 总分类账

科目: **管理费用**

2017年 月	日	凭证 字	号	摘要	借方	贷方	借或贷	余额	√
04	30	科汇		本月发生额累计数	628000	628000	平	0	
04	30			本月合计	628000	628000	平	0	

单据 4-4　管理费用总分类账

【业务 4.1.3】

付款凭证

现付 字第 004 号

贷方科目：库存现金　　2017 年 04 月 02 日

摘要	对方科目：总账科目	对方科目：明细科目	借或贷	金额（千百十万千百十元角分）	√
购入办公用品	管理费用	办公费	借	12000	
合计				¥12000	

附单据 2 张

会计主管：　记账：　出纳：　复核：　制单：　收款人：

单据 4-5　付款凭证

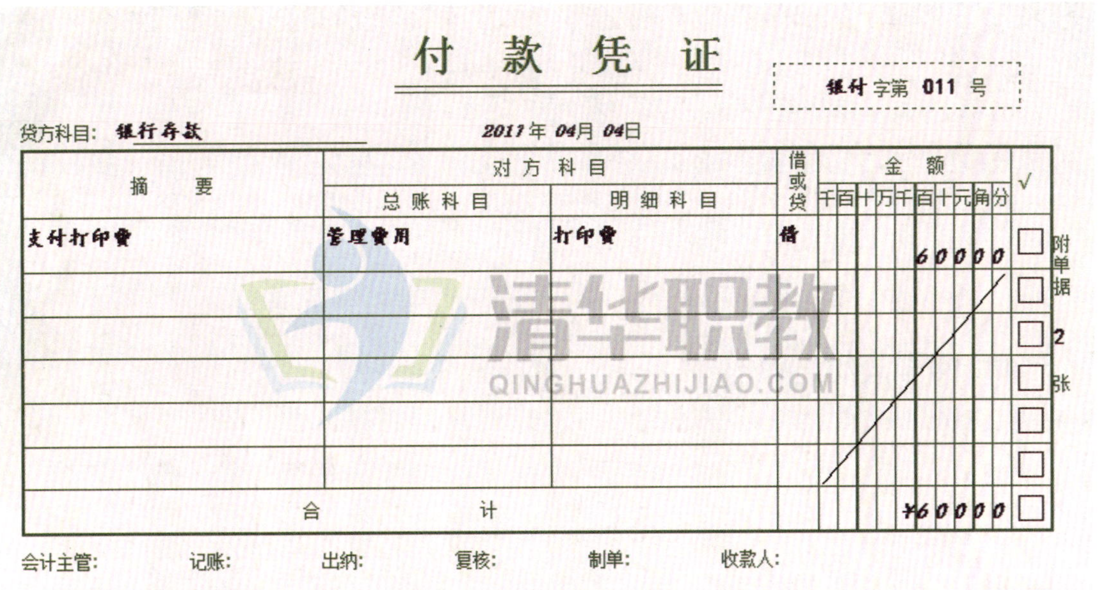

付款凭证

银付 字第 011 号

贷方科目：银行存款　　2017 年 04 月 04 日

摘要	对方科目：总账科目	对方科目：明细科目	借或贷	金额（千百十万千百十元角分）	√
支付打印费	管理费用	打印费	借	60000	
合计				¥60000	

附单据 2 张

会计主管：　记账：　出纳：　复核：　制单：　收款人：

单据 4-6　付款凭证

付款凭证

银付字第 022 号

贷方科目：银行存款　　2017年04月04日

摘要	总账科目	明细科目	借或贷	千	百	十	万	千	百	十	元	角	分	√
支付通信费	管理费用	通信费	借					1	8	5	6	0	0	
合计							¥	1	8	5	6	0	0	

附单据 2 张

会计主管：　记账：　出纳：　复核：　制单：　收款人：

单据 4-7　付款凭证

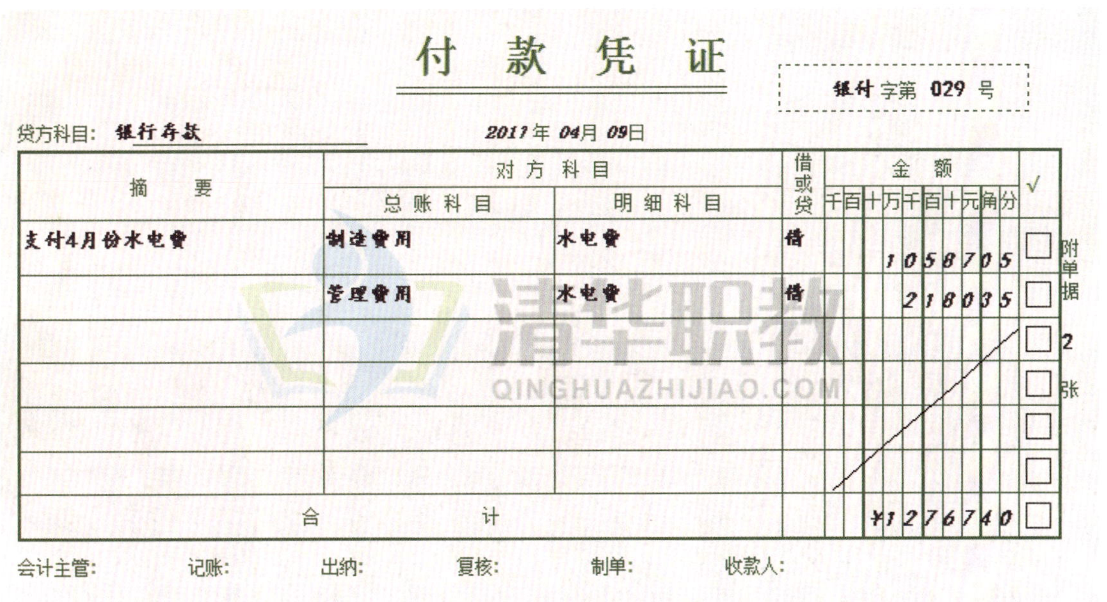

付款凭证

银付字第 029 号

贷方科目：银行存款　　2017年04月09日

摘要	总账科目	明细科目	借或贷	千	百	十	万	千	百	十	元	角	分	√
支付4月份水电费	制造费用	水电费	借				1	0	5	8	7	0	5	
	管理费用	水电费	借					2	1	8	0	3	5	
合计						¥	1	2	7	6	7	4	0	

附单据 2 张

会计主管：　记账：　出纳：　复核：　制单：　收款人：

单据 4-8　付款凭证

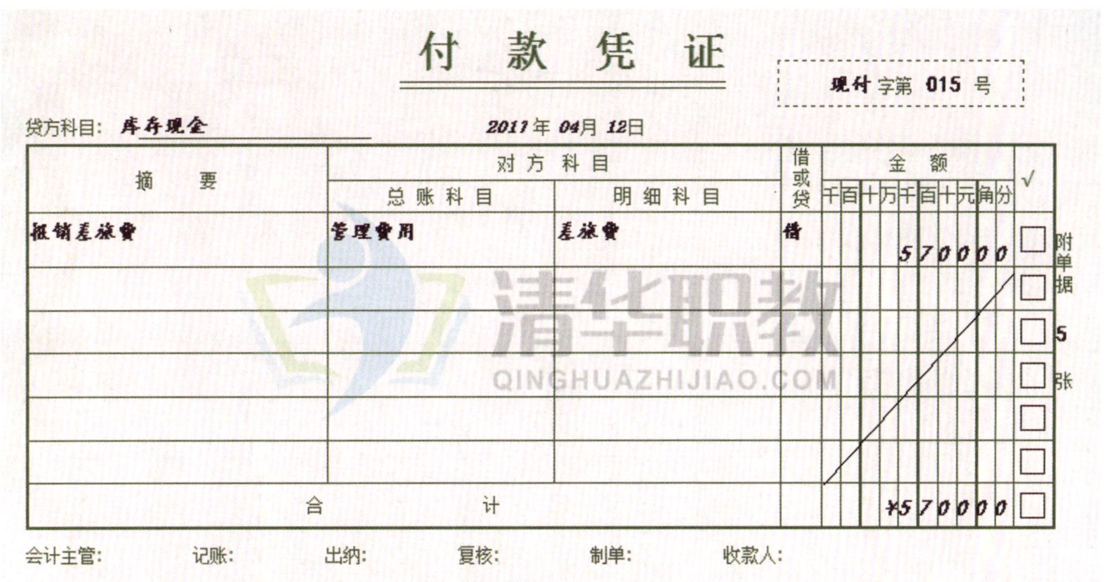

付款凭证

现付 字第 015 号

贷方科目：库存现金　　2017年 04月 12日

摘要	对方科目 总账科目	对方科目 明细科目	借或贷	金额	√
报销差旅费	管理费用	差旅费	借	570000	
合计				¥570000	

附单据 5 张

会计主管：　记账：　出纳：　复核：　制单：　收款人：

单据 4-9　付款凭证

多栏式明细账

分页：　总页：

一级科目：管理费用

级科目：

2017年 月	日	凭证号数	摘要	办公费	维修费	通信费	水电费	差旅费			
				十万千百十元角分	十万千百十元角分	十万千百十元角分	十万千百十元角分	十万千百十元角分	十万千百十元角分	十万千百十元角分	十万千百十元角分
04	02	现付004	购买办公用品	12000							
04	04	银付011	支付打印机维修费		60000						
04	07	银付022	支付通信费			185600					
04	09	银付029	支付4月份水电费				1058705				
04	12	现付015	报销差旅费					570000			

单据 4-10　多栏式明细账

【业务 4.1.4】

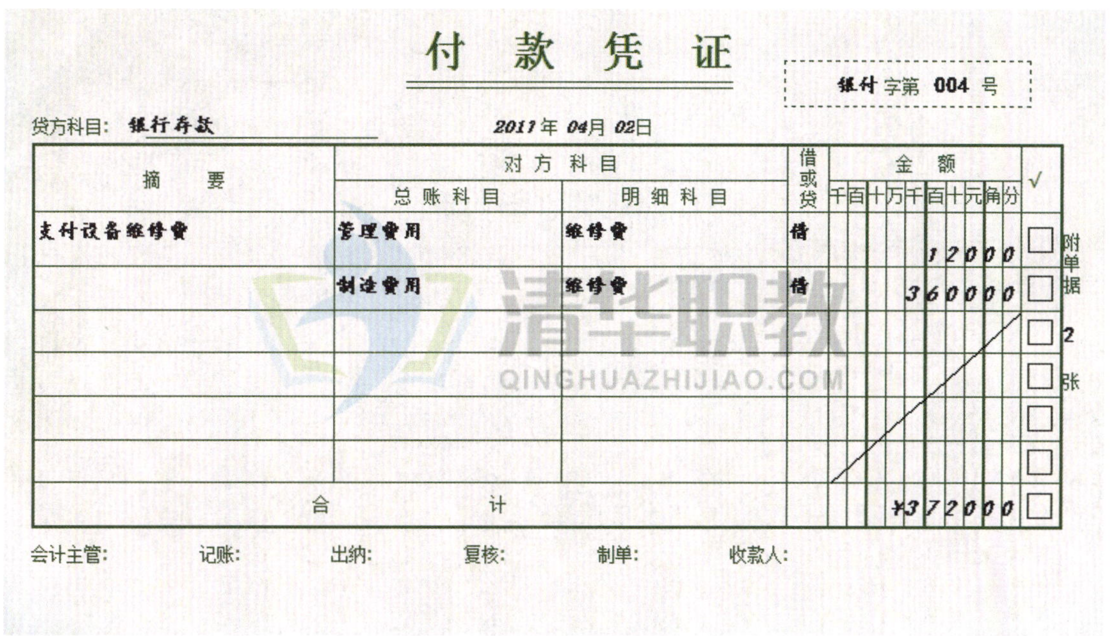

付款凭证

银付 字第 004 号

贷方科目：银行存款　　　　2011年 04月 02日

摘要	对方科目 总账科目	对方科目 明细科目	借或贷	金额	√
支付设备维修费	管理费用	维修费	借	12000	
	制造费用	维修费	借	360000	
合计				¥372000	

附单据 2 张

会计主管：　记账：　出纳：　复核：　制单：　收款人：

单据 4-11　付款凭证

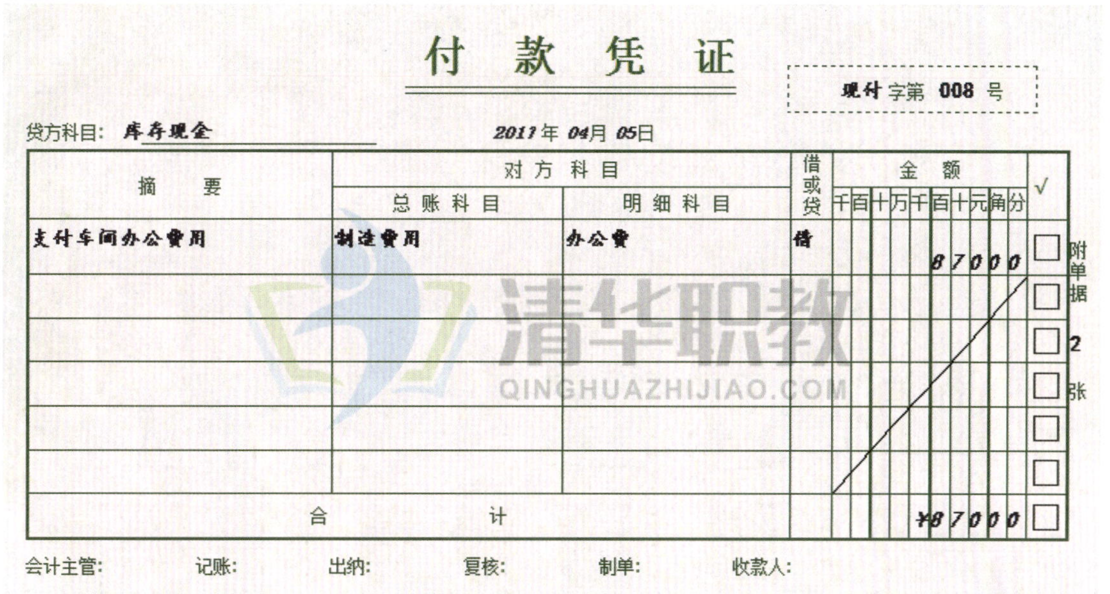

付款凭证

现付 字第 008 号

贷方科目：库存现金　　　　2011年 04月 05日

摘要	对方科目 总账科目	对方科目 明细科目	借或贷	金额	√
支付车间办公费用	制造费用	办公费	借	87000	
合计				¥87000	

附单据 2 张

会计主管：　记账：　出纳：　复核：　制单：　收款人：

单据 4-12　付款凭证

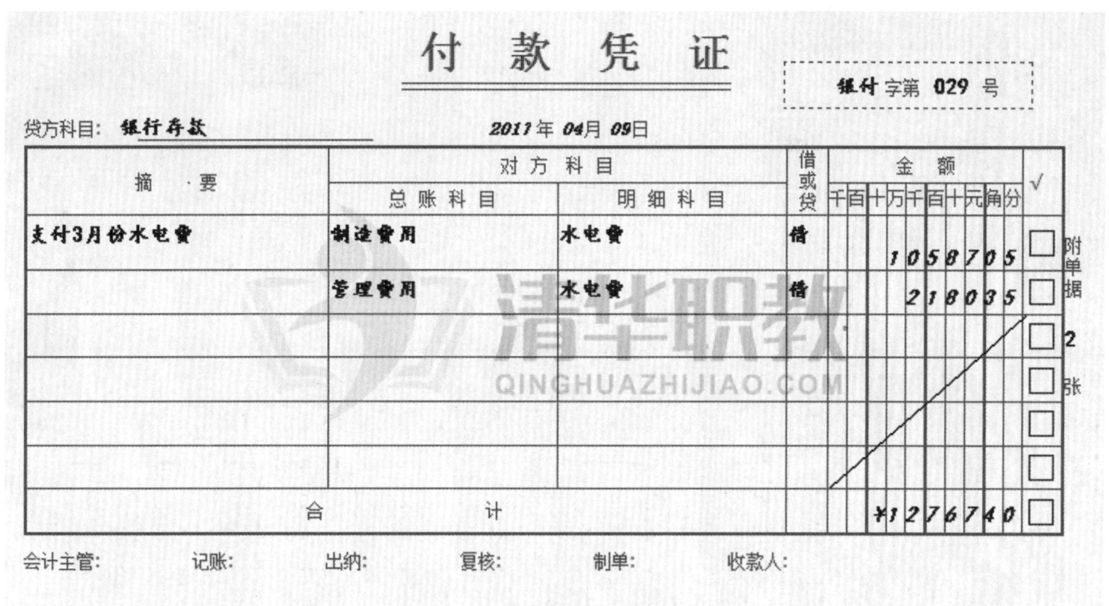

付款凭证

银付字第 029 号

贷方科目：银行存款　　　　2017年 04月 09日

摘要	对方科目：总账科目	对方科目：明细科目	借或贷	金额（千百十万千百十元角分）	√
支付3月份水电费	制造费用	水电费	借	1058705	
	管理费用	水电费	借	218035	
合计				¥1276740	

附单据 2 张

会计主管：　记账：　出纳：　复核：　制单：　收款人：

单据 4-13　付款凭证

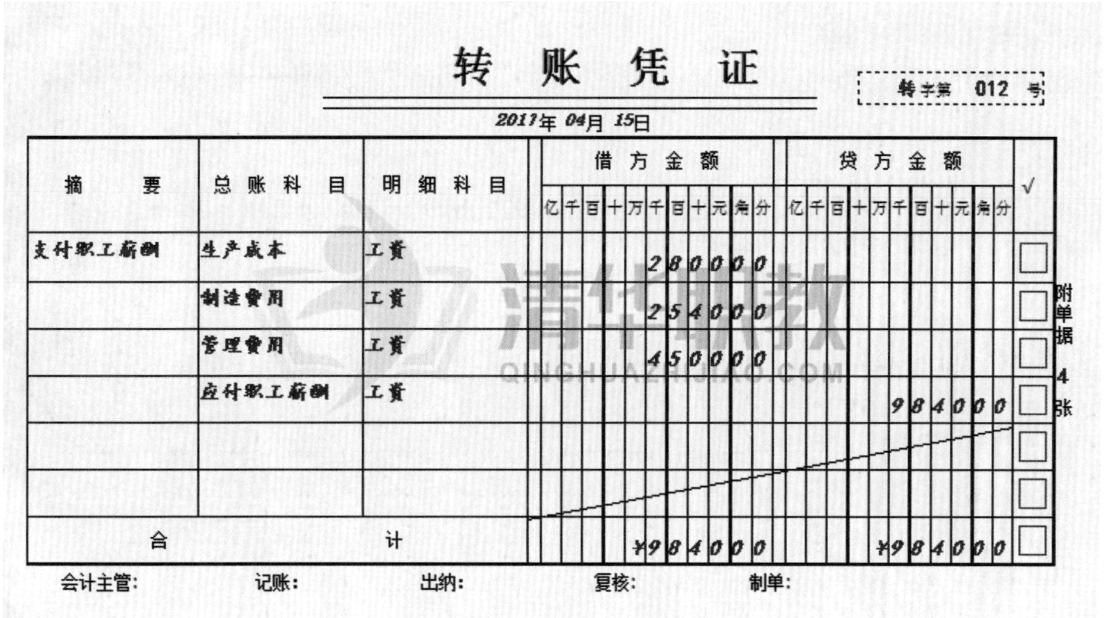

转账凭证

转字第 012 号

2017年 04月 15日

摘要	总账科目	明细科目	借方金额（亿千百十万千百十元角分）	贷方金额（亿千百十万千百十元角分）	√
支付职工薪酬	生产成本	工资	280000		
	制造费用	工资	254000		
	管理费用	工资	450000		
	应付职工薪酬	工资		984000	
合计			¥984000	¥984000	

附单据 4 张

会计主管：　记账：　出纳：　复核：　制单：

单据 4-14　转账凭证

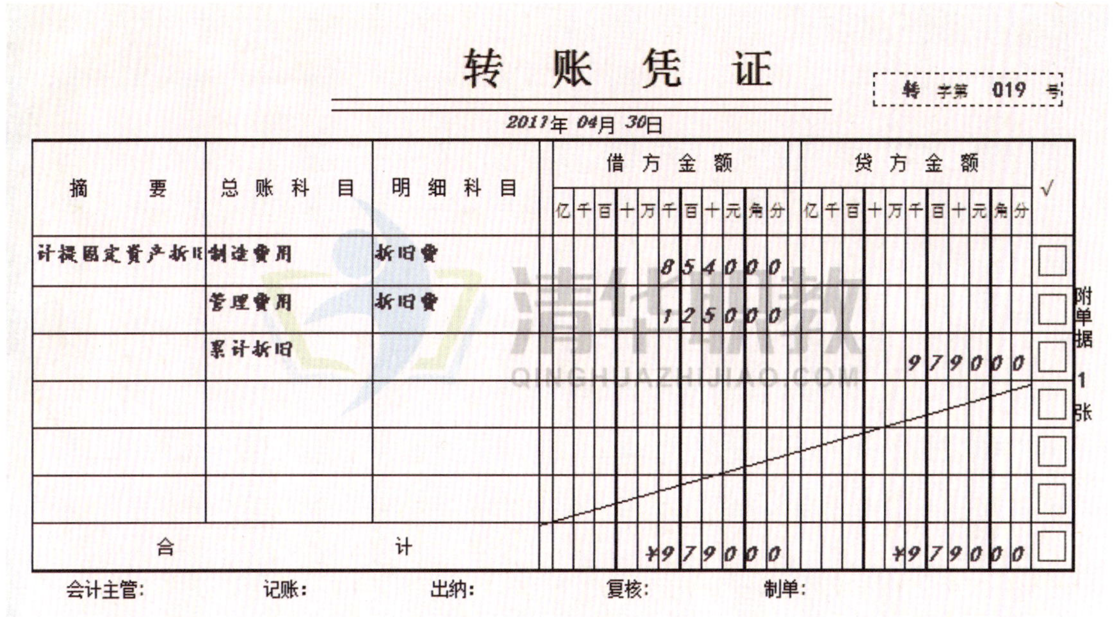

转 账 凭 证

转 字第 019 号

2017年 04月 30日

摘要	总账科目	明细科目	借方金额	贷方金额	√
计提固定资产折旧	制造费用	折旧费	854000		
	管理费用	折旧费	125000		
	累计折旧			979000	
合计			¥979000	¥979000	

附单据 1 张

会计主管: 记账: 出纳: 复核: 制单:

单据 4-15 转账凭证

多栏式明细账

分页:______ 总页:______

一级科目: 制造费用

级科目:

2017年 月	日	凭证号数	摘要	办公费	维修费	劳动保护费	水电费	折旧费	工资		
04	02	银付004	支付设备维修费		372000						
04	05	现付008	支付车间办公费用	87000							
04	09	银付029	支付3月份水电费				1058705				
04	15	转012	支付职工薪酬						254000		
04	18	转019	计提固定资产折旧					979000			

单据 4-16 多栏式明细账

任务 4.2　红字更正法（会计科目错误）

【业务 4.2.1】

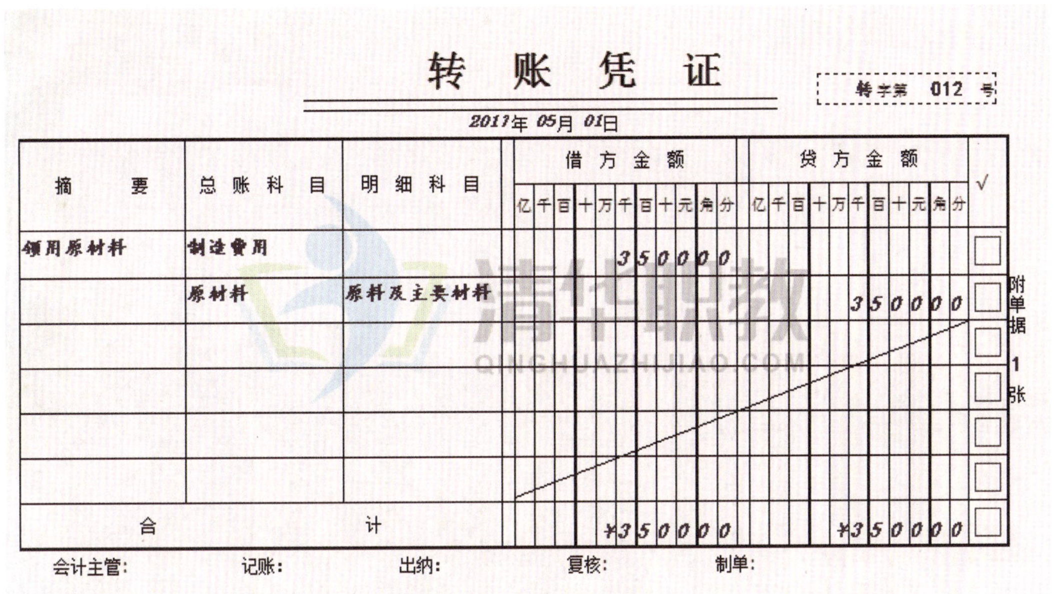

转账凭证

转字第 012 号

2017年 05月 01日

摘要	总账科目	明细科目	借方金额	贷方金额	√
领用原材料	制造费用		350000		
	原材料	原料及主要材料		350000	
合计			¥350000	¥350000	

附单据 1 张

会计主管:　记账:　出纳:　复核:　制单:

单据 4-17　转账凭证

【业务 4.2.3】

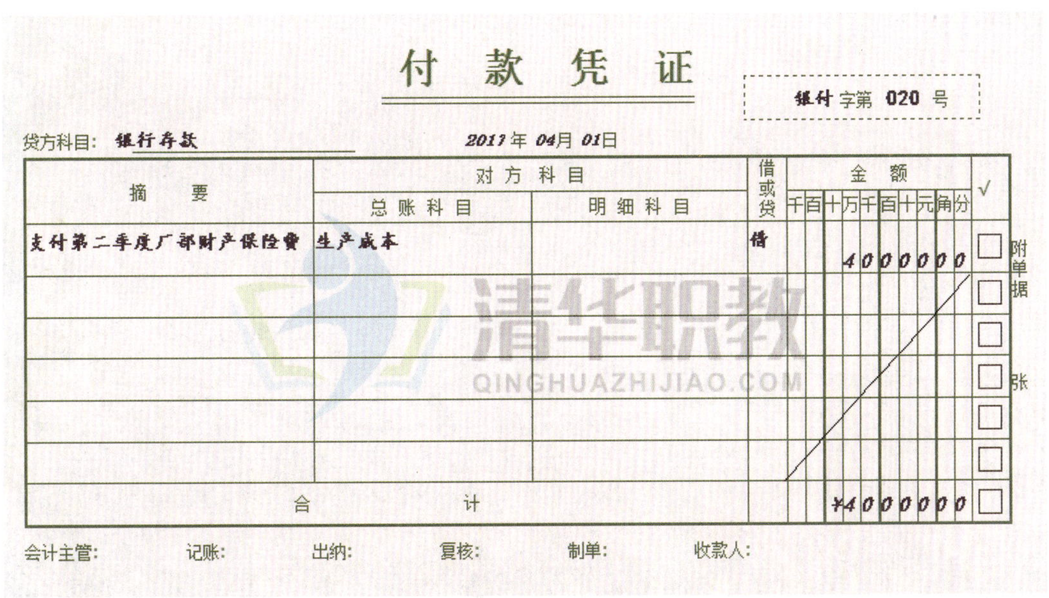

付款凭证

银付字第 020 号

贷方科目: 银行存款　　2017年 04月 01日

摘要	对方科目：总账科目	对方科目：明细科目	借或贷	金额	√
支付第二季度厂部财产保险费	生产成本		借	400000	
合计				¥400000	

附单据 张

会计主管:　记账:　出纳:　复核:　制单:　收款人:

单据 4-18　付款凭证

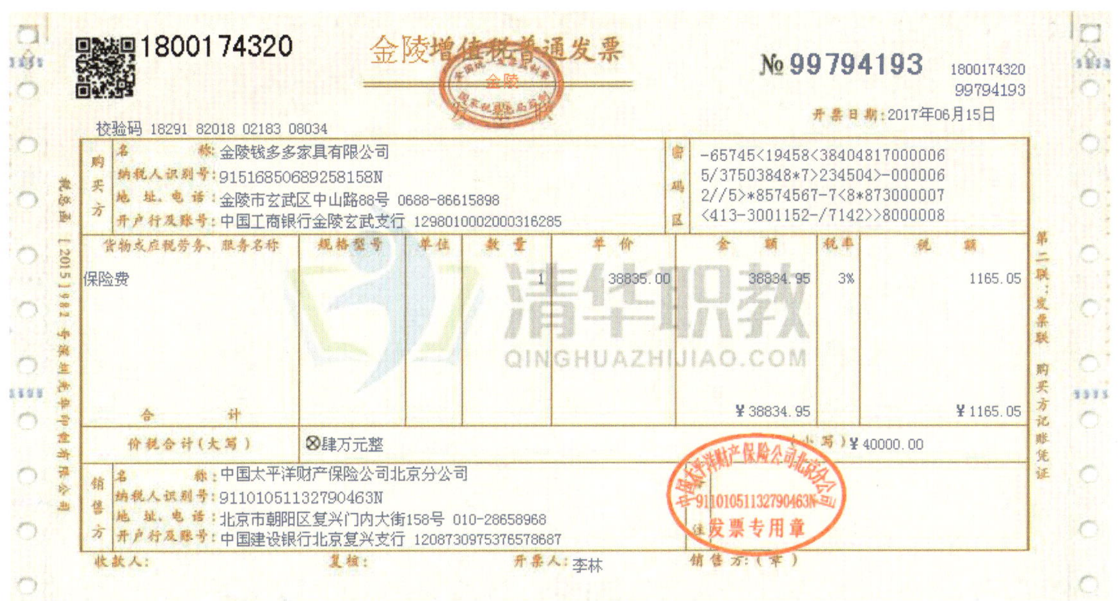

1800174320 金陵增值税普通发票 №99794193 1800174320 99794193

开票日期:2017年06月15日

校验码 18291 82018 02183 08034

购买方	名称:金陵钱多多家具有限公司 纳税人识别号:91516850689258158N 地址、电话:金陵市玄武区中山路88号 0688-86615898 开户行及账号:中国工商银行金陵玄武支行 1298010002000316285	密码区	-65745<19458<38404817000006 5/37503848*7>234504>-000006 2//5>*8574567-7<8*873000007 <413-3001152-/7142>>8000008

货物或应税劳务、服务名称	规格型号	单位	数量	单价	金额	税率	税额
保险费			1	38835.00	38834.95	3%	1165.05
合计					¥38834.95		¥1165.05
价税合计(大写)	⊗肆万元整				(小写)¥40000.00		

销售方	名称:中国太平洋财产保险公司北京分公司 纳税人识别号:91101051132790463N 地址、电话:北京市朝阳区复兴门内大街158号 010-28658968 开户行及账号:中国建设银行北京复兴支行 1208730975376578687	备注	

收款人: 复核: 开票人:李林 销售方:(章)

单据 4-19 增值税普通发票

任务 4.3 红字更正法(会计科目及金额错误)

【业务 4.3.1】

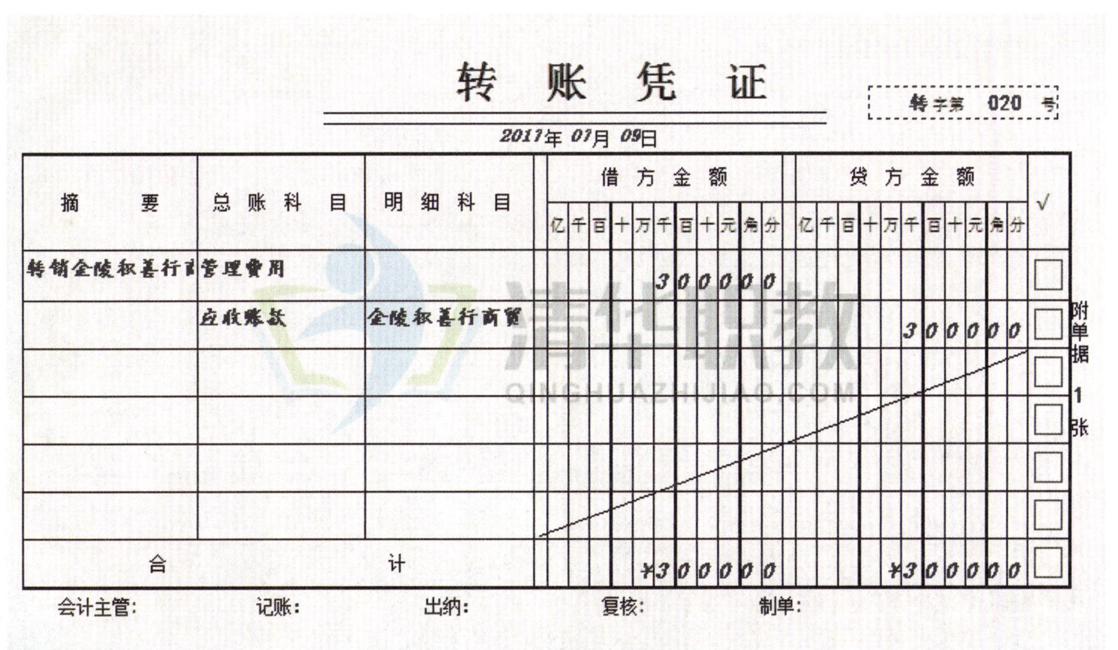

转账凭证

转字第 020 号

2017年07月09日

摘要	总账科目	明细科目	借方金额	贷方金额	√
转销金陵叔善行商	管理费用		300000		
	应收账款	金陵叔善行商贸		300000	
合计			¥300000	¥300000	

附单据 1 张

会计主管: 记账: 出纳: 复核: 制单:

单据 4-20 转账凭证

坏账损失确认报告单

兹因金陵积善行商贸有限公司破产倒闭，其应收账款合计人民币（大写）叁万元已确认无法收回，请予确认为坏账损失。

总经理批示：经公司研究决定，可确认为坏账损失。

金陵钱多多家具有限公司
总经理：钱多多
2017年07月09日

单据 4-21　坏账损失确认报告单

【业务 4.3.3】

付　款　凭　证

现付 字第 024 号

贷方科目：库存现金　　2017年06月10日

摘要	对方科目：总账科目	对方科目：明细科目	借或贷	金额	√
购买办公用品	制造费用	办公费	借	43200	
合计				¥43200	

附单据 1 张

会计主管：　记账：　出纳：　复核：　制单：　收款人：

单据 4-22　付款凭证

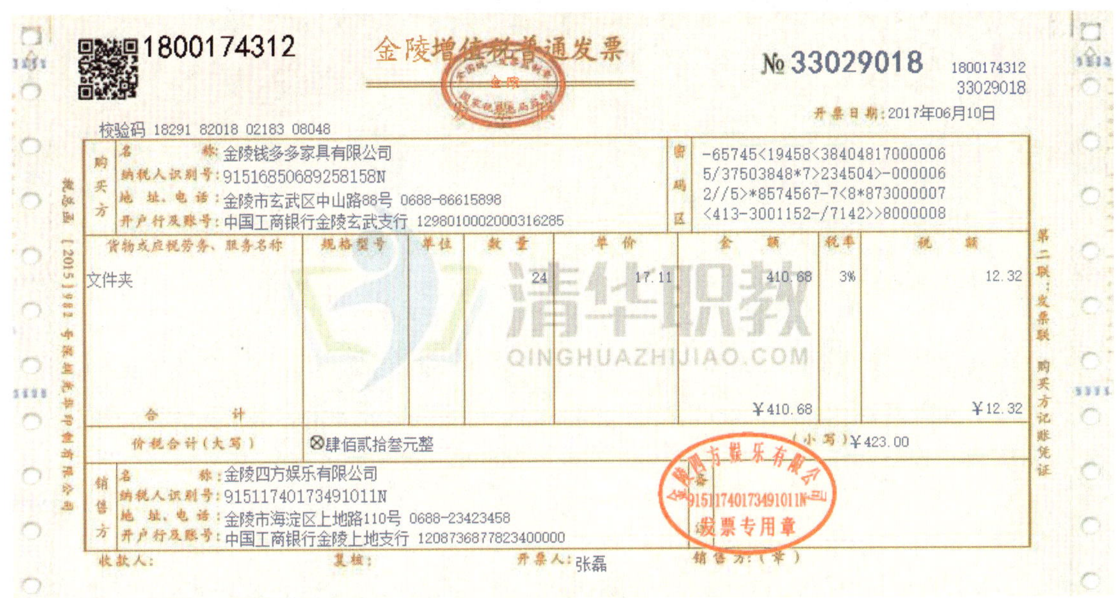

1800174312　　金陵增值税普通发票　　№ 33029018　　1800174312 33029018

开票日期：2017年06月10日

校验码 18291 82018 02183 08048

购买方	名　　称：金陵钱多多家具有限公司 纳税人识别号：91516850689258158N 地址、电话：金陵市玄武区中山路88号 0688-86615898 开户行及账号：中国工商银行金陵玄武支行 1298010002000316285	密码区	-65745<19458<38404817000006 5/37503848*7>234504>-000006 2//5>*8574567-7<8*873000007 <413-3001152-/7142>>8000008

货物或应税劳务、服务名称	规格型号	单位	数量	单价	金额	税率	税额
文件夹			24	17.11	410.68	3%	12.32
合　计					¥410.68		¥12.32
价税合计（大写）	⊗肆佰贰拾叁元整				（小写）¥423.00		

销售方	名　　称：金陵四方娱乐有限公司 纳税人识别号：91511740173491011N 地址、电话：金陵市海淀区上地路110号 0688-23423458 开户行及账号：中国工商银行金陵上地支行 1208736877823400000	备注	

收款人：　　复核：　　开票人：张磊　　销售方：（章）

第二联：发票联　购买方记账凭证

单据 4-23　增值税普通发票

任务 4.4　红字更正法（金额错误）

【业务 4.4.1】

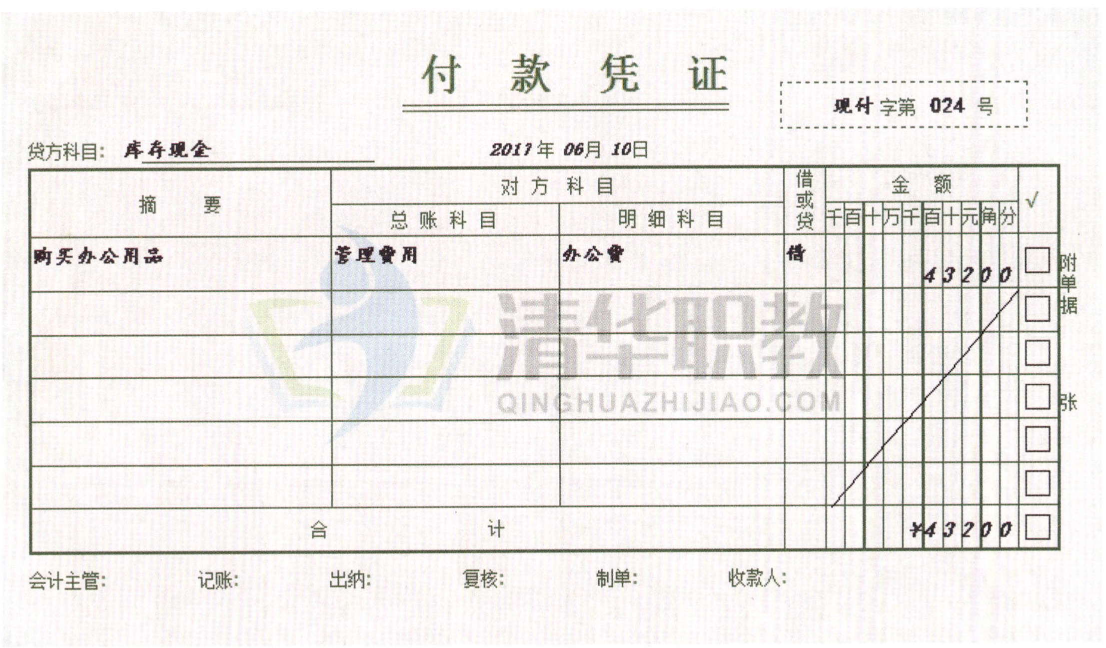

付　款　凭　证

现付 字第 024 号

贷方科目：库存现金　　2017年 06月 10日

摘　要	总账科目	明细科目	借或贷	千	百	十	万	千	百	十	元	角	分	√
购买办公用品	管理费用	办公费	借							4	3	2	0	0	
合　　计								¥	4	3	2	0	0	

附单据　张

会计主管：　记账：　出纳：　复核：　制单：　收款人：

单据 4-24　付款凭证

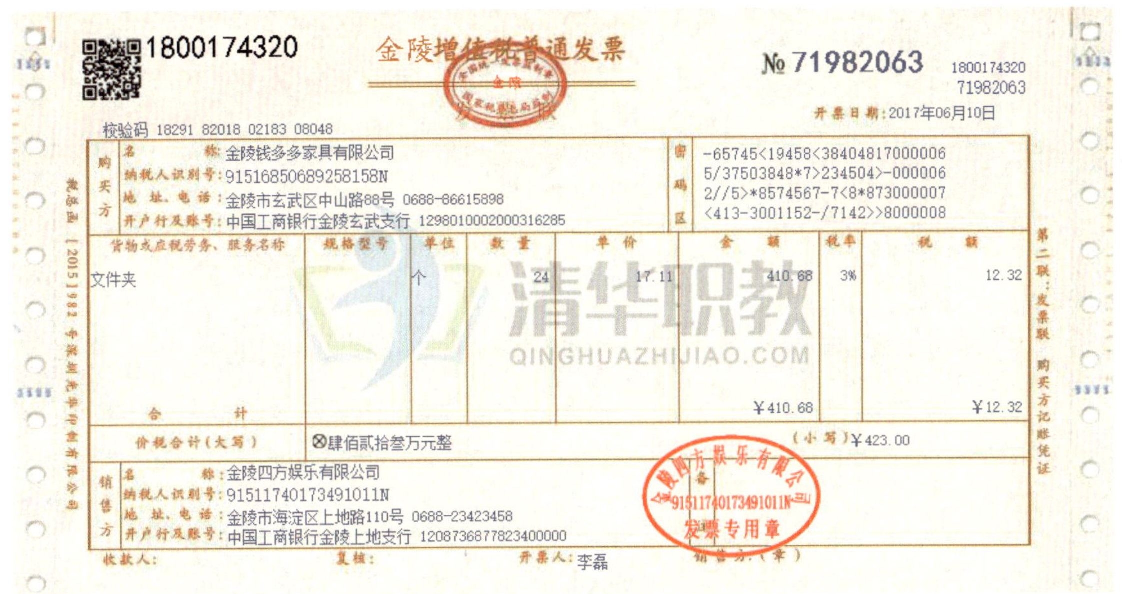

1800174320　　**金陵增值税普通发票**　　№ 71982063　1800174320　71982063

发票联

开票日期：2017年06月10日

校验码 18291 82018 02183 08048

购买方	
名　　称：	金陵钱多多家具有限公司
纳税人识别号：	91516850689258158N
地址、电话：	金陵市玄武区中山路88号 0688-86615898
开户行及账号：	中国工商银行金陵玄武支行 1298010002000316285

密码区：
-65745<19458<38404817000006
5/37503848*7>234504>-000006
2//5>*8574567-7<8*873000007
<413-3001152-/7142>>8000008

货物或应税劳务、服务名称	规格型号	单位	数量	单价	金额	税率	税额
文件夹		个	24	17.11	410.68	3%	12.32
合　　计					¥410.68		¥12.32
价税合计（大写）	⊗肆佰贰拾叁万元整				（小写）¥423.00		

销售方	
名　　称：	金陵四方娱乐有限公司
纳税人识别号：	91511740173491011N
地址、电话：	金陵市海淀区上地路110号 0688-23423458
开户行及账号：	中国工商银行金陵上地支行 1208736877823400000

备注

收款人：　　复核：　　开票人：李磊　　销售方：（章）

第二联：发票联　购买方记账凭证

单据 4-25　增值税普通发票

【业务 4.4.2】

坏账损失确认报告单

兹因金陵积善行商贸有限公司破产倒闭，其应收账款合计人民币（大写）叁万元已确认无法收回，请予确认为坏账损失。

总经理批示：经公司研究决定，可确认为坏账损失。

金陵钱多多家具有限公司
总经理　钱多多
2017年07月05日

单据 4-26　坏账损失确认报告单

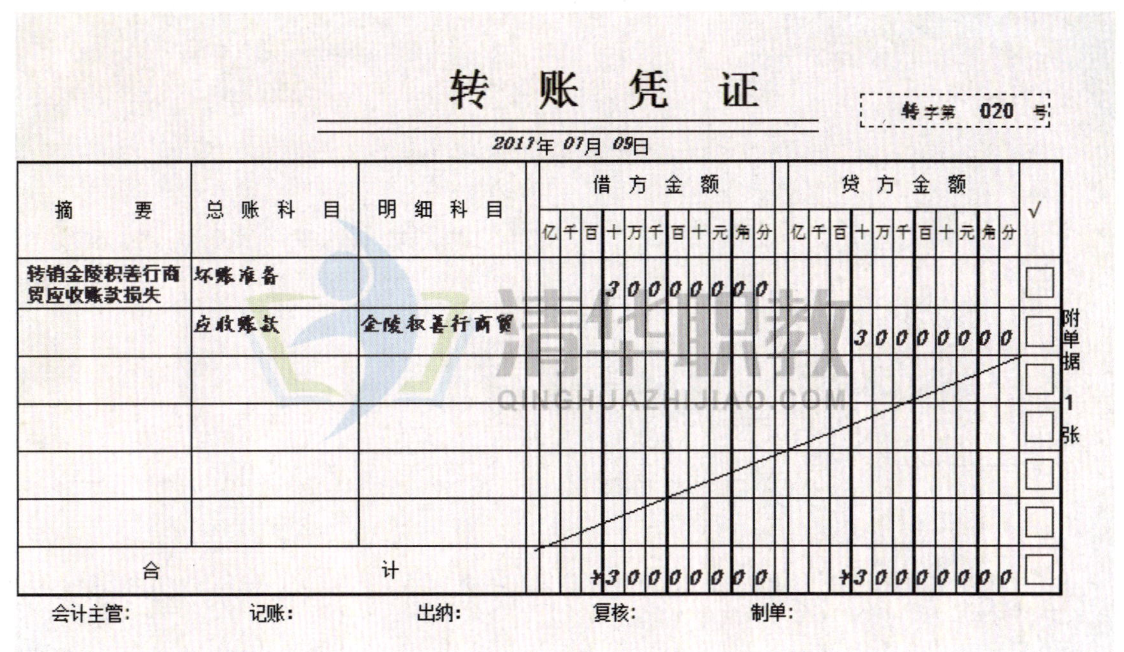

转账凭证

转字第 020 号

2017年07月09日

摘要	总账科目	明细科目	借方金额	贷方金额	√
转销金陵积善行商贸应收账款损失	坏账准备		3000000		
	应收账款	金陵积善行商贸		3000000	
合计			¥3000000	¥3000000	

附单据 1 张

会计主管：　记账：　出纳：　复核：　制单：

单据 4-27　转账凭证

任务 4.5　补充更正法

【业务 4.5.1】

坏账损失确认报告单

兹因金陵积善行商贸有限公司破产倒闭，其应收账款合计人民币（大写）叁万元已确认无法收回，请予确认为坏账损失。

总经理批示：经公司研究决定，可确认为坏账损失。

金陵钱多多家具有限公司

总经理：钱多多

2017年07月09日

单据 4-28　坏账损失确认报告单

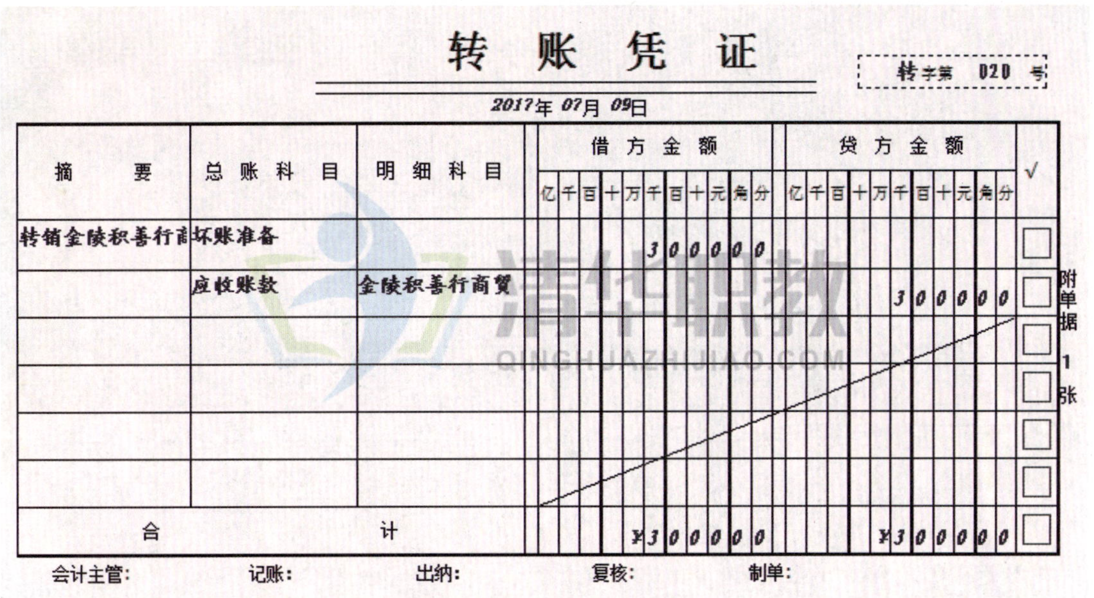

转账凭证

转字第 020 号

2017年 07月 09日

摘要	总账科目	明细科目	借方金额 亿	千	百	十	万	千	百	十	元	角	分	贷方金额 亿	千	百	十	万	千	百	十	元	角	分	√
转销金陵积善行商	坏账准备							3	0	0	0	0	0												
	应收账款	金陵积善行商贸																	3	0	0	0	0	0	
合		计					¥	3	0	0	0	0	0					¥	3	0	0	0	0	0	

附单据 1 张

会计主管： 记账： 出纳： 复核： 制单：

单据 4-29 转账凭证

【业务 4.5.2】

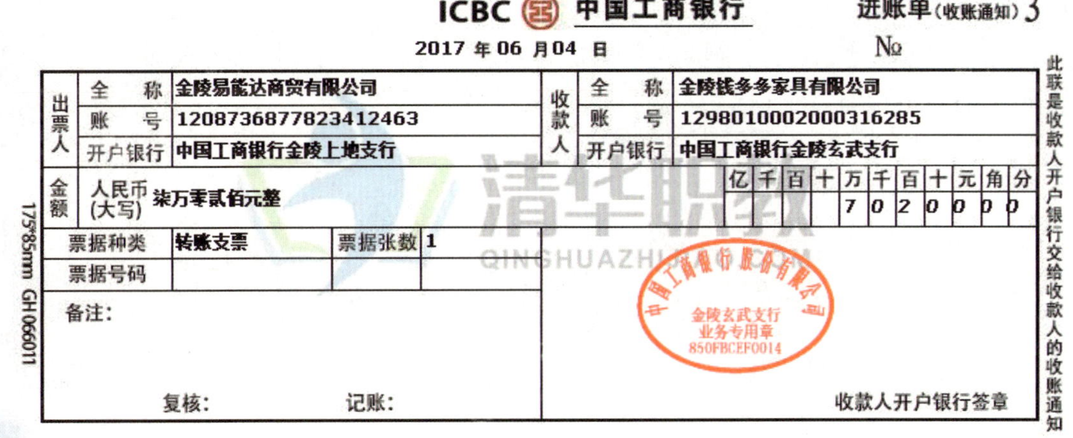

ICBC 中国工商银行 进账单（收账通知）3

2017 年 06 月 04 日 №

出票人	全称	金陵易能达商贸有限公司	收款人	全称	金陵钱多多家具有限公司
	账号	120873687782341246 3		账号	1298010002000316285
	开户银行	中国工商银行金陵上地支行		开户银行	中国工商银行金陵玄武支行
金额	人民币（大写）	柒万零贰佰元整	亿 千 百 十 万 千 百 十 元 角 分		7 0 2 0 0 0 0
票据种类	转账支票	票据张数 1			
票据号码					
备注：					
复核：	记账：		收款人开户银行签章		

此联是收款人开户银行交给收款人的收账通知

175*85mm GH066011

单据 4-30 银行进账单

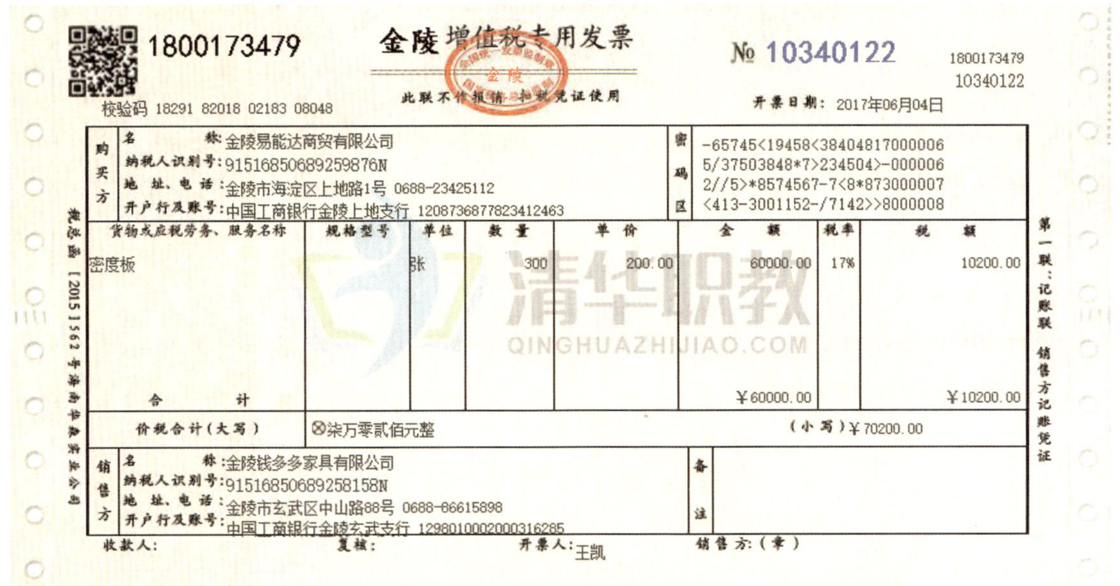

1800173479　　金陵增值税专用发票　　№ 10340122　　1800173479　10340122

此联不作报销、扣税凭证使用　　开票日期：2017年06月04日

校验码 18291 82018 02183 08048

购买方	名　　称：金陵易能达商贸有限公司 纳税人识别号：91516850689259876N 地 址、电 话：金陵市海淀区上地路1号 0688-23425112 开户行及账号：中国工商银行金陵上地支行 1208736877823412463				密码区	-65745<19458<38404817000006 5/37503848*7>234504>-000006 2//5>*8574567-7<8*873000007 <413-3001152-/7142>>8000008	
货物或应税劳务、服务名称	规格型号	单位	数量	单价	金额	税率	税额
密度板		张	300	200.00	60000.00	17%	10200.00
合　　计					￥60000.00		￥10200.00
价税合计（大写）	⊗柒万零贰佰元整				（小写）￥70200.00		
销售方	名　　称：金陵钱多多家具有限公司 纳税人识别号：91516850689258158N 地 址、电 话：金陵市玄武区中山路88号 0688-86615898 开户行及账号：中国工商银行金陵玄武支行 1298010002000316285				备注		

收款人：　　复核：　　开票人：王凯　　销售方：（章）

第一联：记账联　销售方记账凭证

税总函〔2015〕562号海南华森实业公司

单据 4-31　增值税专用发票

收　款　凭　证

银收字第 024 号

借方科目：银行存款　　2017年 06月 04日

摘要	对方科目 总账科目	明细科目	借或贷	金额（千百十万千百十元角分）	✓
销售原材料款已收到	其他业务收入	密度板	贷	600000	
	应交税费	应交增值税（销项税额）	贷	102000	
合　　计				￥702000	

附单据 2 张

会计主管：　　记账：　　出纳：　　复核：　　制单：

单据 4-32　收款凭证

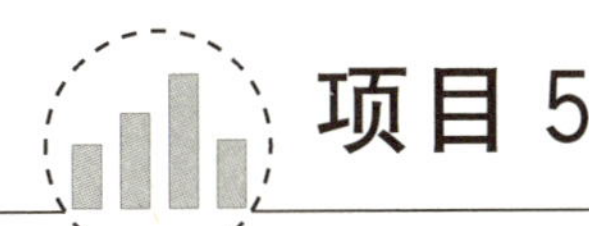

项目 5

会计报表的编制

任务 5.1　资产负债表的编制

【业务 5.1.1】

科 目 汇 总 表

2016 年 01 月 01 日至 12 月 31 日

编号:		附件共		张
凭证号数	第	号至	号共	张
	第	号至	号共	张
	第	号至	号共	张

会计科目	总页	借方金额（十亿千百十万千百十元角分）	贷方金额（十亿千百十万千百十元角分）	会计科目	总页	借方金额（十亿千百十万千百十元角分）	贷方金额（十亿千百十万千百十元角分）
库存现金		3162250					
银行存款		93222200					
应收票据		2340000					
应收账款		14865800					
其他应收款		500000					
库存商品		2555000					
固定资产		4896500					
短期借款							
应付账款			11625000				
预收账款							
应付职工薪酬			4862000				
应交税费			1519808				
实收资本			1000000000				
盈余公积			332000				
未分配利润			3202942				
资本公积							
主营业务收入							
主营业务成本							
营业税金及附加							
销售费用							
管理费用							
财务费用							
所得税费用							
合　　计				合　　计			

财会主管　　　　记账　　　　复核　　　　制表

单据 5-1　科目汇总表

【业务 5.1.2】

科目汇总表

编号:	附件共	张

凭证号数				
	第	号至	号共	张
	第	号至	号共	张
	第	号至	号共	张

2017 年 01 月 01 日至 12 月 31 日

会计科目	总页	借方金额	贷方金额	会计科目	总页	借方金额	贷方金额
库存现金		2000000					
银行存款		5705000					
应收票据		4255000					
应收账款		1000000					
其他应收款		55000					
库存商品		42900000					
预付账款		600000					
固定资产		39800000					
短期借款			4000000				
应付账款			1300000				
预收账款			200000				
应付职工薪酬			700000				
应交税费			3900000				
应付利息			440000				
其他应付款			75000				
实收资本			49100000				
盈余公积			26800000				
资本公积			400000				
未分配利润			9400000				
合计				合计			

财会主管　　　　记账　　　　复核　　　　制表

单据 5-2　科目汇总表

任务 5.2　利润表的编制

【业务 5.2.1】

2016年12月31日损益类科目余额表

科目名称	本期借方发生额	本期贷方发生额	本年累计借方发生额	本年累计贷方发生额
主营业务收入				2000000
其他业务收入				38000
营业外收入				4500
主营业务成本			1800600	
销售费用			40200	
税金及附加			20500	
其他业务成本			25000	
管理费用			23000	
财务费用			8300	
营业外支出			4500	

制表人：

单据 5-3　损益类科目余额表

【业务 5.2.2】

2017年12月31日损益类科目余额表

科目名称	本期借方发生额	本期贷方发生额	本年累计借方发生额	本年累计贷方发生额
主营业务收入				3400000
其他业务收入				46000
营业外收入				5000
主营业务成本			2100000	
销售费用			57300	
税金及附加			31600	
其他业务成本			32000	
管理费用			27800	
财务费用			9600	
营业外支出			4000	

制表人：

单据 5-4　损益类科目余额表

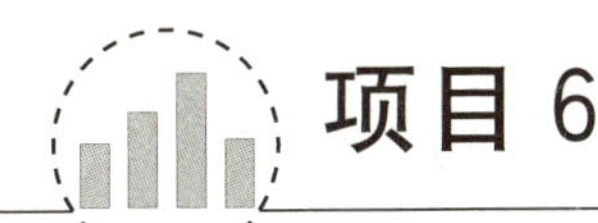

项目 6

特殊项目专练

任务 6.1　银行存款余额调节表的编制

【业务 6.1.1】

2017年4月未达账项

金陵钱多多家具有限公司2017年4月30日银行存款余额为20800元，银行对账单余额为24400元，经查对有下列未达账项。

1. 企业于月末存入银行的转账支票3500元，银行尚未入账。
2. 企业于月末开出转账支票2100元，银行尚未入账。
3. 委托银行代收的外埠货款6800元，银行收到已经入账，企业未收到银行的收款通知，尚未入账。
4. 银行代付电费1800元，企业尚未收到银行的付款通知，尚未入账。

单据 6-1　未达账项

【业务 6.1.2】

2017年12月未达账项

金陵钱多多家具有限公司2017年12月31日银行存款余额为20800元，银行对账单余额为15600元，经查对有下列未达账项。

1. 企业于月末存入银行的转账支票4500元，银行尚未入账。
2. 企业于月末开出转账支票1100元，银行尚未入账。
3. 委托银行代收的外埠货款3400元，银行收到已经入账，企业未收到银行的收款通知，尚未入账。
4. 银行代付电费5200元，企业尚未收到银行的付款通知，尚未入账。

单据 6-2　未达账项

任务 6.2　财 产 盘 盈

【业务 6.2.2】

盘盈盘亏处理报告

根据2017年12月31日原材料盘点报告书，木料盘盈100千克，单价100.00元。现已查明，盘盈的材料是由于收发计量错误造成的，应予以冲减当期损益。

申请人：张慧
仓管员：张慧
保管部门主管：周白
财务主管：张丽
总经理：钱多多
2016年12月31日

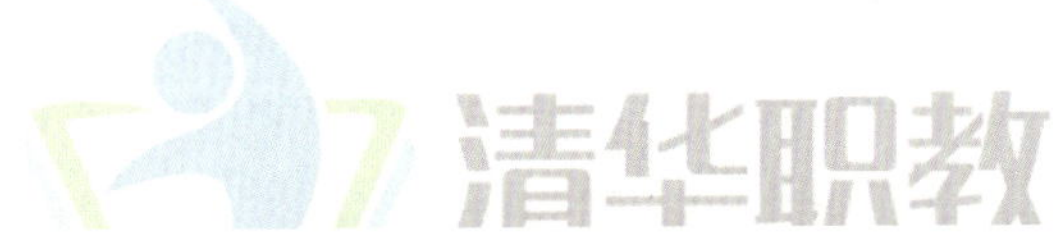

单据 6-3　盘盈盘亏处理报告

任务6.3　财 产 盘 亏

【业务 6.3.1】

库存现金盘点表

2017年 12月 31日　　　　单位：元

票面额	张数	金额	票面额	张数	金额
壹佰元	11	1100	伍角		
伍拾元			贰角		
贰拾元			壹角		
拾元			伍分		
伍元			贰分		
贰元			壹分		
壹元			合计		
现金日记账账面余额：1200					
差额：100					
处理意见：					

财务经理：　　　　监盘人员：　　　　出纳：李丽

单据 6-4　库存现金盘点表

【业务 6.3.4】

盘盈盘亏处理报告

根据2017年12月31日原材料盘点报告书，PU材料盘亏50千克，单价6.00元。经查明是由于安保设施不够到位，造成被盗，决定不予追究保管人责任，发生损失计入管理费用。

申请人：张慧
仓管员：张慧
保管部门主管：周白
财务主管：张丽
总经理：钱多多
2017年12月31日

单据 6-5　盘盈盘亏处理报告

任务 6.4　往来账项清查

【业务 6.4.1】

坏账准备通知单

现有森达贸易有限公司应收账款7200元无法收回，经公司总经理会议决定，确认该笔应收账款为坏账。

金陵钱多多家具有限公司
总经理：钱多多
2017年12月31日

单据 6-6　坏账准备通知单

【业务 6.4.2】

总经理会议决议

鉴于金陵易能达商贸有限公司已完成破产清算程序，清算组未向我公司请求支付欠其的货款3500元，且该请求付款权已过诉讼时效。经总经理办公会议决定，将该笔应付账款计入营业外收入。

金陵钱多多家具有限公司
总经理：钱多多
2017年12月31日

单据 6-7　会议决议

任务 6.5　汇总记账和科目汇总表实训

【业务 6.5.1】

收　款　凭　证

银收字第 001 号

借方科目：银行存款　　　　2017年 12月 01日

摘　要	对方科目：总账科目	对方科目：明细科目	借或贷	金额（千百十万千百十元角分）	√
收到货款	应收账款	金陵宏鑫商贸	贷	5000000	
合　计				¥5000000	

附单据 2 张

会计主管：　记账：　出纳：　复核：　制单：

单据 6-8　收款凭证

付　款　凭　证

银付字第 001 号

贷方科目：银行存款　　　　2017年 12月 02日

摘　要	对方科目：总账科目	对方科目：明细科目	借或贷	金额（千百十万千百十元角分）	√
支付欠上海秀新货款	应付账款	上海秀新商贸	借	300000	
合　计				¥300000	

附单据 1 张

会计主管：　记账：　出纳：　复核：　制单：　收款人：

单据 6-9　付款凭证

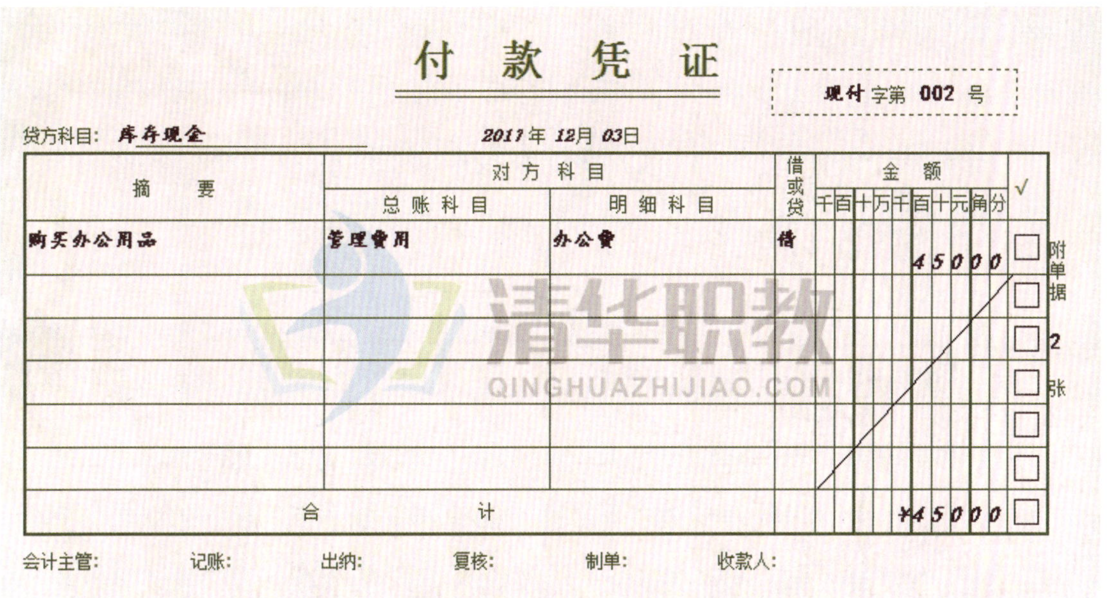

付款凭证

现付 字第 002 号

贷方科目：库存现金　　2017年12月03日

摘要	对方科目 总账科目	对方科目 明细科目	借或贷	金额（千百十万千百十元角分）	√
购买办公用品	管理费用	办公费	借	45000	
合计				¥45000	

附单据 2 张

会计主管：　记账：　出纳：　复核：　制单：　收款人：

单据 6-10　付款凭证

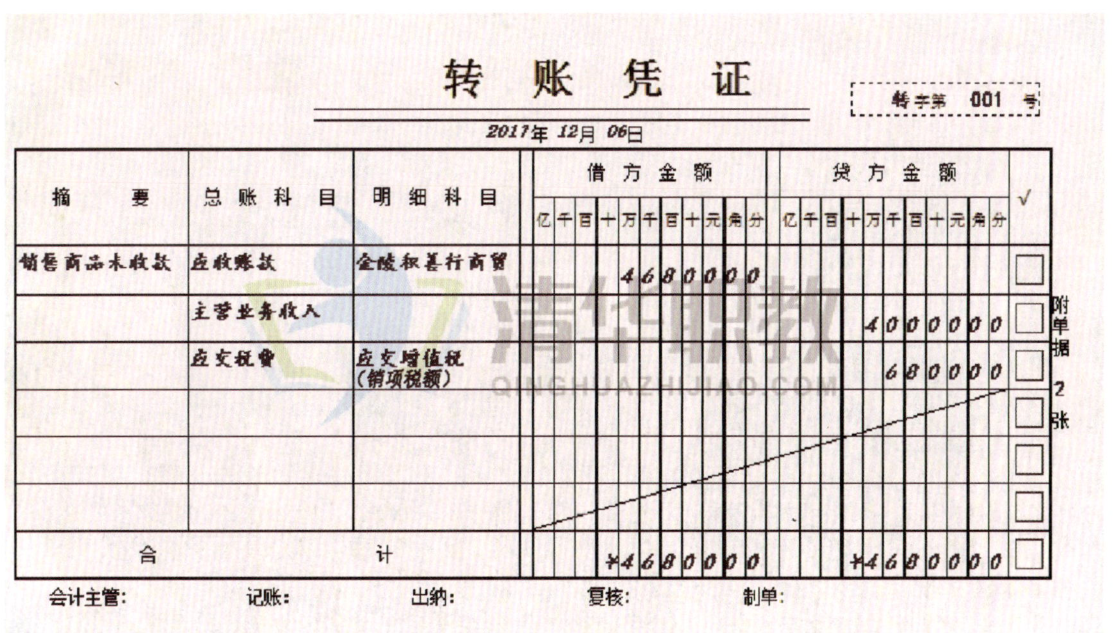

转账凭证

转字第 001 号

2017年12月06日

摘要	总账科目	明细科目	借方金额（亿千百十万千百十元角分）	贷方金额（亿千百十万千百十元角分）	√
销售商品未收款	应收账款	金陵积善行商贸	468000		
	主营业务收入			400000	
	应交税费	应交增值税（销项税额）		68000	
合计			¥468000	¥468000	

附单据 2 张

会计主管：　记账：　出纳：　复核：　制单：

单据 6-11　转账凭证

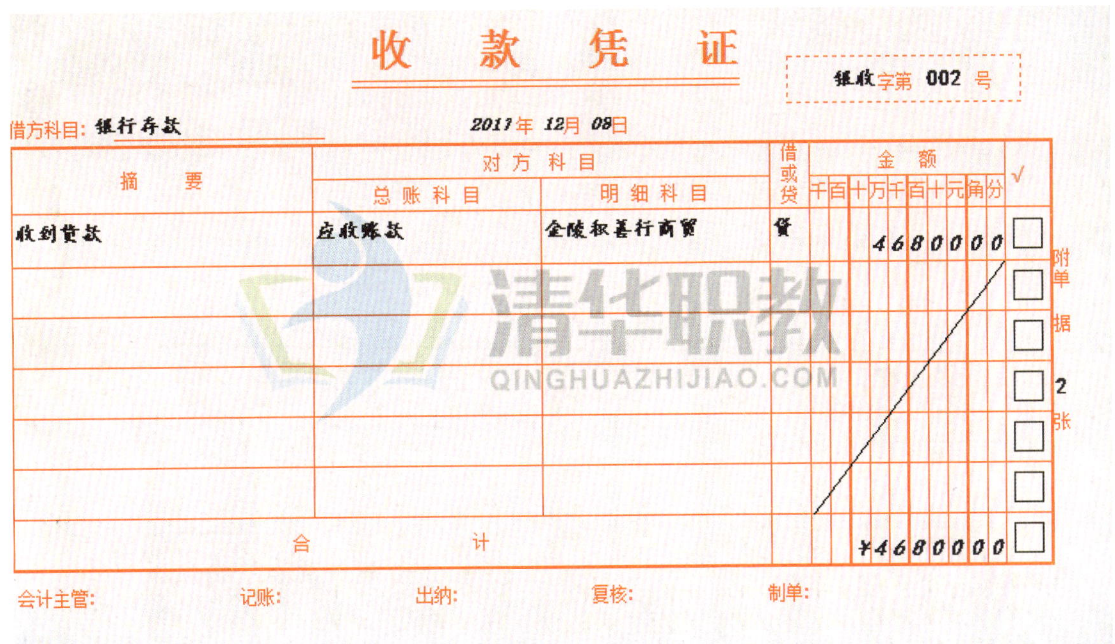

收款凭证

银收字第 002 号

借方科目：银行存款　　2017年 12月 09日

摘要	对方科目：总账科目	对方科目：明细科目	借或贷	金额（千百十万千百十元角分）	√
收到货款	应收账款	金陵积善行商贸	贷	4680000	
合计				¥4680000	

附单据 2 张

会计主管：　记账：　出纳：　复核：　制单：

单据 6-12　收款凭证

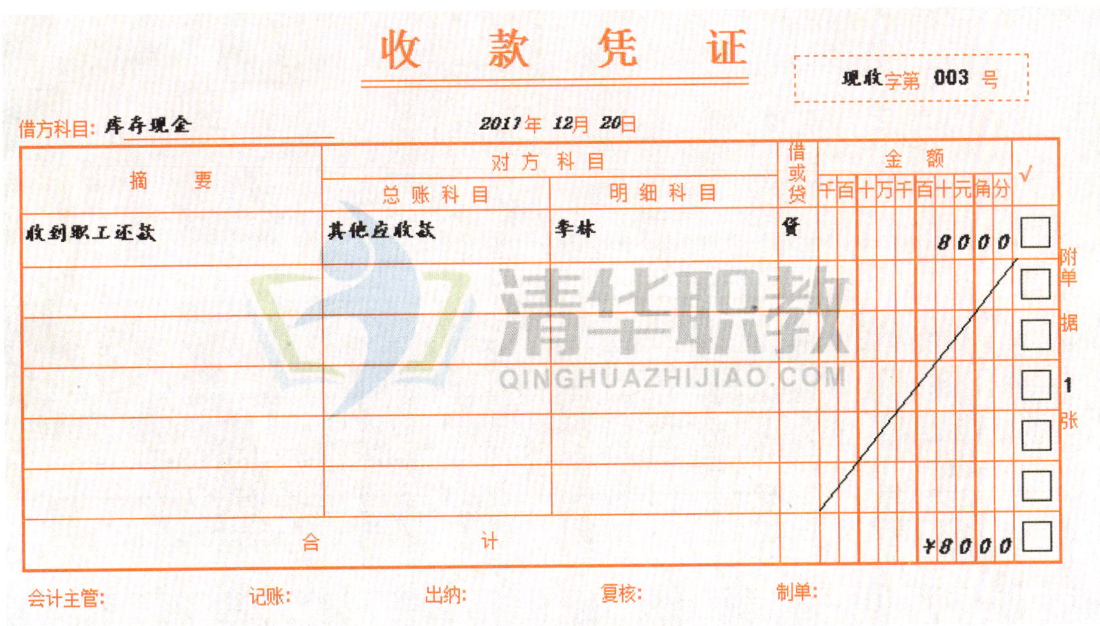

收款凭证

现收字第 003 号

借方科目：库存现金　　2017年 12月 20日

摘要	对方科目：总账科目	对方科目：明细科目	借或贷	金额（千百十万千百十元角分）	√
收到职工还款	其他应收款	李林	贷	8000	
合计				¥8000	

附单据 1 张

会计主管：　记账：　出纳：　复核：　制单：

清华职教 QINGHUAZHIJIAO.COM

单据 6-13　收款凭证

转账凭证

转字第 002 号

2017年 12月 30日

摘要	总账科目	明细科目	借方金额	贷方金额	√
计提本月职工薪酬	生产成本		570000		
	销售费用	工资及福利费	342000		
	管理费用	工资及福利费	228000		
	应付职工薪酬	工资		1000000	
	应付职工薪酬	福利费		140000	
合计			¥1140000	¥1140000	

附单据 2 张

会计主管：　记账：　出纳：　复核：　制单：

单据 6-14　转账凭证

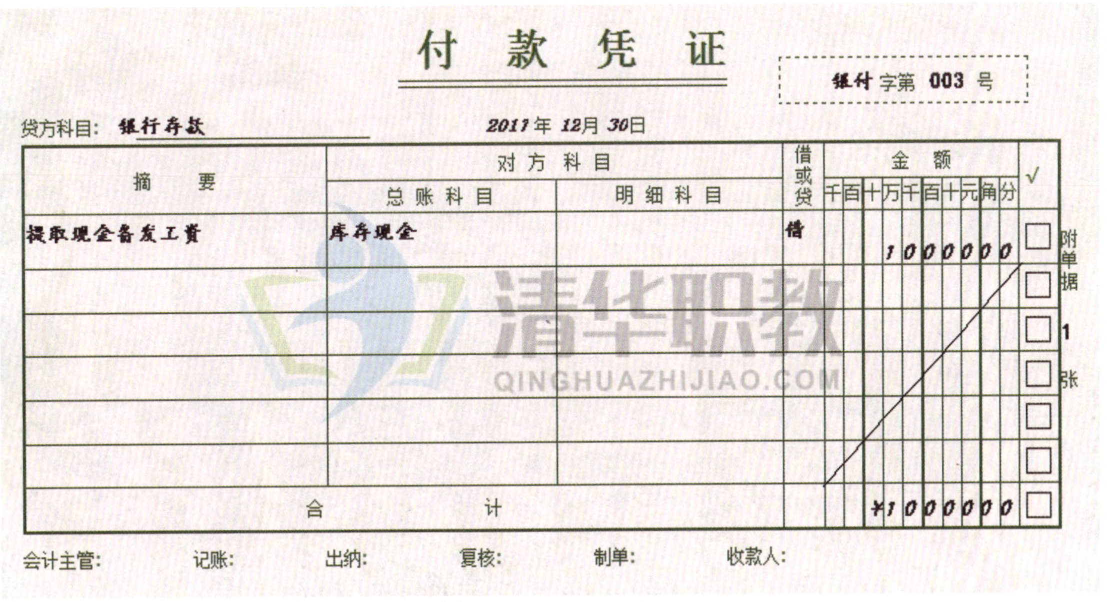

付款凭证

银付字第 003 号

贷方科目：银行存款　　2017年 12月 30日

摘要	对方科目：总账科目	对方科目：明细科目	借或贷	金额	√
提取现金备发工资	库存现金		借	1000000	
合计				¥1000000	

附单据 1 张

会计主管：　记账：　出纳：　复核：　制单：　收款人：

单据 6-15　付款凭证

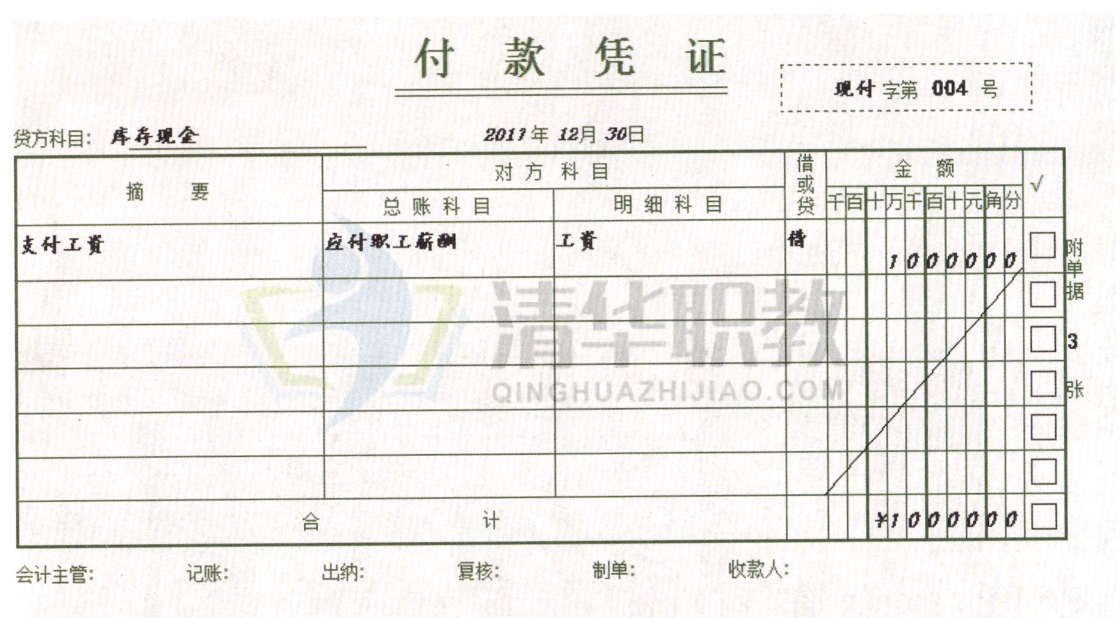

付款凭证

现付字第 004 号

贷方科目：库存现金　　2017年12月30日

摘要	对方科目：总账科目	对方科目：明细科目	借或贷	金额（千百十万千百十元角分）	√
支付工资	应付职工薪酬	工资	借	1000000	
合计				¥1000000	

附单据 3 张

会计主管：　记账：　出纳：　复核：　制单：　收款人：

单据 6-16　付款凭证

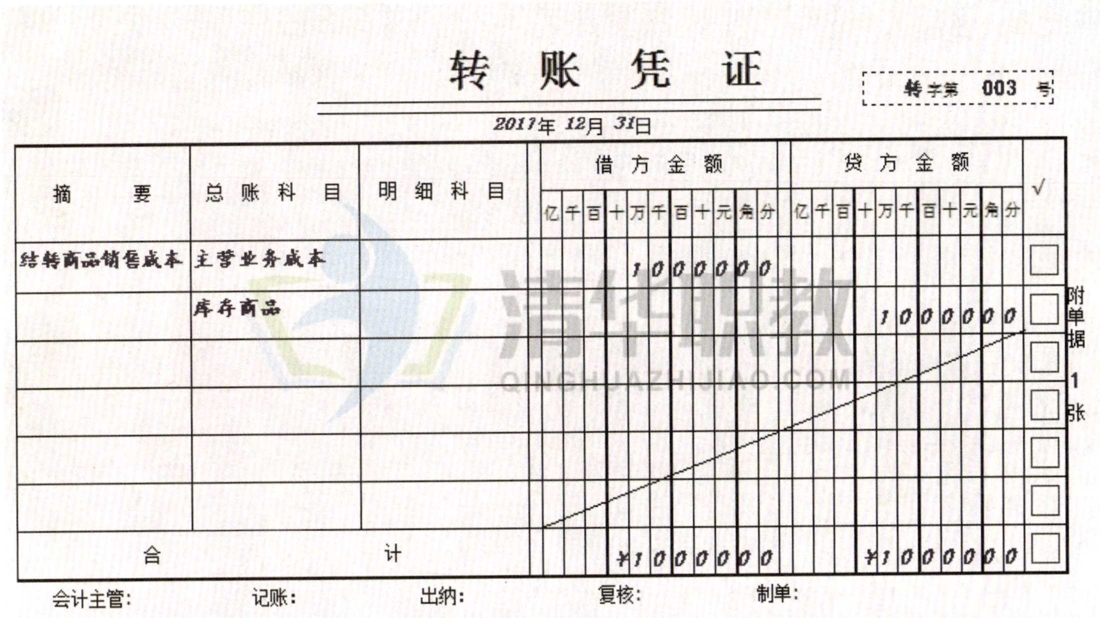

转账凭证

转字第 003 号

2017年12月31日

摘要	总账科目	明细科目	借方金额（亿千百十万千百十元角分）	贷方金额（亿千百十万千百十元角分）	√
结转商品销售成本	主营业务成本		1000000		
	库存商品			1000000	
合计			¥1000000	¥1000000	

附单据 1 张

会计主管：　记账：　出纳：　复核：　制单：

单据 6-17　转账凭证

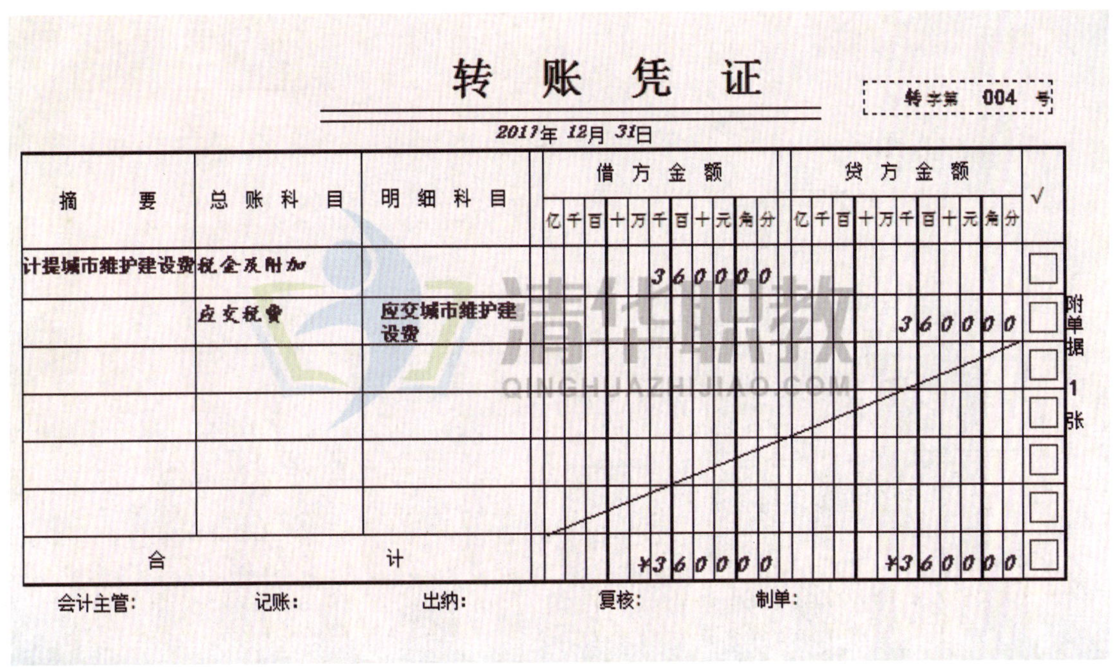

转账凭证

转字第 004 号

2017年 12月 31日

摘要	总账科目	明细科目	借方金额（亿千百十万千百十元角分）	贷方金额（亿千百十万千百十元角分）	✓
计提城市维护建设费	税金及附加		360000		
	应交税费	应交城市维护建设费		360000	
合计			¥360000	¥360000	

附单据 1 张

会计主管：　记账：　出纳：　复核：　制单：

单据 6-18　转账凭证

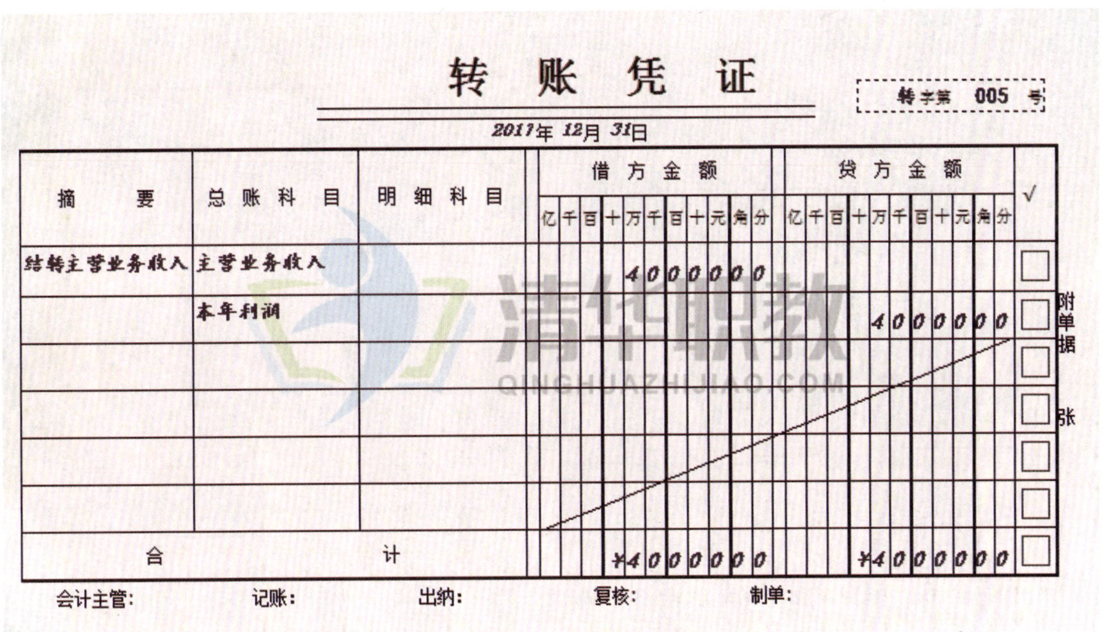

转账凭证

转字第 005 号

2017年 12月 31日

摘要	总账科目	明细科目	借方金额（亿千百十万千百十元角分）	贷方金额（亿千百十万千百十元角分）	✓
结转主营业务收入	主营业务收入		4000000		
	本年利润			4000000	
合计			¥4000000	¥4000000	

附单据　张

会计主管：　记账：　出纳：　复核：　制单：

单据 6-19　转账凭证

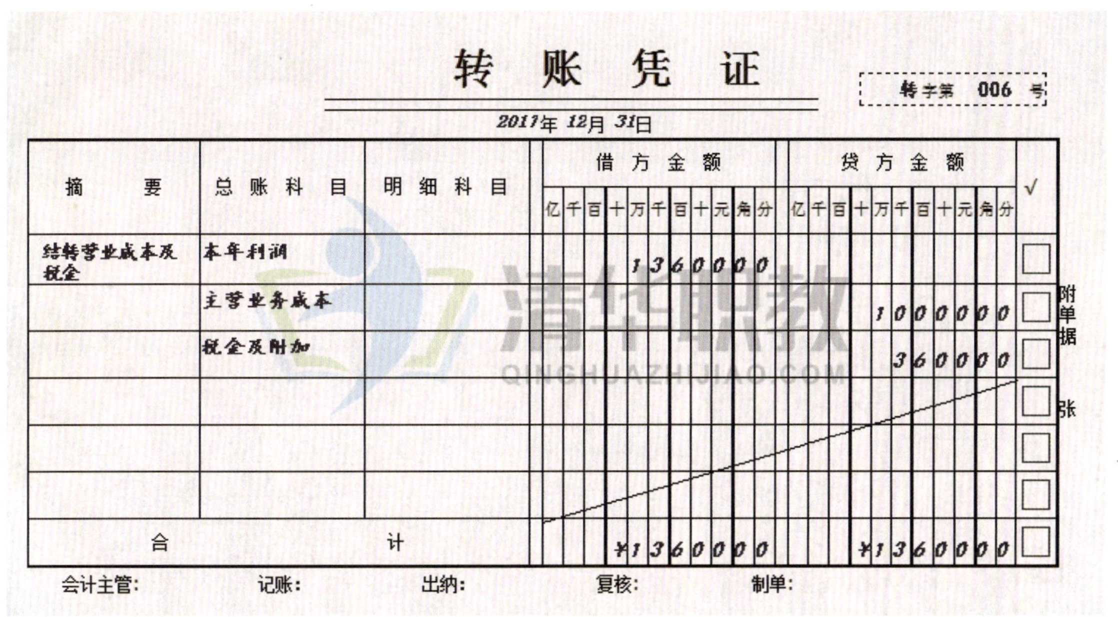

转账凭证

转字第 006 号

2017年 12月 31日

摘要	总账科目	明细科目	借方金额（亿千百十万千百十元角分）	贷方金额（亿千百十万千百十元角分）	√
结转营业成本及税金	本年利润		1360000		
	主营业务成本			1000000	
	税金及附加			360000	
合计			¥1360000	¥1360000	

附单据　张

会计主管:　记账:　出纳:　复核:　制单:

单据 6-20　转账凭证

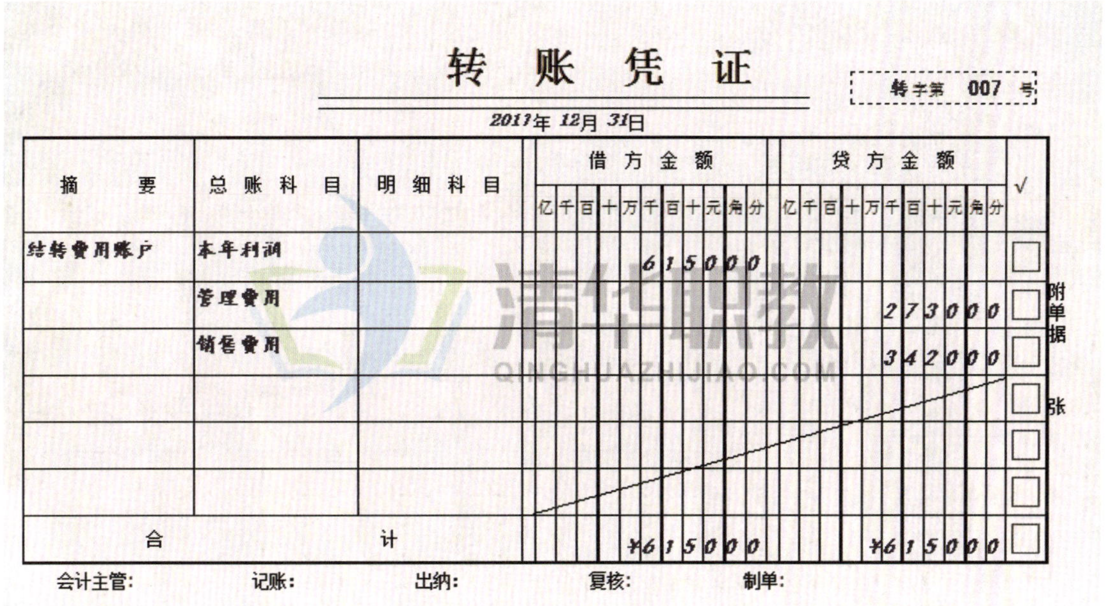

转账凭证

转字第 007 号

2017年 12月 31日

摘要	总账科目	明细科目	借方金额（亿千百十万千百十元角分）	贷方金额（亿千百十万千百十元角分）	√
结转费用账户	本年利润		615000		
	管理费用			273000	
	销售费用			342000	
合计			¥615000	¥615000	

附单据　张

会计主管:　记账:　出纳:　复核:　制单:

单据 6-21　转账凭证

任务 6.6　记账凭证账务处理程序实训

【业务 6.6.1】

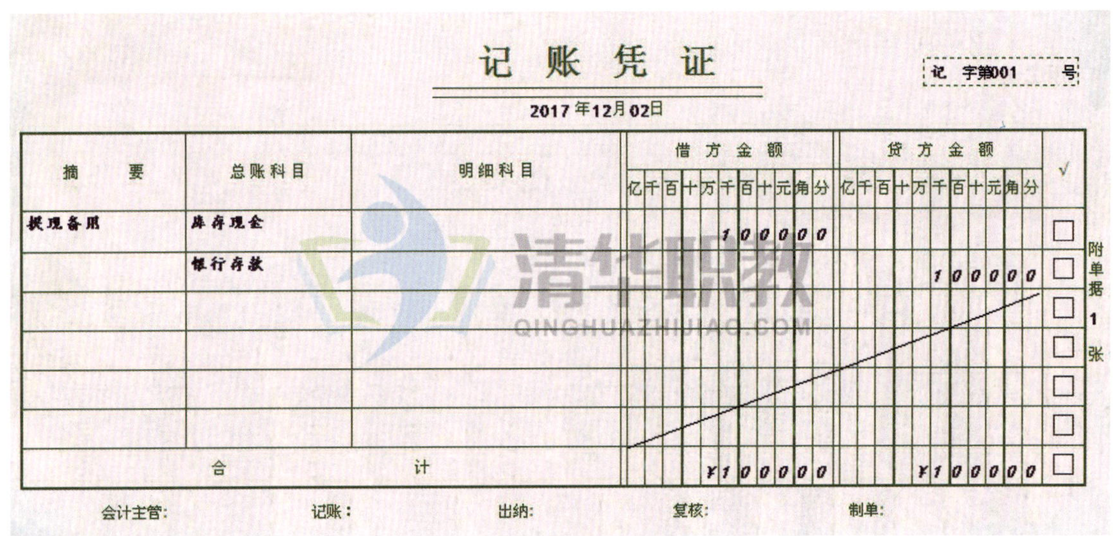

记账凭证

记　字第001　号

2017年12月02日

摘　要	总账科目	明细科目	借方金额	贷方金额	√
提现备用	库存现金		100000		
	银行存款			100000	
合　计			¥100000	¥100000	

附单据 1 张

会计主管:　记账:　出纳:　复核:　制单:

单据 6-22　记账凭证

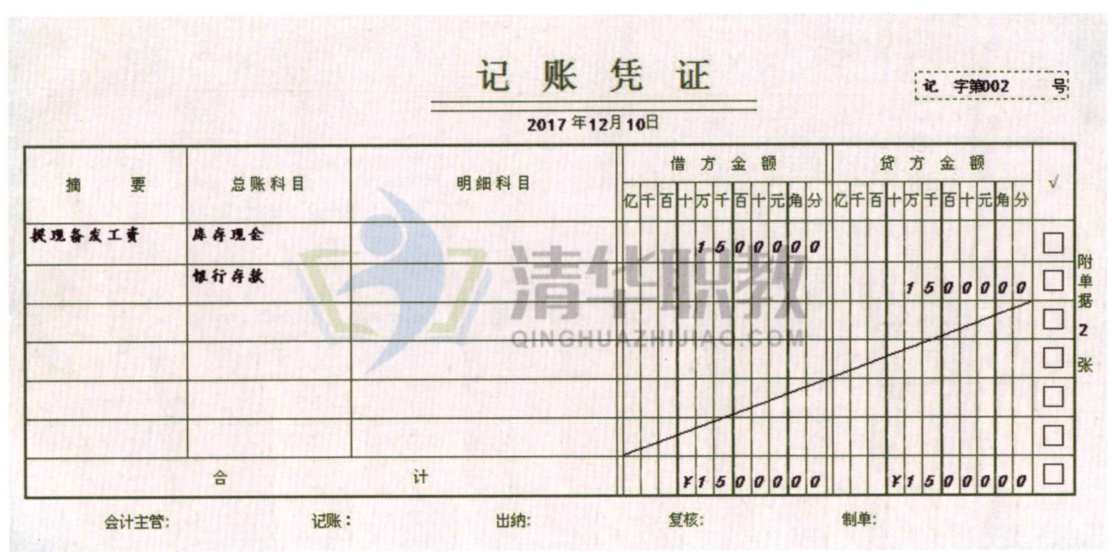

记账凭证

记　字第002　号

2017年12月10日

摘　要	总账科目	明细科目	借方金额	贷方金额	√
提现备发工资	库存现金		1500000		
	银行存款			1500000	
合　计			¥1500000	¥1500000	

附单据 2 张

会计主管:　记账:　出纳:　复核:　制单:

单据 6-23　记账凭证

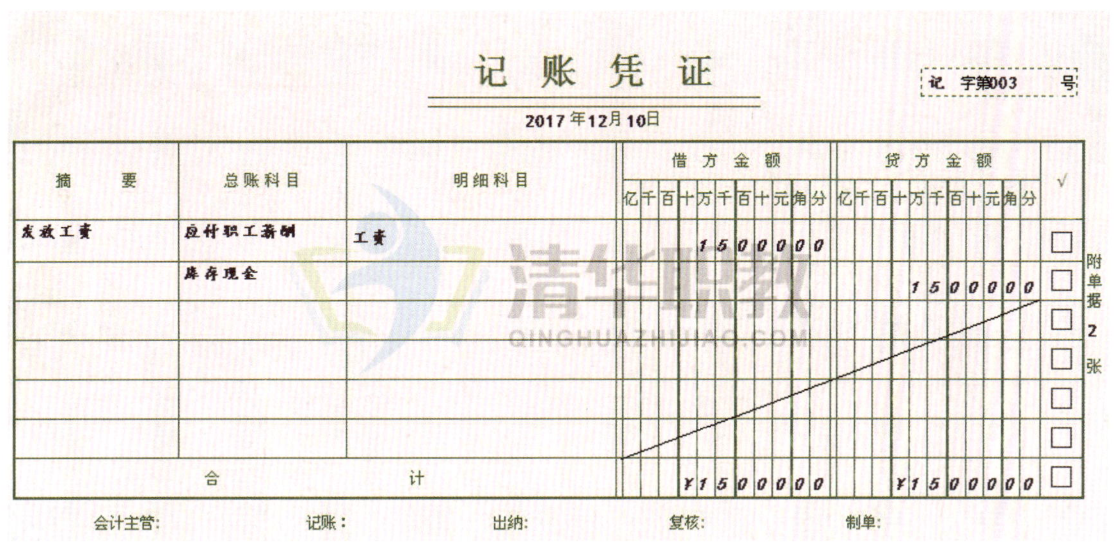

记 账 凭 证

记 字第003 号

2017年12月10日

摘要	总账科目	明细科目	借方金额（亿千百十万千百十元角分）	贷方金额（亿千百十万千百十元角分）	√
发放工资	应付职工薪酬	工资	1500000		□
	库存现金			1500000	□
					□
					□
					□
					□
合		计	¥1500000	¥1500000	□

附单据 2 张

会计主管:　记账:　出纳:　复核:　制单:

单据 6-24　记账凭证

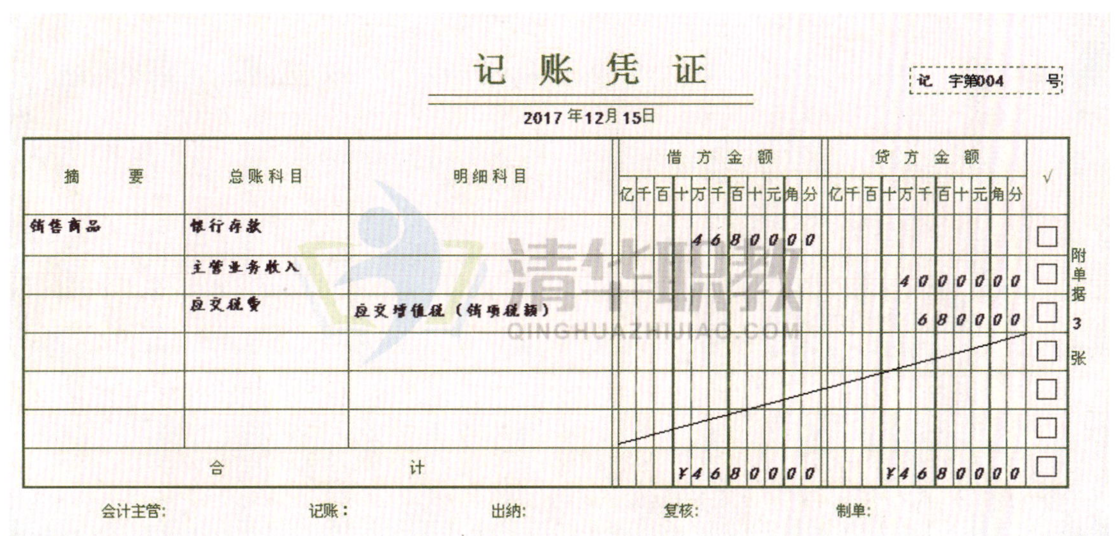

记 账 凭 证

记 字第004 号

2017年12月15日

摘要	总账科目	明细科目	借方金额（亿千百十万千百十元角分）	贷方金额（亿千百十万千百十元角分）	√
销售商品	银行存款		4680000		□
	主管业务收入			4000000	□
	应交税费	应交增值税（销项税额）		680000	□
					□
					□
					□
合		计	¥4680000	¥4680000	□

附单据 3 张

会计主管:　记账:　出纳:　复核:　制单:

单据 6-25　记账凭证

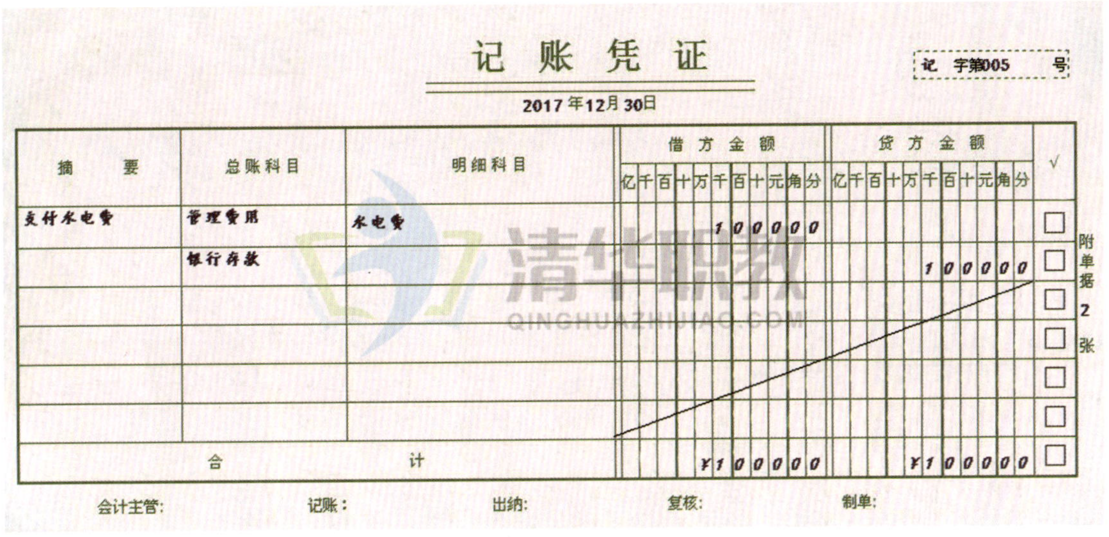

记账凭证

记 字第005 号

2017年12月30日

摘要	总账科目	明细科目	借方金额	贷方金额	√
支付水电费	管理费用	水电费	100000		
	银行存款			100000	
合计			¥100000	¥100000	

附单据 2 张

会计主管: 记账: 出纳: 复核: 制单:

单据 6-26 记账凭证

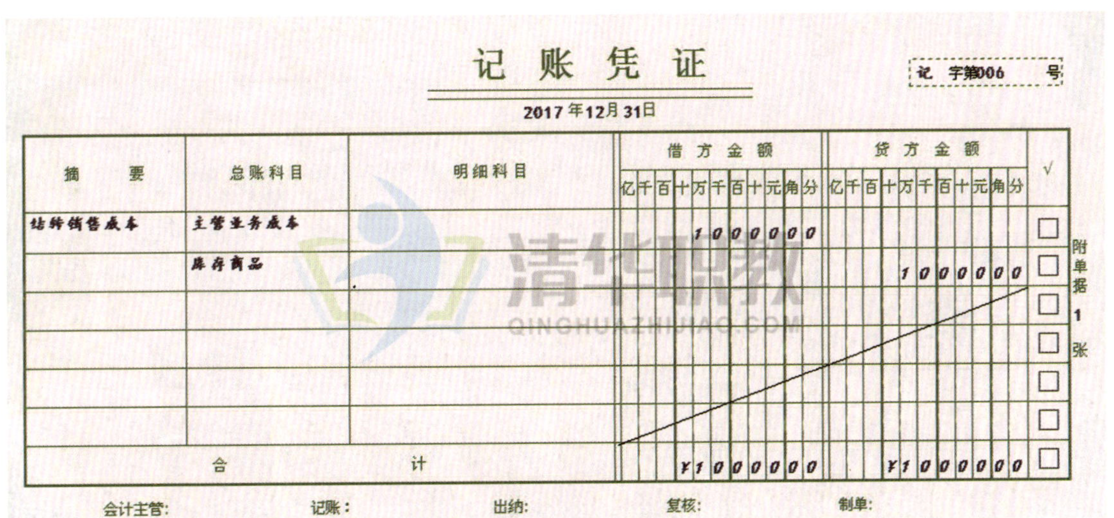

记账凭证

记 字第006 号

2017年12月31日

摘要	总账科目	明细科目	借方金额	贷方金额	√
结转销售成本	主营业务成本		1000000		
	库存商品			1000000	
合计			¥1000000	¥1000000	

附单据 1 张

会计主管: 记账: 出纳: 复核: 制单:

单据 6-27 记账凭证

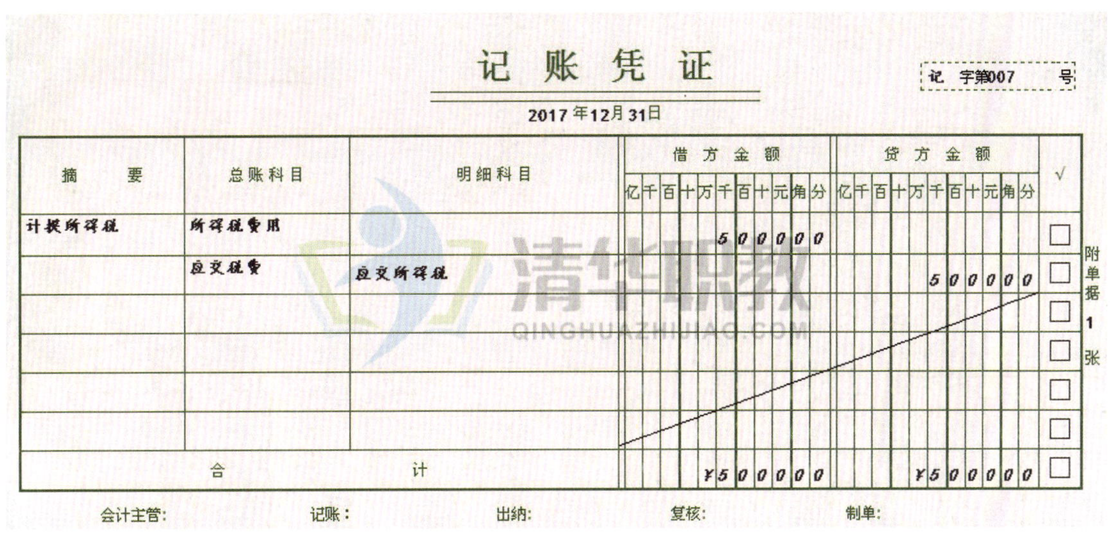

记账凭证

记 字第007 号

2017年12月31日

摘要	总账科目	明细科目	借方金额	贷方金额	√
计提所得税	所得税费用		500000		
	应交税费	应交所得税		500000	
合计			¥500000	¥500000	

附单据 1 张

会计主管: 记账: 出纳: 复核: 制单:

单据 6-28 记账凭证

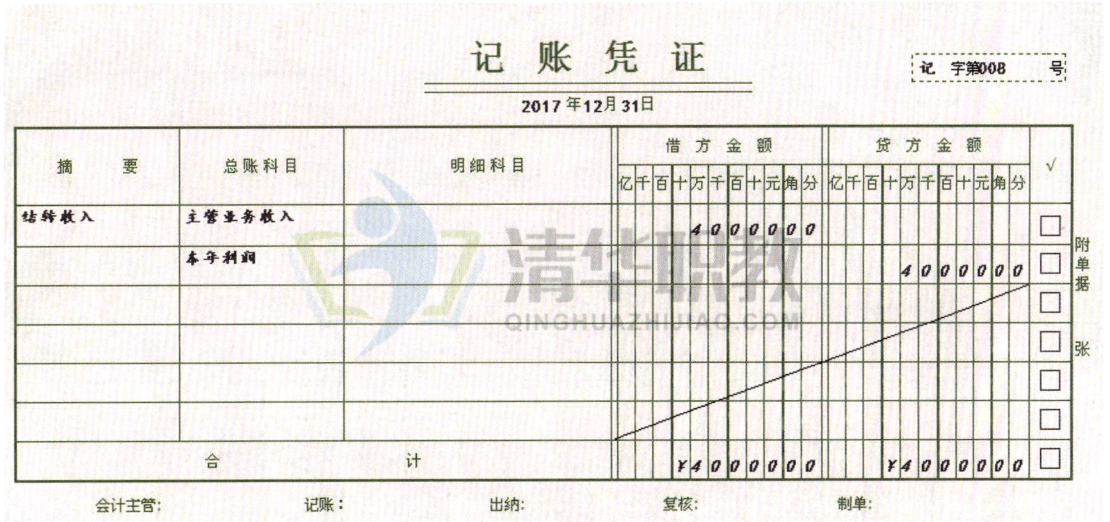

记账凭证

记 字第008 号

2017年12月31日

摘要	总账科目	明细科目	借方金额	贷方金额	√
结转收入	主营业务收入		4000000		
	本年利润			4000000	
合计			¥4000000	¥4000000	

附单据 张

会计主管: 记账: 出纳: 复核: 制单:

单据 6-29 记账凭证

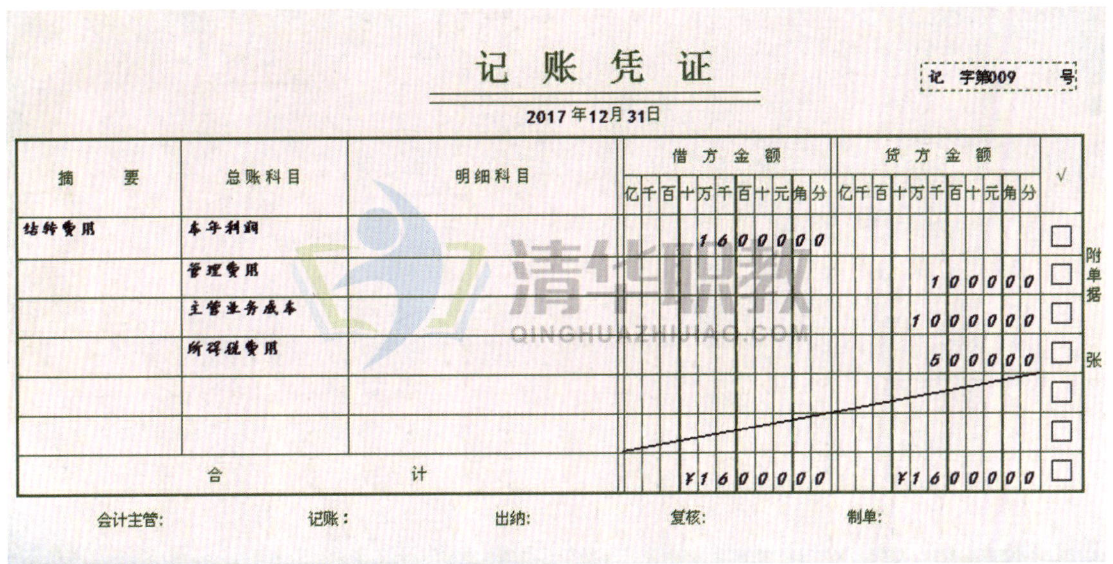

记账凭证

记 字第009 号

2017年12月31日

摘要	总账科目	明细科目	借方金额	贷方金额	√
结转费用	本年利润		1600000		□
	管理费用			100000	□
	主营业务成本			1000000	□
	所得税费用			500000	□
					□
					□
合计			¥1600000	¥1600000	□

附单据 张

会计主管:　记账:　出纳:　复核:　制单:

单据 6-30　记账凭证

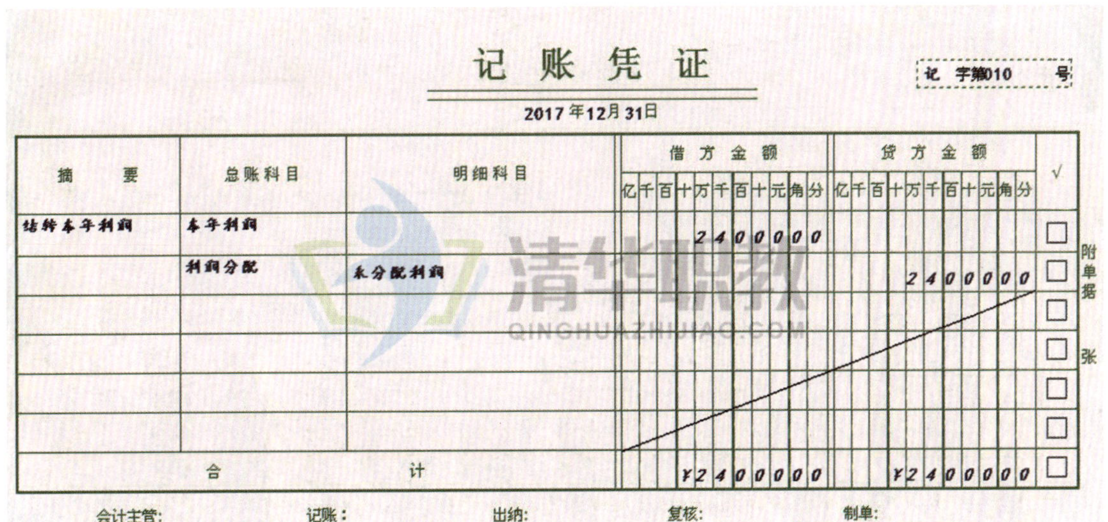

记账凭证

记 字第010 号

2017年12月31日

摘要	总账科目	明细科目	借方金额	贷方金额	√
结转本年利润	本年利润		2400000		□
	利润分配	未分配利润		2400000	□
					□
					□
					□
					□
合计			¥2400000	¥2400000	□

附单据 张

会计主管:　记账:　出纳:　复核:　制单:

单据 6-31　记账凭证

项目 7

工业企业会计核算

任务 7.1　工业企业资金筹集的核算

【业务 7.1.1】

ICBC 中国工商银行　　　　现金存款凭条

2017 年 01 月 03 日

存款人	全称	金陵钱多多家具有限公司		
	账号	1298010002000316285	款项来源	投资款
	开户行	中国工商银行金陵玄武支行	交款人	施加林

金额（大写）	千	百	十	万	千	百	十	元	角	分
人民币壹拾伍万元整		¥	1	5	0	0	0	0	0	0

票面	张数	十	万	千	百	十	元	角	分	票面	张数	千	百	十	元	角	分	备注
壹佰元	1500	1	5	0	0	0	0	0	0	伍角								中国工商银行股份有限公司 金陵玄武支行 业务专用章 850FBCEF0014
伍拾元										贰角								
贰拾元										壹角								
拾元										伍分								
伍元										贰分								
贰元										壹分								
壹元										其他								

第二联 客户核对联

190mm×100mm

单据 7-1　现金存款凭条

投资协议

甲方：金陵钱多多家具有限公司

乙方：施加林

甲、乙双方经友好协商，本着利益共享的原则，根据中华人民共和国有关法律、法规的规定，就乙方投资甲方事宜达成如下协议。

第一条　乙方自愿以货币方式投资15万元到甲方。

第二条　甲方以乙方投资金额确定其所占公司注册资本的比例。

第三条　出资方式及占股比例。

乙方以货币资金作为出资，出资额15万元人民币，占公司注册资本的10%。未尽事宜由甲、乙双方按照有关法律、法规协商解决。

第四条　此协议一式三份，甲乙双方各执一份，公证机关存档一份。

第五条　此协议自双方签字、盖章之日起生效。

甲方（盖章）：金陵钱多多家具有限公司　　乙方（签字）：施加林

法人代表（签字）：钱多多

签订日期：2017年1月3日

（印章：金陵钱多多家具有限公司 915100105539511OOM）

单据 7-2　投资协议

【业务 7.1.2】

ICBC 中国工商银行　进账单（收账通知）3

2017 年 01 月 03 日　№

出票人	全称	金陵易能达商贸有限公司	收款人	全称	金陵钱多多家具有限公司
	账号	1208736877823412463		账号	1298010002000316285
	开户银行	中国工商银行金陵上地支行		开户银行	中国工商银行金陵玄武支行
金额	人民币（大写）	壹佰陆拾万元整		亿千百十万千百十元角分	¥160000000
票据种类	转账支票	票据张数	1		
票据号码					
备注：				收款人开户银行签章（中国工商银行股份有限公司 金陵玄武支行 业务专用章 850FBCEF0014）	
复核：	记账：				

175*85mm GH066011

此联是收款人开户银行交给收款人的收账通知

单据 7-3　银行进账单

投资协议

甲方：金陵钱多多家具有限公司

乙方：金陵易能达商贸有限公司

甲、乙双方经友好协商，本着利益共享的原则，根据中华人民共和国有关法律、法规的规定，就乙方投资甲方事宜达成如下协议。

第一条　乙方自愿以货币方式投资160万元到甲方。

第二条　乙方出资后占甲方注册资本的20%。

第三条　凡因执行本合同所发生的或与本合同有关的一切争议，双方应通过友好协商解决。如果协商不能解决，应提交仲裁委员会仲裁。仲裁裁决是终局，对双方都有约束力。

第四条　本合同投资各方各一份，共两份。自投资各方签字之日起生效。

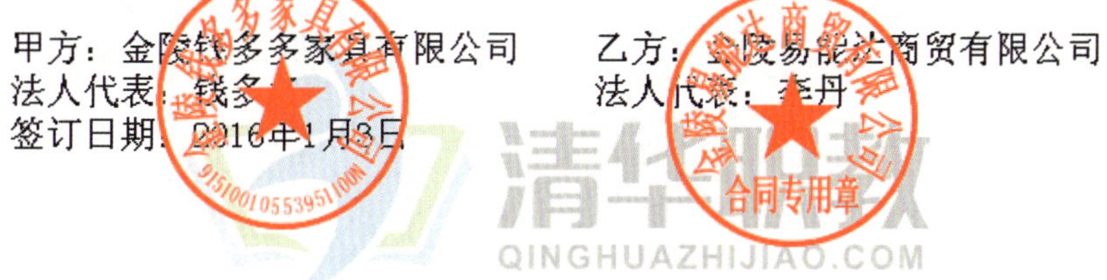

甲方：金陵钱多多家具有限公司　　乙方：金陵易能达商贸有限公司

法人代表：钱多多　　法人代表：李丹

签订日期：2016年1月3日

单据 7-4　投资协议

【业务 7.1.3】

固定资产验收单

2017 年 01 月 03 日

资产编号	0451	资产名称	机台	型号规格	DF-354
供应商名称	金陵佳佳机械设备有限公司				
购入日期	2017.01.03	安装完成日期	2017.01.03		
金额大写	叁拾柒万元整	小写	370000.00		
验收结果	合格	验收日期	2017.01.03		
采购部门	采购部	资产管理人	张丰		
使用部门	生产部	财务审核	张丽		
备注：					

单据 7-5　固定资产验收单

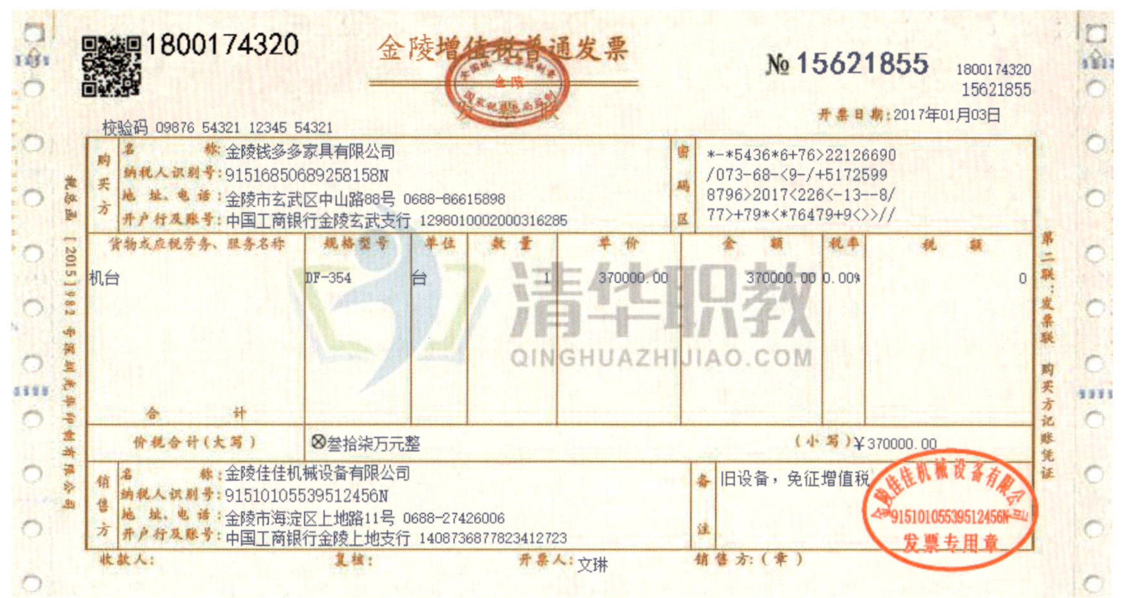

1800174320　　金陵增值税普通发票　　№ 15621855　1800174320　15621855

开票日期：2017年01月03日

校验码 09876 54321 12345 54321

购买方	
名称	金陵钱多多家具有限公司
纳税人识别号	91516850689258158N
地址、电话	金陵市玄武区中山路88号 0688-86615898
开户行及账号	中国工商银行金陵玄武支行 1298010002000316285

密码区：*-*5436*6+76>22126690 /073-68-<9-/+5172599 8796>2017<226<-13--8/ 77>+79*<*76479+9<>>//

货物或应税劳务、服务名称	规格型号	单位	数量	单价	金额	税率	税额
机台	DF-354	台	1	370000.00	370000.00	0.00%	0
合计							

价税合计（大写）⊗叁拾柒万元整　　（小写）¥370000.00

销售方	
名称	金陵佳佳机械设备有限公司
纳税人识别号	91510105539512456N
地址、电话	金陵市海淀区上地路11号 0688-27426006
开户行及账号	中国工商银行金陵上地支行 1408736877823412723

备注：旧设备，免征增值税

收款人：　复核：　开票人：文琳　销售方：（章）

第二联：发票联　购买方记账凭证

单据 7-6　增值税普通发票

投资协议

甲方：金陵钱多多家具有限公司

乙方：金陵佳佳机械设备有限公司

甲、乙双方经友好协商，本着利益共享的原则，根据中华人民共和国有关法律、法规的规定，就乙方投资甲方事宜达成如下协议。

第一条　乙方自愿以实物方式投资37万元到甲方。

第二条　甲方出资后占加甲方注册资本的10%。

第三条　凡因执行本合同所发生的或与本合同有关的一切争议，双方应通过友好协商解决。如果协商不能解决，应提交仲裁委员会仲裁。仲裁裁决是终局，对双方都有约束力。

第四条　本合同投资各方各一份，共两份。自投资各方签字之日起生效。

甲方：金陵钱多多家具有限公司　　　乙方：金陵佳佳机械设备有限公司

法人代表：钱多多　　　法人代表：王平

签约日期：2016年1月3日

单据 7-7　投资协议

【业务 7.1.4】

中国工商银行借款凭证　①　No.1567348

2017 年　02 月　01 日

借款人	金陵钱多多家具有限公司	贷款账号	1298010002000316285	存款账号	1298010002000316285
贷款金额	人民币壹拾叁万元整			亿 千 百 十 万 千 百 十 元 角 分	¥ 1 3 0 0 0 0 0 0
用　途	生产周转	期限	约定还款日期	2017年05月01日	
		3个月	贷款利率 8%	借款合同号码	2017020121
上列贷款已转入借款人指定的账户。					
			复核	记账	

中国工商银行股份有限公司 金陵玄武支行 业务专用章 850FBCEF0014

第一联 回单

CH 087912

单据 7-8　银行借款凭证

【业务 7.1.5】

中国工商银行借款凭证　①　No.1567358

2017 年　03 月　01 日

借款人	金陵钱多多家具有限公司	贷款账号	1298010002000316285	存款账号	1298010002000316285
贷款金额	人民币陆佰万元整			亿 千 百 十 万 千 百 十 元 角 分	¥ 6 0 0 0 0 0 0 0 0
用　途	新建厂房	期限	约定还款日期	2019年03月01日	
		2年	贷款利率 10%	借款合同号码	2017030117
上列贷款已转入借款人指定的账户。					
			复核	记账	

中国工商银行股份有限公司 金陵玄武支行 业务专用章 850FBCEF0014

第一联 回单

CH 087912

单据 7-9　银行借款凭证

任务 7.2　工业企业采购过程的核算

【业务 7.2.1】

中国工商银行
转账支票存根
30909420
20617330
附加信息
出票日期 2017 年 01 月 04 日
收款人：金陵宏盉商贸有限公司
金　额：¥28080.00
用　途：货款
单位主管 张丽　会计 张雯

单据 7-10　转账支票存根

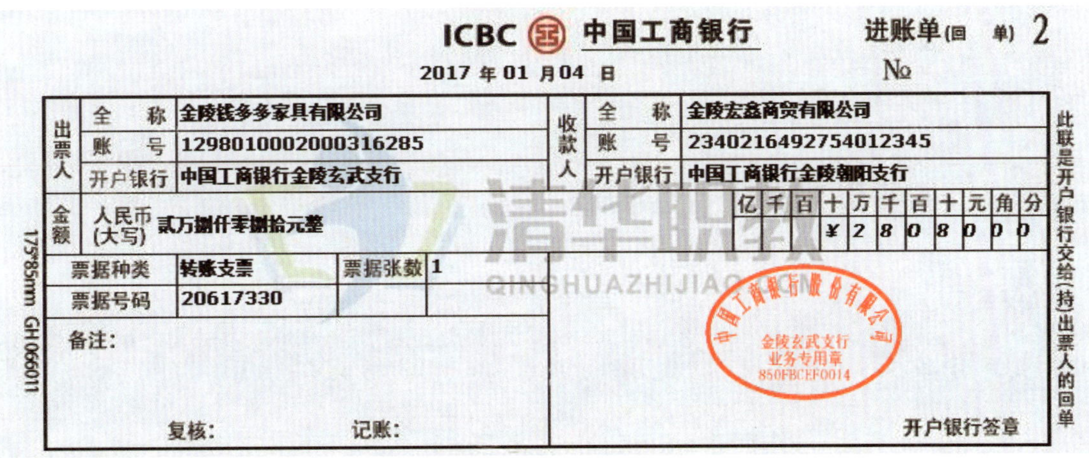

ICBC 中国工商银行　进账单（回　单）2
No
2017 年 01 月 04 日

出票人			收款人		
出票人	全　称	金陵钱多多家具有限公司	收款人	全　称	金陵宏盉商贸有限公司
	账　号	1298010002000316285		账　号	2340216492754012345
	开户银行	中国工商银行金陵玄武支行		开户银行	中国工商银行金陵朝阳支行
金额	人民币（大写）	贰万捌仟零捌拾元整		亿千百十万千百十元角分	¥ 2 8 0 8 0 0 0
票据种类	转账支票	票据张数	1		
票据号码	20617330				
备注：					
复核：	记账：			开户银行签章	

中国工商银行股份有限公司 金陵玄武支行 业务专用章 850FBCEF0014

此联是开户银行交给（持）出票人的回单

175*85mm GH 066011

单据 7-11　银行进账单

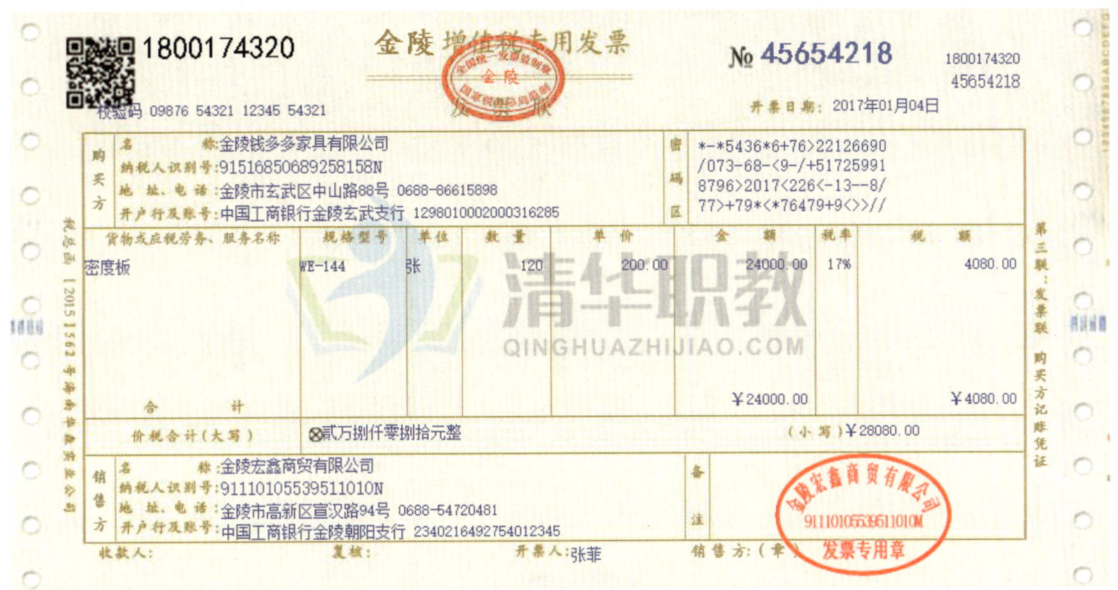

1800174320

金陵增值税专用发票

发票联

№ 45654218

1800174320
45654218

校验码 09876 54321 12345 54321

开票日期：2017年01月04日

购买方	
名称	金陵钱多多家具有限公司
纳税人识别号	91516850689258158N
地址、电话	金陵市玄武区中山路88号 0688-66615898
开户行及账号	中国工商银行金陵玄武支行 1298010002000316285

密码区：
*-*5436*6+76>22126690
/073-68-<9-/+51725991
8796>2017<226<-13--8/
77>+79*<*76479+9<>>//

货物或应税劳务、服务名称	规格型号	单位	数量	单价	金额	税率	税额
密度板	WE-144	张	120	200.00	24000.00	17%	4080.00
合计					¥24000.00		¥4080.00
价税合计（大写）	⊗贰万捌仟零捌拾元整				（小写）¥28080.00		

销售方	
名称	金陵宏鑫商贸有限公司
纳税人识别号	91110105539511010N
地址、电话	金陵市高新区宣汉路94号 0688-54720481
开户行及账号	中国工商银行金陵朝阳支行 2340216492754012345

备注

收款人： 复核： 开票人：张菲 销售方：（章）

第三联：发票联 购买方记账凭证

单据 7-12 增值税专用发票（发票联）

【业务 7.2.2】

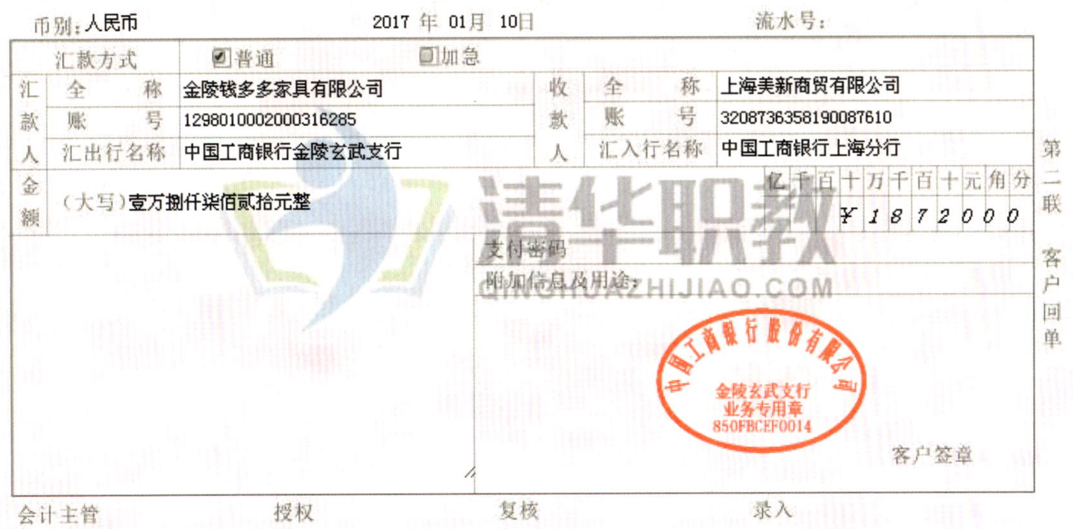

电 汇 凭 证

币别：人民币　　2017 年 01月 10日　　流水号：

汇款方式：☑普通 ☐加急

汇款人	全称	金陵钱多多家具有限公司	收款人 全称	上海美新商贸有限公司
	账号	1298010002000316285	账号	3208736358190087610
	汇出行名称	中国工商银行金陵玄武支行	汇入行名称	中国工商银行上海分行
金额	（大写）壹万捌仟柒佰贰拾元整		亿千百十万千百十元角分	¥1872000

支付密码

附加信息及用途：

客户签章

会计主管　授权　复核　录入

第二联 客户回单

单据 7-13 电汇凭证

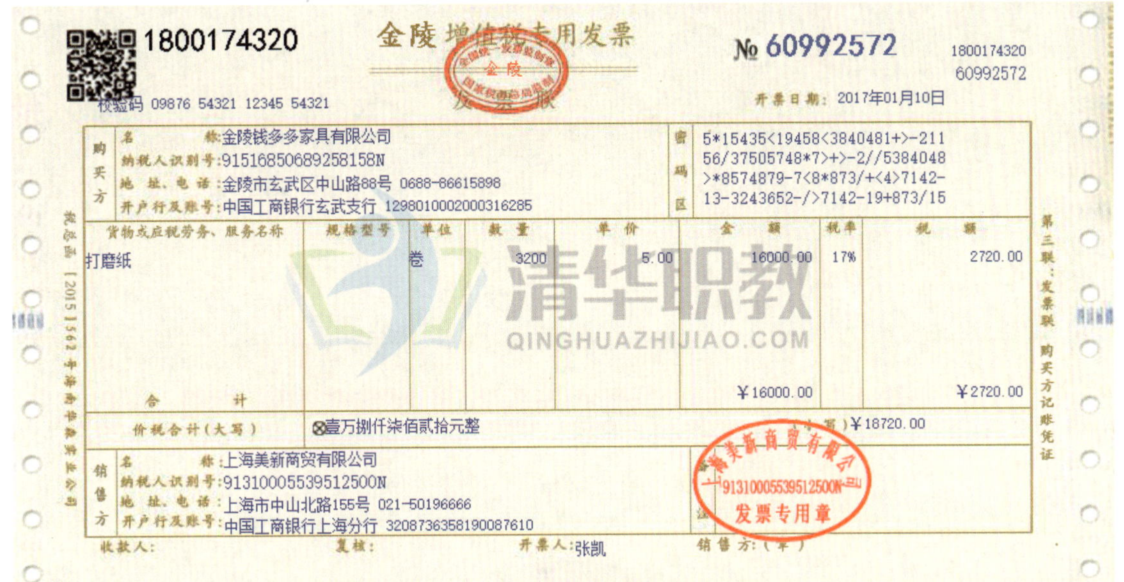

金陵增值税专用发票 发票联

1800174320　№ 60992572　1800174320 60992572

校验码 09876 54321 12345 54321　开票日期：2017年01月10日

购买方	名　　称：金陵钱多多家具有限公司 纳税人识别号：91516850689258158N 地址、电话：金陵市玄武区中山路88号 0688-86615898 开户行及账号：中国工商银行玄武支行 1298010002000316285			密码区	5*15435<19458<3840481+>-211 56/37505748*7>+>-2//5384048 >*8574879-7<8*873/+<4>7142- 13-3243652-/>7142-19+873/15		
货物或应税劳务、服务名称	规格型号	单位	数量	单价	金额	税率	税额
打磨纸		卷	3200	5.00	16000.00	17%	2720.00
合　　计					￥16000.00		￥2720.00
价税合计（大写）	⊗壹万捌仟柒佰贰拾元整				（小写）￥18720.00		
销售方	名　　称：上海美新商贸有限公司 纳税人识别号：91310005539512500N 地址、电话：上海市中山北路155号 021-50196666 开户行及账号：中国工商银行上海分行 3208736358190087610			备注			

收款人：　复核：　开票人：张凯　销售方：（章）

单据 7-14　增值税专用发票（发票联）

【业务 7.2.3】

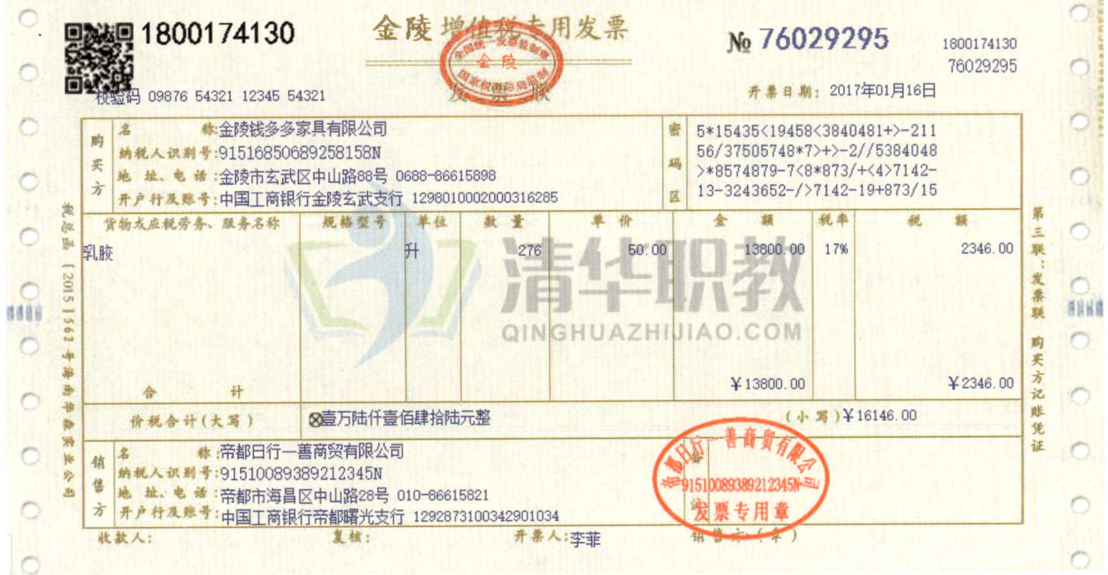

金陵增值税专用发票 发票联

1800174130　№ 76029295　1800174130 76029295

校验码 09876 54321 12345 54321　开票日期：2017年01月16日

购买方	名　　称：金陵钱多多家具有限公司 纳税人识别号：91516850689258158N 地址、电话：金陵市玄武区中山路88号 0688-86615898 开户行及账号：中国工商银行金陵玄武支行 1298010002000316285			密码区	5*15435<19458<3840481+>-211 56/37505748*7>+>-2//5384048 >*8574879-7<8*873/+<4>7142- 13-3243652-/>7142-19+873/15		
货物或应税劳务、服务名称	规格型号	单位	数量	单价	金额	税率	税额
乳胶		升	276	50.00	13800.00	17%	2346.00
合　　计					￥13800.00		￥2346.00
价税合计（大写）	⊗壹万陆仟壹佰肆拾陆元整				（小写）￥16146.00		
销售方	名　　称：帝都日行一善商贸有限公司 纳税人识别号：91510089389212345N 地址、电话：帝都市海昌区中山路28号 010-86615821 开户行及账号：中国工商银行帝都曙光支行 1292873100342901034			备注			

收款人：　复核：　开票人：李菲　销售方：（章）

单据 7-15　增值税专用发票（发票联）

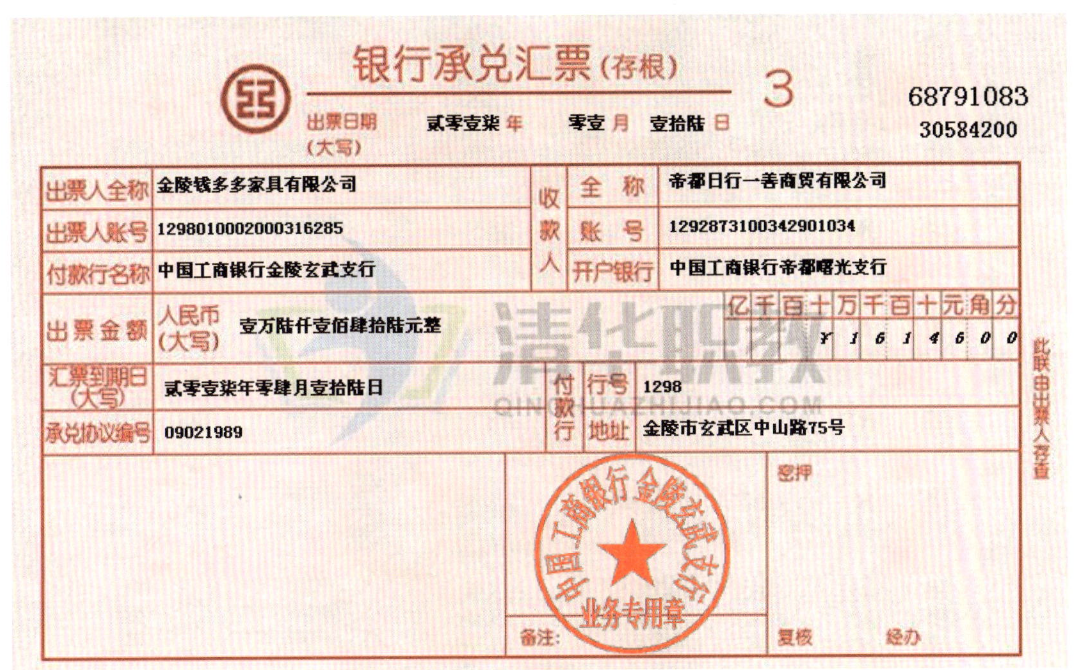

银行承兑汇票（存根） 3

68791083
30584200

出票日期（大写） 贰零壹柒 年 零壹 月 壹拾陆 日

出票人全称	金陵钱多多家具有限公司	收款人	全　称	帝都日行一善商贸有限公司
出票人账号	1298010002000316285		账　号	1292873100342901034
付款行名称	中国工商银行金陵玄武支行		开户银行	中国工商银行帝都曙光支行

出票金额	人民币（大写） 壹万陆仟壹佰肆拾陆元整	亿	千	百	十	万	千	百	十	元	角	分
					¥	1	6	1	4	6	0	0

汇票到期日（大写）	贰零壹柒年零肆月壹拾陆日	付款行	行号	1298
承兑协议编号	09021989		地址	金陵市玄武区中山路75号

中国工商银行金陵玄武支行 业务专用章

备注：　　密押　　复核　　经办

此联由出票人存查

单据 7-16　银行承兑汇票（存根）

【业务 7.2.4】

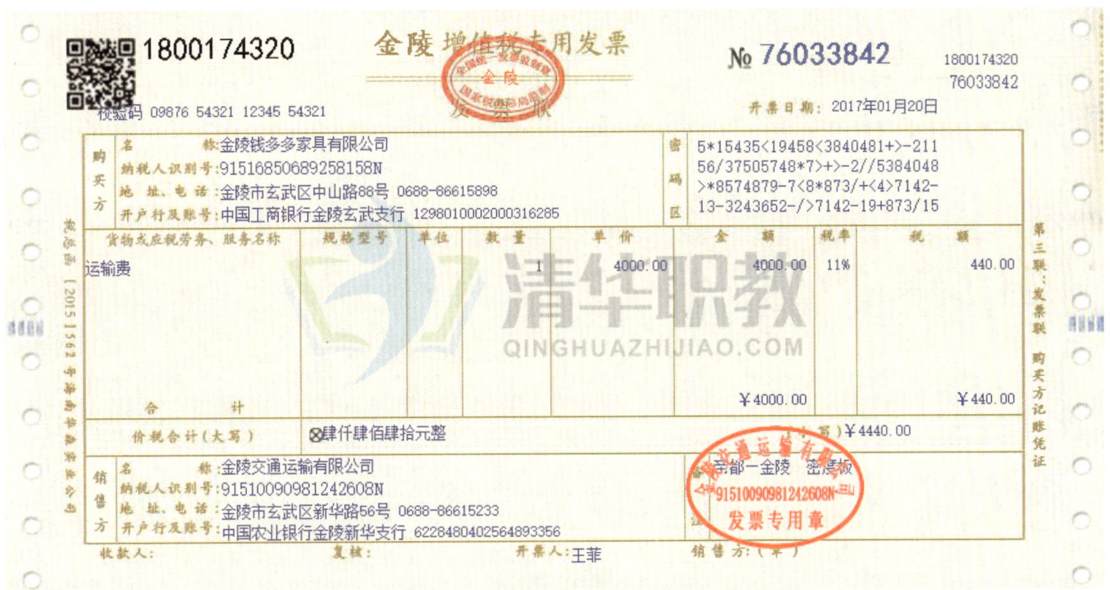

1800174320　　**金陵增值税专用发票**　　№ 76033842

1800174320
76033842

发票联

校验码 09876 54321 12345 54321　　开票日期：2017年01月20日

购买方	名　　称：金陵钱多多家具有限公司 纳税人识别号：91516850689258158N 地 址、电 话：金陵市玄武区中山路88号 0688-86615898 开户行及账号：中国工商银行金陵玄武支行 1298010002000316285	密码区	5*15435<19458<3840481+>-211 56/37505748*7>+>-2//5384048 >*8574879-7<8*873/+<4>7142- 13-3243652-/>7142-19+873/15

货物或应税劳务、服务名称	规格型号	单位	数量	单价	金额	税率	税额
运输费			1	4000.00	4000.00	11%	440.00
合　　计					¥4000.00		¥440.00
价税合计（大写）	⊗肆仟肆佰肆拾元整				（小写）¥4440.00		

销售方	名　　称：金陵交通运输有限公司 纳税人识别号：91510090981242608N 地 址、电 话：金陵市玄武区新华路56号 0688-86615233 开户行及账号：中国农业银行金陵新华支行 6228480402564893356	备注	帝都一金陵　密度板

收款人：　　复核：　　开票人：王菲　　销售方：（章）

金陵交通运输有限公司 91510090981242608N 发票专用章

第三联：发票联　购买方记账凭证

单据 7-17　增值税专用发票（发票联）

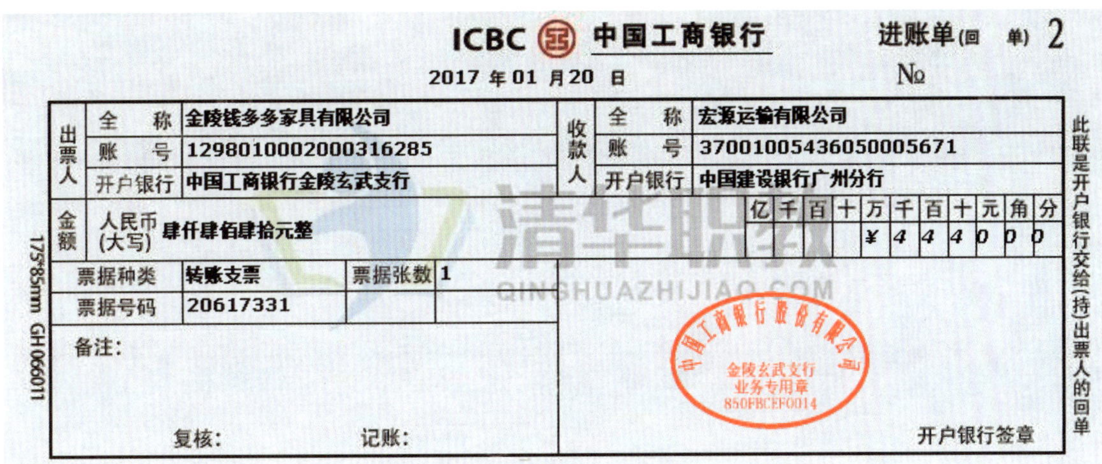

ICBC 中国工商银行　　进账单（回　单）2

2017 年 01 月 20 日　　№

出票人	全　称	金陵钱多多家具有限公司	收款人	全　称	宏源运输有限公司
	账　号	1298010002000316285		账　号	37001005436050005671
	开户银行	中国工商银行金陵玄武支行		开户银行	中国建设银行广州分行
金额	人民币（大写）	肆仟肆佰肆拾元整		亿千百十万千百十元角分	¥444000
票据种类	转账支票	票据张数	1		
票据号码	20617331				

备注：

复核：　　记账：　　开户银行签章

此联是开户银行交给（持）出票人的回单

175*85mm GH 066011

单据 7-18　银行进账单

中国工商银行
转账支票存根

30909420
20617331

附加信息

出票日期 2017 年 01 月 20 日

收款人：宏源运输有限公司

金　额：¥4440.00

用　途：运输费

单位主管 张丽　会计 张雯

单据 7-19　转账支票存根

【业务 7.2.5】

托收凭证（付款通知）　　5

委托日期 2017 年 01 月 22 日　　付款期限 2017 年 01 月 22 日

业务类型	委托收款（□邮划、☑电划）　托收承付（□邮划、□电划）				
付款人	全称	金陵钱多多家具有限公司	收款人	全称	上海美新商贸有限公司
	账号	1298010002000316285		账号	3208736358190087610
	地址	省 金陵 市县　开户行 中国工商银行金陵玄武支行		地址	省 上海 市县　开户行 中国工商银行上海分行
金额	人民币（大写）	壹拾贰万贰仟元整	亿千百十万千百十元角分		¥ 1 2 2 0 0 0 0 0
款项内容	货款	托收凭据名称 银行承兑汇票	附寄单证张数		1张
商品发运情况	已发运		合同名称号码		SH0563
备注： 付款人开户银行收到日期 2017 年 01 月 22 日 复核　记账		中国工商银行股份有限公司 金陵玄武支行 业务专用章 850FBCEF0014 付款人开户银行签章 2017 年 01 月 22 日	付款人注意： 1、根据支付结算方法，上列委托收款（托收承付）款项在付款期限内未提出拒付，即视为同意付款，以此代付款通知。 2、如需提出全部或部分拒付，应在规定期限内，将拒付理由书并附债务证明退交开户银行。		

此联付款人开户银行给付款人按期付款通知

(2005) 10×17.5公分　交 15 角直印刷　0512-65011886

单据 7-20　托收凭证

【业务 7.2.6】

入　库　单

2017 年 01 月 26 日　　单号 22190888

交来单位及部门	采购部	验收仓库	仓库一	入库日期	2017.01.26	
编号	名称及规格	单位	数量		实际价格	
			交库	实收	单价	金额
01	密度板	张	255	255	200.00	51000.00
合计						¥51000.00

财务经理：张丽　仓库主管：周白　经办人：张高丽　制单人：张慧

财务联

单据 7-21　入库单

任务 7.3　工业企业生产过程的核算

【业务 7.3.1】

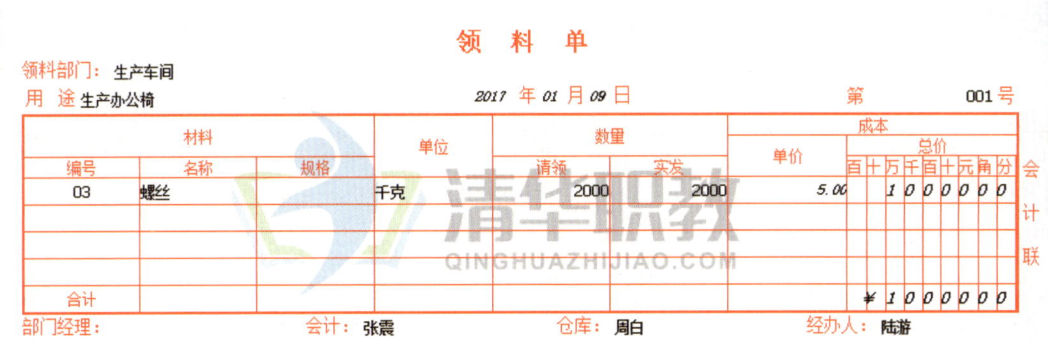

领　料　单

领料部门：生产车间

用　途 生产办公椅　　　2017 年 01 月 09 日　　　第　001 号

材料			单位	数量		成本	
编号	名称	规格		请领	实发	单价	总价
03	螺丝		千克	2000	2000	5.00	1000000
合计							￥1000000

部门经理：　　会计：张震　　仓库：周白　　经办人：陆游

会计联

单据 7-22　领料单

【业务 7.3.2】

工资汇总表（简表）

2017年01月10日

序 号	部 门	应付工资（元）
1	车间生产工人	86000.00
2	车间管理人员	17400.00
3	厂部管理人员	15800.00
4	销售人员	21300.00
5	合 计	140500.00

单据 7-23　工资汇总表

【业务 7.3.3】

中国工商银行
现金支票存根
30909320
20618230

附加信息

出票日期 2017 年 01 月 11 日

收款人:金陵钱多多家具有限公司
金　额:¥140500.00
用　途:工资

单位主管 张丽　会计 张委

上海金达证券印刷有限公司·2012 年印制

单据 7-24　现金支票存根

【业务 7.3.4】

中国工商银行
现金支票存根
30909320
20618231

附加信息

出票日期 2017 年 01 月 12 日

收款人:金陵钱多多家具有限公司
金　额:¥4000.00
用　途:备用金

单位主管 张丽　会计 张委

上海金达证券印刷有限公司·2012 年印制

单据 7-25　现金支票存根

【业务 7.3.5】

中国工商银行
转账支票存根
30909320
20617230
附加信息
出票日期 2017 年 01 月 11 日
收款人：金陵钱多多家具有限公司
金　额：¥64340.00
用　途：工资
单位主管 张丽　会计 张雯

单据 7-26　转账支票存根

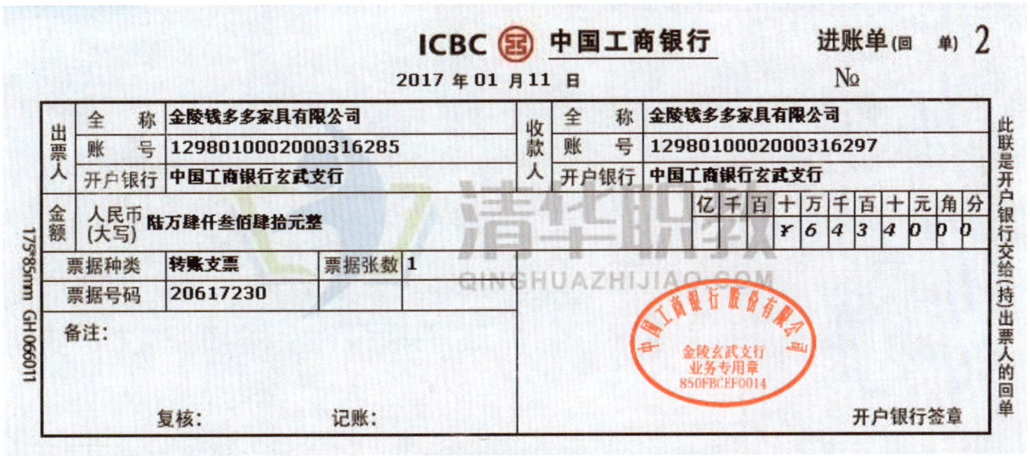
ICBC 中国工商银行　进账单（回　单）2

2017 年 01 月 11 日　№

出票人	全　称	金陵钱多多家具有限公司	收款人	全　称	金陵钱多多家具有限公司
	账　号	1298010002000316285		账　号	1298010002000316297
	开户银行	中国工商银行玄武支行		开户银行	中国工商银行玄武支行
金额	人民币（大写）	陆万肆仟叁佰肆拾元整			¥6434000
票据种类	转账支票	票据张数	1		
票据号码	20617230				
备注：					
复核：	记账：		开户银行签章		

此联是开户银行交给（持）出票人的回单

单据 7-27　银行进账单

【业务 7.3.6】

应付福利费计算表

车间及部门	工资总额（元）	计提比例（%）	应付福利费（元）
车间生产工人	86000.00	14%	12040.00
车间管理人员	17400.00	14%	2436.00
厂部管理人员	15800.00	14%	2212.00
销售人员	21300.00	14%	2982.00
合　计	140500.00	14%	19670.00

单据 7-28　应付福利费计算表

【业务 7.3.7】

现金付讫

报 销 单

填报日期：2017年 01 月 12 日　　单据及附件共 1 张

姓名	李奇	所属部门	采购部	报销形式	现金	
				支票号码		
报销项目		摘要		金额		备注：
文件夹		购买办公用品		390.00		
合计				¥390.00		
金额大写：零拾零万零仟叁佰玖拾零元零角零分				原借款： 元	应退(补)款：390.00元	

总经理：钱多多　财务经理：张丽　部门经理：　会计：张雯　出纳：李丽　报销人：李奇

单据 7-29　报销单

【业务 7.3.8】

现金付讫

报 销 单

填报日期：2017年 01 月 12 日　　单据及附件共 1 张

姓名	陈华	所属部门	行政部	报销形式	现金	
				支票号码		
报销项目		摘要		金额		备注：
招待宏鑫商贸公司王经理		业务招待费		1500.00		
合计				¥1500.00		
金额大写：零拾零万壹仟伍佰零拾零元零角零分				原借款： 元	应退(补)款：1500.00元	

总经理：钱多多　财务经理：张丽　部门经理：　会计：张雯　出纳：李丽　报销人：陈华

单据 7-30　报销单

【业务 7.3.9】

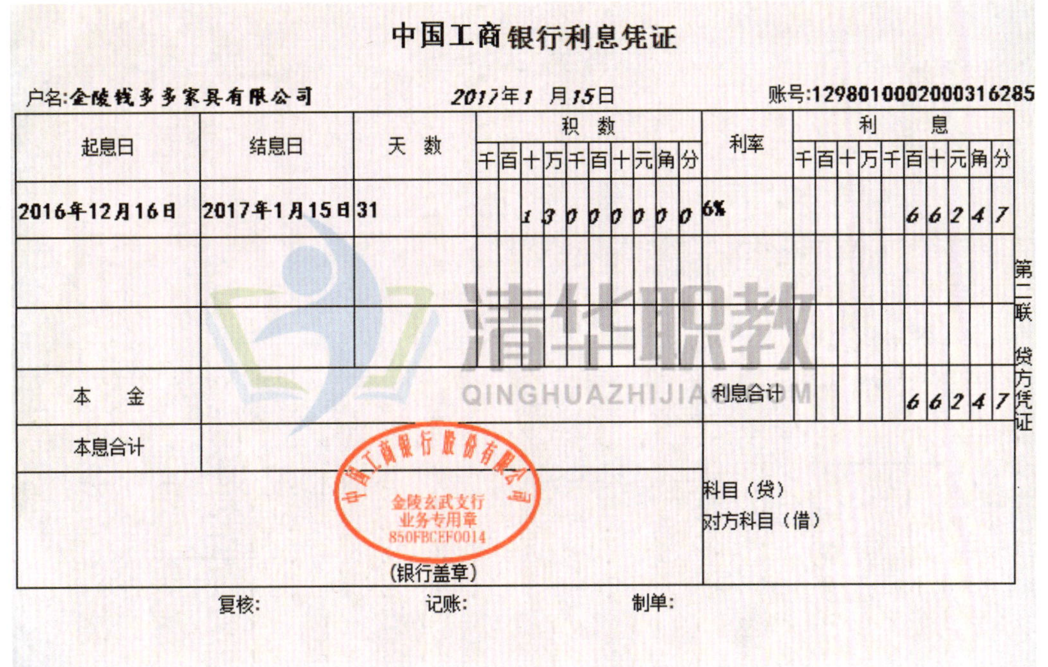

中国工商银行利息凭证

户名:金陵钱多多家具有限公司　　2017年1月15日　　账号:1298010002000316285

起息日	结息日	天数	积数	利率	利息
2016年12月16日	2017年1月15日	31	13000000	6%	66247
本金				利息合计	66247
本息合计					

（银行盖章）

科目（贷）

对方科目（借）

复核:　　记账:　　制单:

第二联 贷方凭证

单据 7-31　银行利息凭证

【业务 7.3.10】

折旧费计提表

使用部门	建筑物	机器设备	运输工具	其他设备	合计（元）
生产车间	7175.00	10445.00	7345.00	1935.00	26900.00
管理部门	3740.00	10445.00	3735.00	2335.00	20255.00
合 计	10915.00	20890.00	11080.00	4270.00	47155.00

单据 7-32　折旧费计提表

【业务 7.3.11】

中国工商银行
转账支票存根
30909420
20617333

附加信息

出票日期 2017 年 01 月 21 日

收款人：金陵方为机电设备有限公司

金 额：¥5265.00

用 途：维修费用

单位主管 张丽 会计 张雯

单据 7-33 转账支票存根

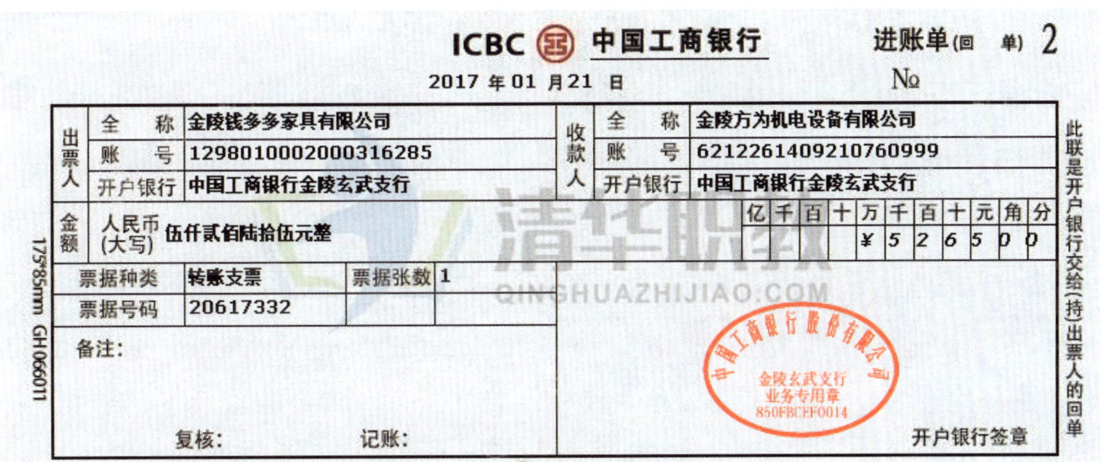

ICBC 中国工商银行 进账单（回 单） 2

2017 年 01 月 21 日 №

出票人			收款人		
	全 称	金陵钱多多家具有限公司		全 称	金陵方为机电设备有限公司
	账 号	129801000200316285		账 号	6212261409210760999
	开户银行	中国工商银行金陵玄武支行		开户银行	中国工商银行金陵玄武支行
金额	人民币（大写）	伍仟贰佰陆拾伍元整		亿千百十万千百十元角分	¥ 5 2 6 5 0 0
票据种类	转账支票	票据张数	1		
票据号码	20617332				
备注：					开户银行签章
复核：		记账：			

此联是开户银行交给（持）出票人的回单

175*85mm GH066011

单据 7-34 银行进账单

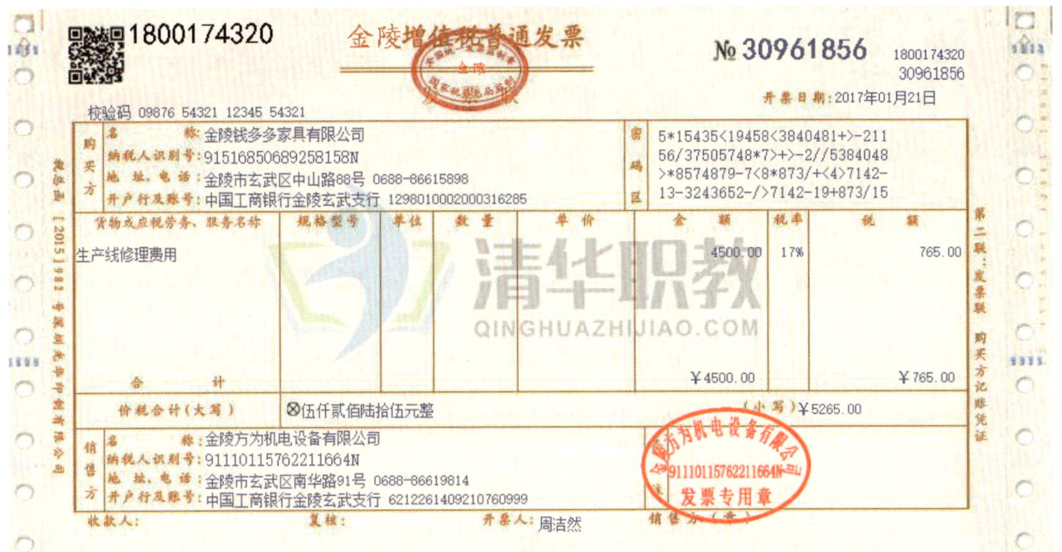

金陵增值税普通发票

1800174320　№ 30961856　1800174320　30961856

开票日期：2017年01月21日

校验码 09876 54321 12345 54321

购买方	名　　称：金陵钱多多家具有限公司 纳税人识别号：91516850689258158N 地 址、电 话：金陵市玄武区中山路88号 0688-86615898 开户行及账号：中国工商银行金陵玄武支行 1298010002000316285	密码区	5*15435<19458<3840481+>-211 56/37505748*7>+>-2//5384048 >*8574879-7<8*873/+<4>7142- 13-3243652-/>7142-19+873/15

货物或应税劳务、服务名称	规格型号	单位	数量	单价	金额	税率	税额
生产线修理费用					4500.00	17%	765.00
合　计					¥4500.00		¥765.00
价税合计（大写）	⊗伍仟贰佰陆拾伍元整				（小写）¥5265.00		

销售方	名　　称：金陵方为机电设备有限公司 纳税人识别号：911101157622116664N 地 址、电 话：金陵市玄武区南华路91号 0688-86619814 开户行及账号：中国工商银行金陵玄武支行 6212261409210760999	备注	

收款人：　复核：　开票人：周洁然　销售方：（章）

单据 7-35　增值税普通发票

【业务 7.3.12】

制造费用分配表

分配对象	分配标准（生产工时）	分配率	分配金额（元）
办公桌	8700	1.95	16965.00
办公椅	3350	1.95	6532.50
合 计	12050	1.95	23497.50

单据 7-36　制造费用分配表

【业务 7.3.13】

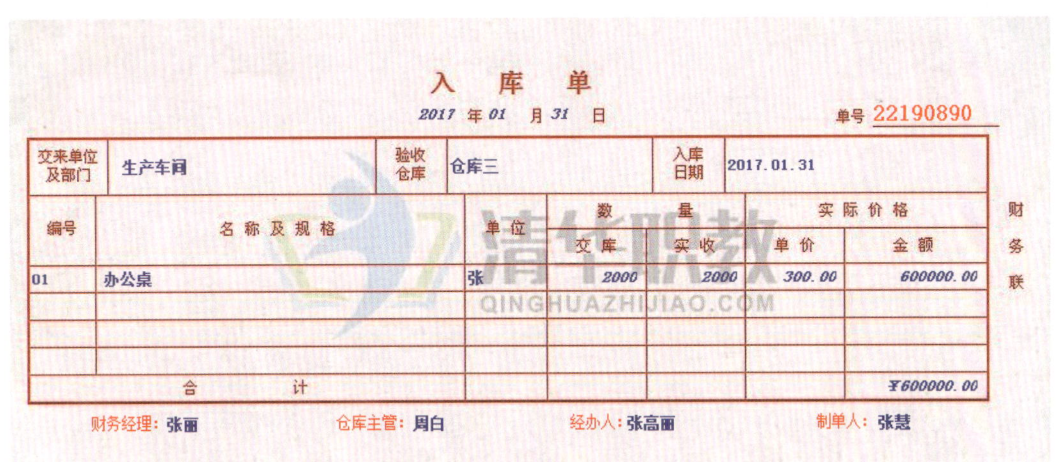

入　库　单

2017 年 01 月 31 日　单号 22190890

交来单位及部门	生产车间	验收仓库	仓库三	入库日期	2017.01.31	
编号	名称及规格	单位	数量 交库	数量 实收	实际价格 单价	实际价格 金额
01	办公桌	张	2000	2000	300.00	600000.00
合　计						¥600000.00

财务联

财务经理：张丽　仓库主管：周白　经办人：张高丽　制单人：张慧

单据 7-37　入库单

【业务 7.3.14】

入　库　单

2017 年 01 月 31 日　　　　单号 22190891

交来单位及部门	生产车间	验收仓库	仓库四	入库日期	2017.01.31	
编号	名称及规格	单位	数量		实际价格	
			交库	实收	单价	金额
02	办公椅	把	800	800	100.00	80000.00
合计						¥80000.00

财务经理：张丽　　仓库主管：周白　　经办人：张高丽　　制单人：张慧

财务联

单据 7-38　入库单

任务 7.4　工业企业销售过程的核算

【业务 7.4.1】

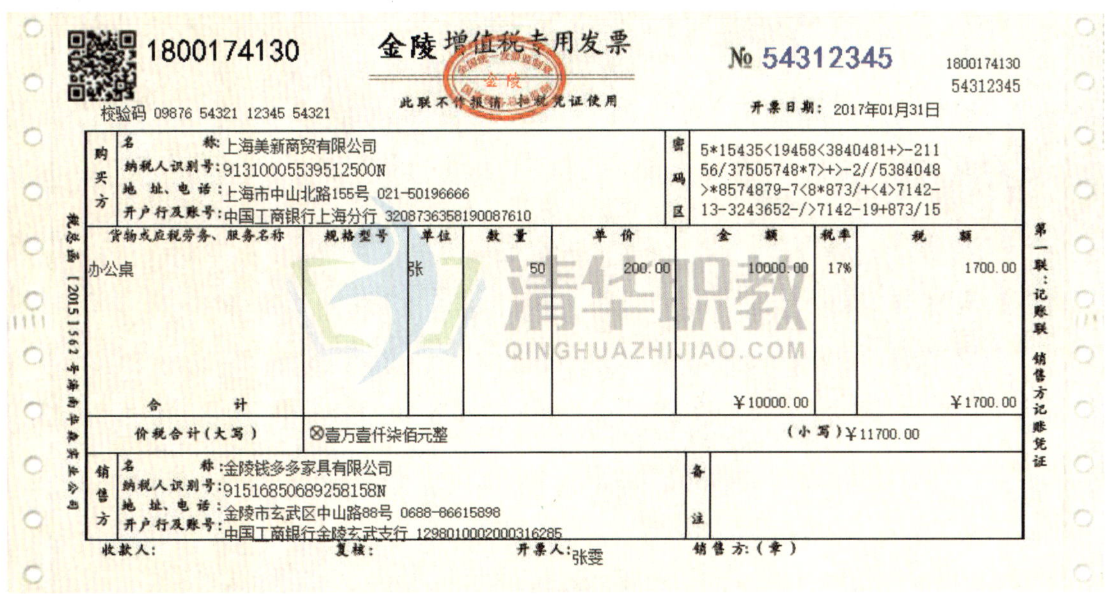

1800174130　　**金陵增值税专用发票**　　№ 54312345

1800174130
54312345

此联不作报销、扣税凭证使用

校验码 09876 54321 12345 54321　　开票日期：2017年01月31日

购买方	名称：上海美新商贸有限公司 纳税人识别号：91310005539512500N 地址、电话：上海市中山北路155号 021-50196666 开户行及账号：中国工商银行上海分行 3208736358190087610					密码区	5*15435<19458<3840481+>-211 56/37505748*7>+>-2//5384048 >*8574879-7<8*873/+<4>7142- 13-3243652-/>7142-19+873/15	
货物或应税劳务、服务名称	规格型号	单位	数量	单价	金额		税率	税额
办公桌		张	50	200.00	10000.00		17%	1700.00
合计					¥10000.00			¥1700.00
价税合计（大写）	⊗壹万壹仟柒佰元整				（小写）¥11700.00			
销售方	名称：金陵钱多多家具有限公司 纳税人识别号：91516850689258158N 地址、电话：金陵市玄武区中山路88号 0688-86615898 开户行及账号：中国工商银行金陵玄武支行 1298010002000316285					备注		

收款人：　　复核：　　开票人：张雯　　销售方：（章）

税总函［2015］562号海南华森实业公司

第一联：记账联　销售方记账凭证

单据 7-39　增值税专用发票（记账联）

出　库　单

出货单位：金陵钱多多家具有限公司　　2017 年 01 月 31 日　　单号：02875422

提货单位或领货部门	上海美新商贸有限公司	销售单号	54402345	发出仓库	仓库三	出库日期	2017年01月31日
编号	名称及规格	单位	数量 应发	数量 实发	单价	金额	备注
01	办公桌	张	50	50			
合计			50	50			

会计联

部门经理：周白　　会计：张雯　　仓库：周白　　经办人：张慧

单据 7-40　出库单（会计联）

【业务 7.4.2】

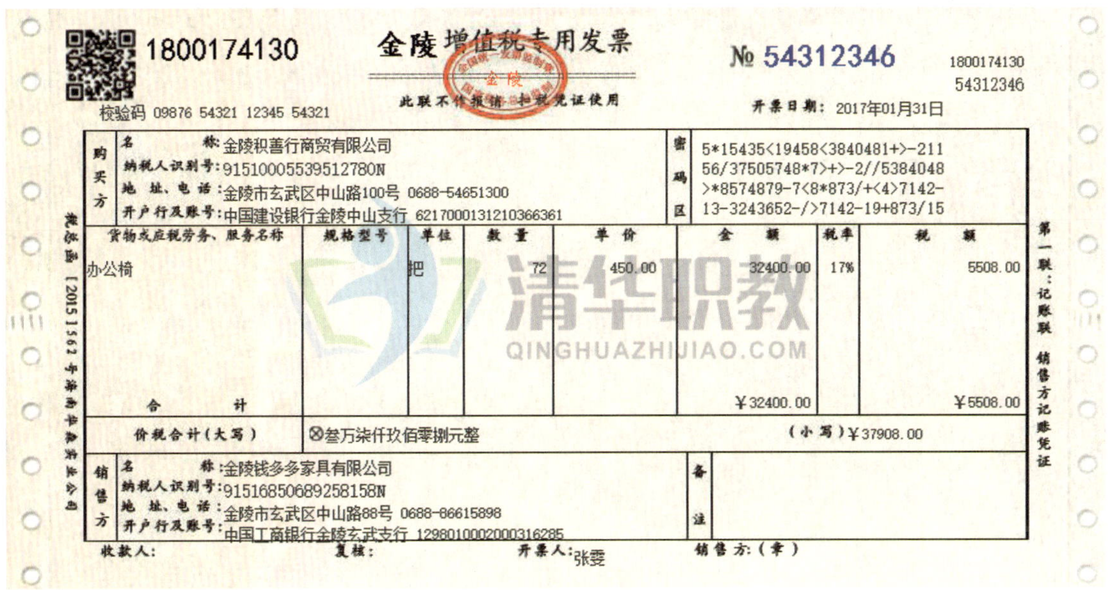

1800174130　　金陵增值税专用发票　　№ 54312346　　1800174130　54312346

此联不作报销、扣税凭证使用　　开票日期：2017年01月31日

校验码 09876 54321 12345 54321

购买方	名称：金陵积善行商贸有限公司 纳税人识别号：91510005539512780N 地址、电话：金陵市玄武区中山路100号 0688-54651300 开户行及账号：中国建设银行金陵中山支行 6217000131210366361	密码区	5*15435<19458<3840481+>-211 56/37505748*7>+>-2//5384048 >*8574879-7<8*873/+<4>7142- 13-3243652-/>7142-19+873/15

货物或应税劳务、服务名称	规格型号	单位	数量	单价	金额	税率	税额
办公椅		把	72	450.00	32400.00	17%	5508.00
合计					¥32400.00		¥5508.00
价税合计（大写）	⊗叁万柒仟玖佰零捌元整				（小写）¥37908.00		

销售方	名称：金陵钱多多家具有限公司 纳税人识别号：91516850689258158N 地址、电话：金陵市玄武区中山路88号 0688-86615898 开户行及账号：中国工商银行金陵玄武支行 1298010002000316285	备注	

收款人：　　复核：　　开票人：张雯　　销售方：（章）

第一联：记账联　销售方记账凭证

单据 7-41　增值税专用发票（记账联）

出　库　单

出货单位：金陵钱多多家具有限公司　　2017 年 01 月 31 日　　单号：02875423

提货单位或领货部门	金陵积善行商贸有限公司	销售单号	54402346		发出仓库	仓库四	出库日期	2017.01.31
编号	名称及规格	单位	数量		单价	金额	备注	
			应发	实发				
02	办公椅	把	720	720				
合计			720	720				

部门经理：周白　　会计：张雯　　仓库：周白　　经办人：张慧

会计联

单据 7-42　出库单

ICBC 中国工商银行　　进账单（收账通知）3

2017 年 01 月 31 日　　№

出票人	全　称	金陵积善行商贸有限公司	收款人	全　称	金陵钱多多家具有限公司
	账　号	6217000131210366361		账　号	129801000200316285
	开户银行	中国建设银行金陵中山支行		开户银行	中国工商银行金陵玄武支行
金额	人民币（大写）	叁万柒仟玖佰零捌元整		亿千百十万千百十元角分	¥3790800
票据种类	转账支票	票据张数	1		
票据号码					
备注：				收款人开户银行签章	
复核：	记账：				

中国工商银行股份有限公司 金陵玄武支行 业务专用章 850FBCEF0014

此联是收款人开户银行交给收款人的收账通知

175*85mm GH066011

单据 7-43　银行进账单

【业务 7.4.3】

消费税计算表

项　目	数　值
销售单价（元/条）	80.00
定额税率（元/箱）	150.00
比例税率（%）	56%（甲类卷烟）
销售数量（箱）	30
不含税销售额（元）	600000.00
应纳消费税额（元）	340500.00

单据 7-44　消费税计算表

【业务 7.4.4】

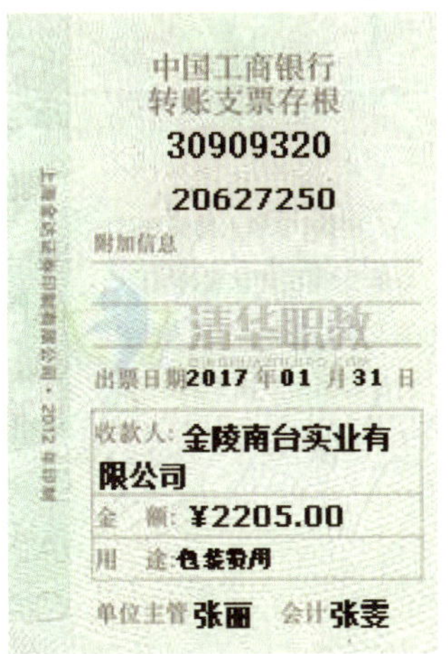

中国工商银行
转账支票存根

30909320

20627250

附加信息

出票日期 2017 年 01 月 31 日

收款人：金陵商台实业有限公司

金 额：¥2205.00

用 途：包装费用

单位主管 张丽 会计 张雯

单据 7-45 转账支票存根

ICBC 中国工商银行 进账单（回 单） 2

2017 年 01 月 31 日 №

出票人	全 称	金陵钱多多家具有限公司	收款人	全 称	金陵商台实业有限公司
	账 号	1298010002000316285		账 号	6222023803013298857
	开户银行	中国工商银行金陵玄武支行		开户银行	中国工商银行金陵中山支行
金额	人民币（大写）	贰仟贰佰零伍元整		亿千百十万千百十元角分	¥ 2 2 0 5 0 0
票据种类	转账支票	票据张数	1		
票据号码	20627250				
备注：					
复核：	记账：			开户银行签章	

175*85mm GH066011

此联是开户银行交给（持）出票人的回单

单据 7-46 银行进账单

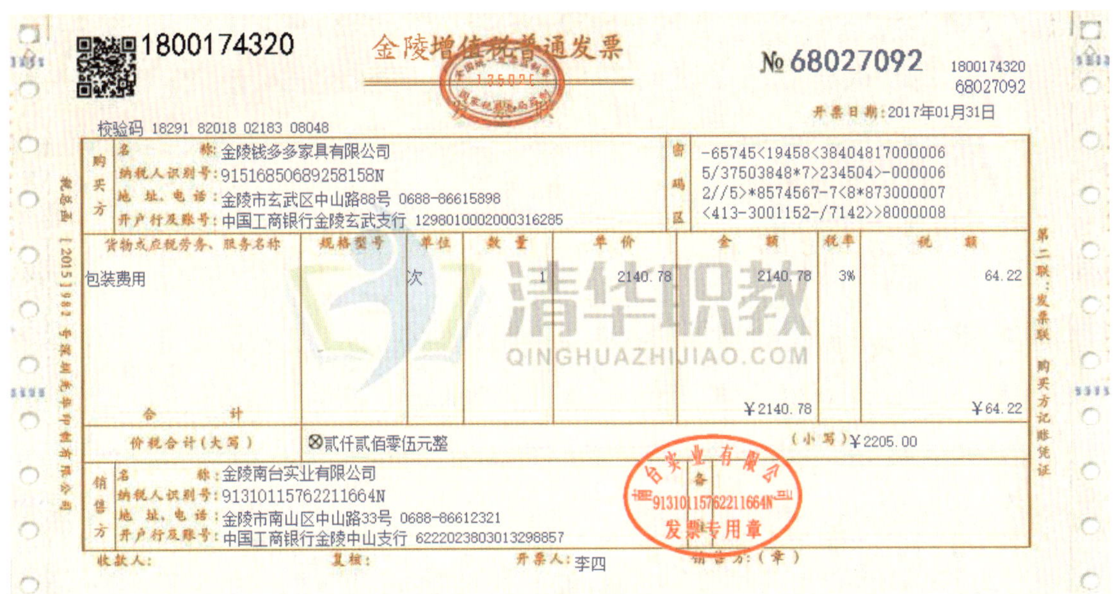

1800174320

金陵增值税普通发票

№ 68027092　1800174320　68027092

开票日期：2017年01月31日

校验码 18291 82018 02183 08048

购买方	名　　称：金陵钱多多家具有限公司 纳税人识别号：91516850689258158N 地 址、电 话：金陵市玄武区中山路88号 0688-86615898 开户行及账号：中国工商银行金陵玄武支行 1298010002000316285	密码区	-65745<19458<38404817000006 5/37503848*7>234504>-000006 2//5>*8574567-7<8*873000007 <413-3001152-/7142>>8000008

货物或应税劳务、服务名称	规格型号	单位	数量	单价	金额	税率	税额
包装费用		次	1	2140.78	2140.78	3%	64.22
合计					¥2140.78		¥64.22
价税合计（大写）	⊗贰仟贰佰零伍元整				（小写）¥2205.00		

销售方	名　　称：金陵南台实业有限公司 纳税人识别号：91310115762211664N 地 址、电 话：金陵市南山区中山路33号 0688-86612321 开户行及账号：中国工商银行金陵中山支行 6222023803013298857	备注	

收款人：　　复核：　　开票人：李四　　销售方：（章）

单据 7-47　增值税普通发票

【业务 7.4.6】

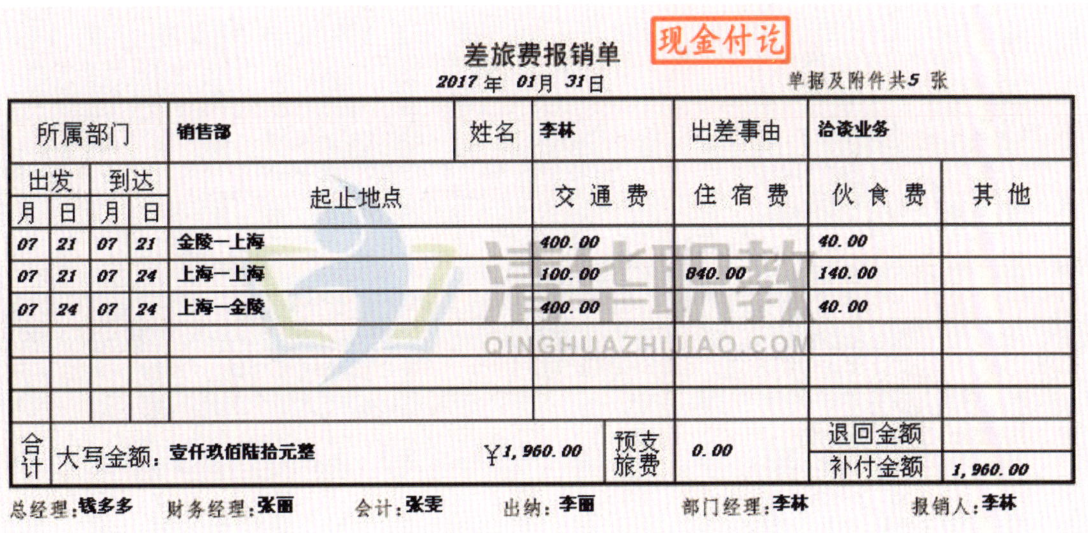

差旅费报销单　现金付讫

2017 年 01月 31日　　单据及附件共5 张

所属部门				销售部	姓名	李林	出差事由	洽谈业务
出发		到达		起止地点	交通费	住宿费	伙食费	其他
月	日	月	日					
07	21	07	21	金陵—上海	400.00		40.00	
07	21	07	24	上海—上海	100.00	840.00	140.00	
07	24	07	24	上海—金陵	400.00		40.00	
合计	大写金额：壹仟玖佰陆拾元整			¥1,960.00	预支旅费	0.00	退回金额	
							补付金额	1,960.00

总经理：钱多多　财务经理：张丽　会计：张雯　出纳：李丽　部门经理：李林　报销人：李林

单据 7-48　差旅费报销单

任务 7.5　工业企业财务成果的核算

【业务 7.5.1】

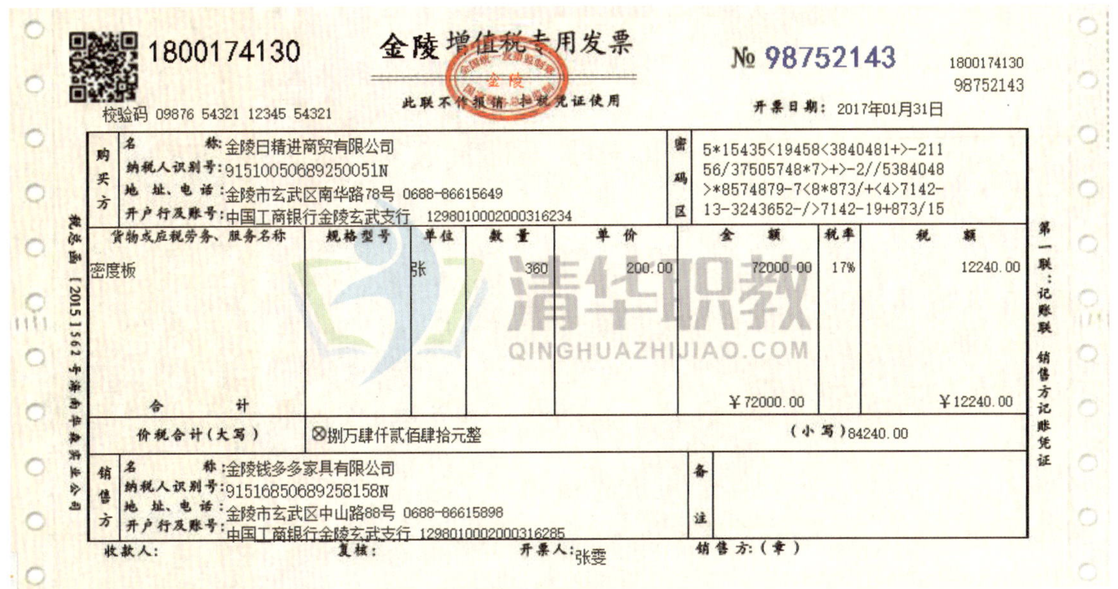

1800174130　金陵增值税专用发票　№ 98752143

1800174130
98752143

此联不作报销、扣税凭证使用　　开票日期：2017年01月31日

校验码 09876 54321 12345 54321

购买方	名称：金陵日精进商贸有限公司 纳税人识别号：91510050689250051N 地址、电话：金陵市玄武区南华路78号 0688-86615649 开户行及账号：中国工商银行金陵玄武支行 1298010002000316234				密码区	5*15435<19458<3840481+>-211 56/37505748*7>+>-2//5384048 >*8574879-7<8*873/+<4>7142- 13-3243652-/>7142-19+873/15		
货物或应税劳务、服务名称	规格型号	单位	数量	单价	金额	税率	税额	
密度板		张	360	200.00	72000.00	17%	12240.00	
合计					￥72000.00		￥12240.00	
价税合计（大写）	⊗捌万肆仟贰佰肆拾元整				（小写）84240.00			
销售方	名称：金陵钱多多家具有限公司 纳税人识别号：91516850689258158N 地址、电话：金陵市玄武区中山路88号 0688-86615898 开户行及账号：中国工商银行金陵玄武支行 1298010002000316285				备注			

收款人：　复核：　开票人：张雯　销售方：（章）

第一联：记账联　销售方记账凭证

单据 7-49　增值税专用发票

出　库　单

出货单位：金陵钱多多家具有限公司　　2017 年 01 月 31 日　　单号：06515851

提货单位或领货部门	金陵日精进商贸有限公司	销售单号	98762143		发出仓库	第三仓库	出库日期	2017.01.31
编号	名称及规格	单位	数量 应发	数量 实发	单价	金额		备注
03	密度板	张	360	360				
合计			360	360				

部门经理：周白　会计：张雯　仓库：周白　经办人：张慧

会计联

单据 7-50　出库单

ICBC 中国工商银行　　进账单（收账通知）3

2017 年 01 月 31 日　　№

<table>
<tr><td rowspan="3">出票人</td><td>全　称</td><td>金陵日精进商贸有限公司</td><td rowspan="3">收款人</td><td>全　称</td><td>金陵钱多多家具有限公司</td></tr>
<tr><td>账　号</td><td>1298010002000316234</td><td>账　号</td><td>1298010002000316285</td></tr>
<tr><td>开户银行</td><td>中国工商银行金陵玄武支行</td><td>开户银行</td><td>中国工商银行金陵玄武支行</td></tr>
<tr><td>金额</td><td colspan="4">人民币（大写）捌万肆仟贰佰肆拾元整</td><td>亿 千 百 十 万 千 百 十 元 角 分
¥ 8 4 2 4 0 0 0</td></tr>
<tr><td colspan="2">票据种类</td><td>转账支票　票据张数 1</td><td colspan="3" rowspan="3">中国工商银行股份有限公司 金陵玄武支行 业务专用章 850FBCEF0014
收款人开户银行签章</td></tr>
<tr><td colspan="2">票据号码</td><td></td></tr>
<tr><td colspan="3">备注：
复核：　　记账：</td></tr>
</table>

175*85mm GH066011

此联是收款人开户银行交给收款人的收账通知

单据 7-51　银行进账单

【业务 7.5.3】

结转设备处置净损益计算表

设备名称	精密双数显车床
处置日期	2017-01-31
原始价值（元）	200000.00
已提折旧（元）	100000.00
账面净值（元）	100000.00
出售收入（元）	120000.00
处置费用（元）	9000.00
处置净损益（元）	11000.00

单据 7-52　结转设备处置净损益计算表

【业务 7.5.4】

所得税计算表

项　目	数　值
利润总额（元）	1827439.40
所得税税率（%）	25
所得税费用（元）	456859.85

单据 7-53　所得税计算表

【业务 7.5.5】

2017年1月损益类科目余额表

科目名称	本期借方发生额	本期贷方发生额	本年累计借方发生额	本年累计贷方发生额
主营业务收入		691400.00		
其他业务收入		91470.00		
营业外收入		13190.00		
主营业务成本	527600.00			
其他业务成本	58710.00			
税金及附加	31165.00			
管理费用	100735.00			
营业外支出	17760.00			

制表人：

单据 7-54　损益类科目余额表

【业务 7.5.7】

股东会决议

金陵钱多多家具有限公司全体股东于2017年1月31日在公司会议室召开定期股东会议。本次股东会议已按《公司法》及公司章程的规定通知全体股东参加。

本次股东会议的召集与召开程序、出席会议人员资格及表决程序符合《公司法》及公司章程的有关规定。

本次会议就利润分配事宜以投票方式一致同意如下决议：决定用可供分配的利润向全体股东派发红利，共计1240000.00元，按章程约定的比例分配。

金陵钱多多家具有限公司

2017年1月31日

单据 7-55　股东会决议

任务 7.6 工业企业资金调整和退出的核算

【业务 7.6.1】

中国工商银行
转账支票存根
30909320
20627260
附加信息
出票日期 2017 年 01 月 31 日
收款人：金陵钱多多家具有限公司
金 额：¥160000.00
用 途：归还本金
单位主管 张丽 会计 张雯

单据 7-56 转账支票存根

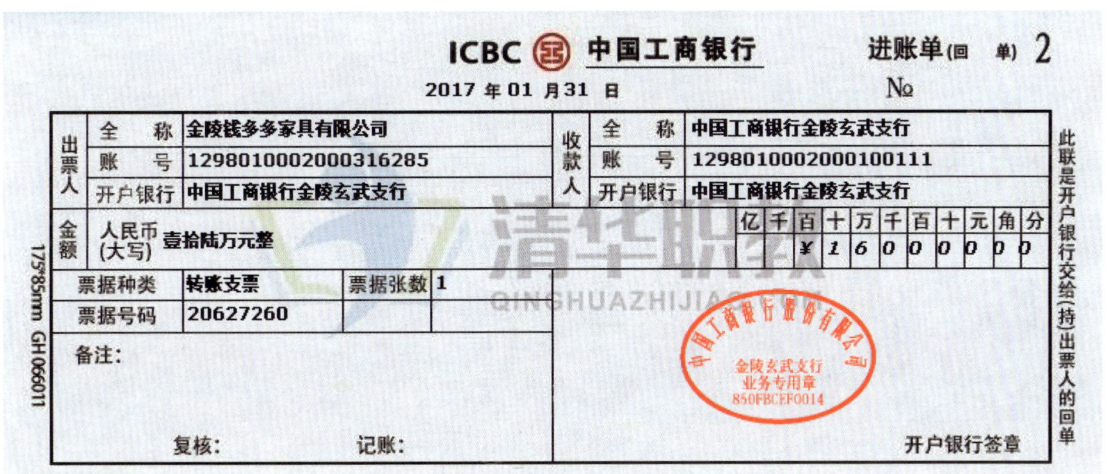
ICBC 中国工商银行 进账单（回 单） 2

2017 年 01 月 31 日 №

出票人	全 称	金陵钱多多家具有限公司	收款人	全 称	中国工商银行金陵玄武支行
	账 号	1298010002000316285		账 号	1298010002000100111
	开户银行	中国工商银行金陵玄武支行		开户银行	中国工商银行金陵玄武支行
金额	人民币（大写）	壹拾陆万元整		亿千百十万千百十元角分	¥16000000
票据种类	转账支票	票据张数	1		
票据号码	20627260				
备注：				开户银行签章	

复核： 记账：

此联是开户银行交给（持）出票人的回单

单据 7-57 银行进账单

【业务 7.6.2】

固定资产报废单

2017年01月31日　　　　凭证编号:037

固定资产名称及编号	规格型号	单位	数量	购买日期	已计提折旧月数	原始价值	已提折旧	备注
刨床	ZP981	台	1			449800.00	421800.00	
固定资产状况及报废原因	出售							
处理意见	使用部门		技术鉴定小组		固定资产管理部门		主管部门审批	

审核:　　　　制单:

单据 7-58　固定资产报废单

【业务 7.6.3】

ICBC 中国工商银行　　进账单（收账通知）3

2017 年 01 月 31 日　　№

出票人	全称	金陵佳佳机械设备有限公司	收款人	全称	金陵钱多多家具有限公司
	账号	1408736877823412723		账号	1298010002000316285
	开户银行	中国工商银行金陵上地支行		开户银行	中国工商银行金陵玄武支行
金额	人民币（大写）	贰万捌仟元整		亿千百十万千百十元角分	¥2800000
票据种类	转账支票	票据张数	1		
票据号码					

备注:

复核:　　记账:　　收款人开户银行签章

此联是收款人开户银行交给收款人的收账通知

175*85mm GH066011

单据 7-59　银行进账单

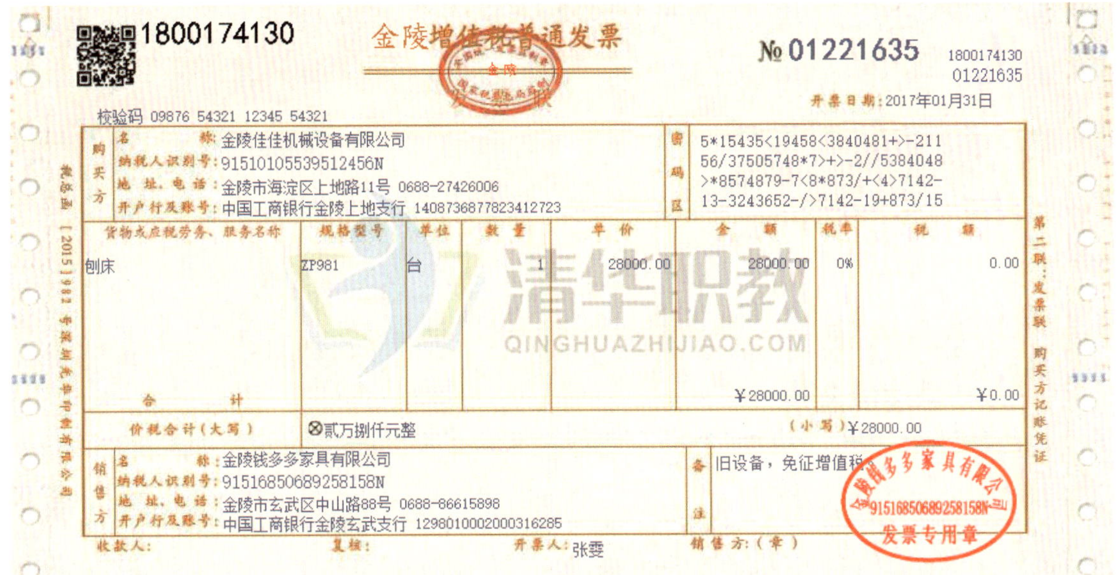

1800174130

金陵增值税普通发票

№01221635　1800174130　01221635

开票日期：2017年01月31日

校验码 09876 54321 12345 54321

购买方	名　　称：金陵佳佳机械设备有限公司 纳税人识别号：91510105539512456N 地址、电话：金陵市海淀区上地路11号 0688-27426006 开户行及账号：中国工商银行金陵上地支行 1408736877823412723	密码区	5*15435<19458<3840481+>-211 56/37505748*7>+>-2//5384048 >*8574879-7<8*873/+<4>7142- 13-3243652-/>7142-19+873/15

货物或应税劳务、服务名称	规格型号	单位	数量	单价	金额	税率	税额
刨床	ZP981	台	1	28000.00	28000.00	0%	0.00
合　计					￥28000.00		￥0.00
价税合计（大写）	⊗贰万捌仟元整				（小写）￥28000.00		

销售方	名　　称：金陵钱多多家具有限公司 纳税人识别号：91516850689258158N 地址、电话：金陵市玄武区中山路88号 0688-86615898 开户行及账号：中国工商银行金陵玄武支行 1298010002000316285	备注	旧设备，免征增值税

收款人：　复核：　开票人：张雯　销售方：（章）

第二联：发票联　购买方记账凭证

单据 7-60　增值税普通发票

【业务 7.6.4】

固定资产折旧汇总表

固定资产类别	原值	折旧年限	年折旧额	固定资产净值
万能外园磨床	430000.00		200000.00	230000.00

制表人：

单据 7-61　固定资产折旧汇总表

【业务 7.6.5】

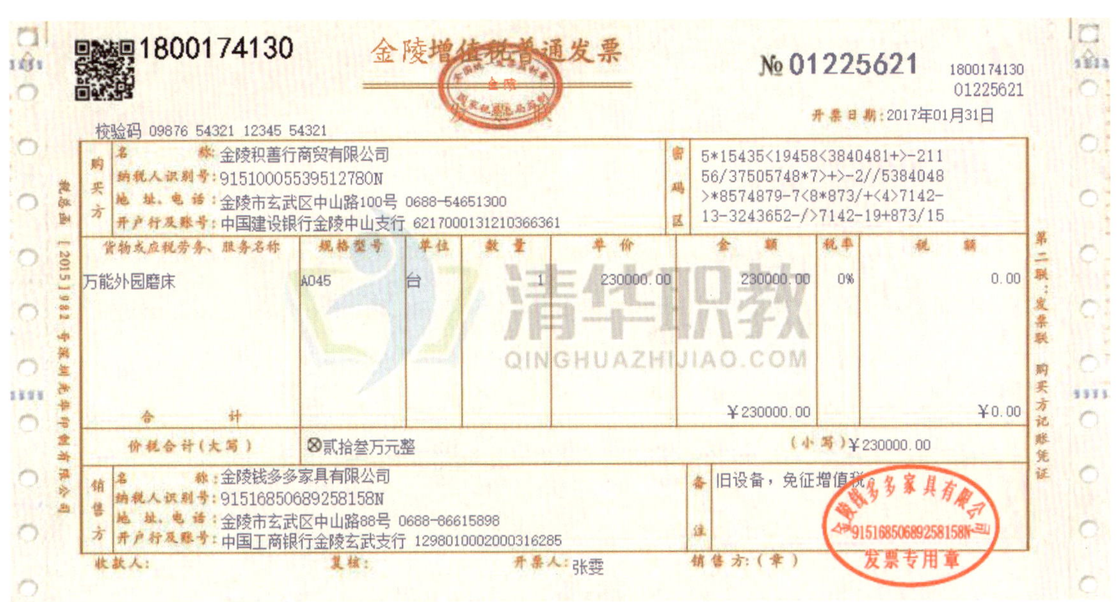
1800174130 金陵增值税普通发票 №01225621

1800174130
01225621

开票日期：2017年01月31日

校验码 09876 54321 12345 54321

购买方	名称：金陵积善行商贸有限公司 纳税人识别号：91510005539512780N 地址、电话：金陵市玄武区中山路100号 0688-54651300 开户行及账号：中国建设银行金陵中山支行 6217000131210366361			密码区	5*15435<19458<3840481+>-211 56/37505748*7>+>-2//5384048 >*8574879-7<8*873/+<4>7142- 13-3243652-/>7142-19+873/15		
货物或应税劳务、服务名称	规格型号	单位	数量	单价	金额	税率	税额
万能外园磨床	A045	台	1	230000.00	230000.00	0%	0.00
合计					¥230000.00		¥0.00
价税合计（大写）	⊗贰拾叁万元整				（小写）¥230000.00		
销售方	名称：金陵钱多多家具有限公司 纳税人识别号：91516850689258158N 地址、电话：金陵市玄武区中山路88号 0688-66615898 开户行及账号：中国工商银行金陵玄武支行 1298010002000316285			备注	旧设备，免征增值税		

收款人：　复核：　开票人：张雯　销售方：（章）

单据 7-62　增值税普通发票

投资协议

甲方：金陵钱多多家具有限公司

乙方：金陵积善行商贸有限公司

甲、乙双方经友好协商，本着利益共享的原则，根据中华人民共和国有关法律、法规的规定，就乙方投资甲方事宜达成如下协议。

第一条　乙方自愿以实物方式投资23万元到甲方。

第二条　乙方投资后占甲方注册资本的5%。

第三条　凡因执行本合同所发生的或与本合同有关的一切争议，双方应通过友好协商解决，如果协商不能解决，应提交仲裁委员会仲裁。仲裁裁决是终局，对双方都有约束力。

第四条　本合同投资各方各一份，共两份。自投资各方签字之日起生效。

甲方：金陵钱多多家具有限公司　　乙方：金陵积善行商贸有限公司

法人代表：钱多多　　法人代表（签字）：王源

签约日期：2017年01月31日

单据 7-63　投资协议

【业务 7.6.6】

现金付讫

报销单

填报日期：2017年01 月31 日　　　　单据及附件共 1 张

姓名	陈华	所属部门	行政部	报销形式	现金	
				支票号码		
报销项目		摘要		金额		备注：
医药用品		报销医药用品费用		1841.00		
合计				￥1841.00		
金额大写：零拾零万壹仟捌佰肆拾壹元零角零分				原借款：0元	应退(补)款：1841.00元	

单据 7-64　报销单

项目 8

商业企业会计核算

任务 8.1　商业企业批发商品购进核算

【业务 8.1.1】

中国工商银行
转账支票存根
30909320
20628260
附加信息
出票日期 2017 年 09 月 27 日
收款人：金陵易能达商贸有限公司
金　额：¥28665.00
用　途：购进商品
单位主管　　会计

单据 8-1　转账支票存根

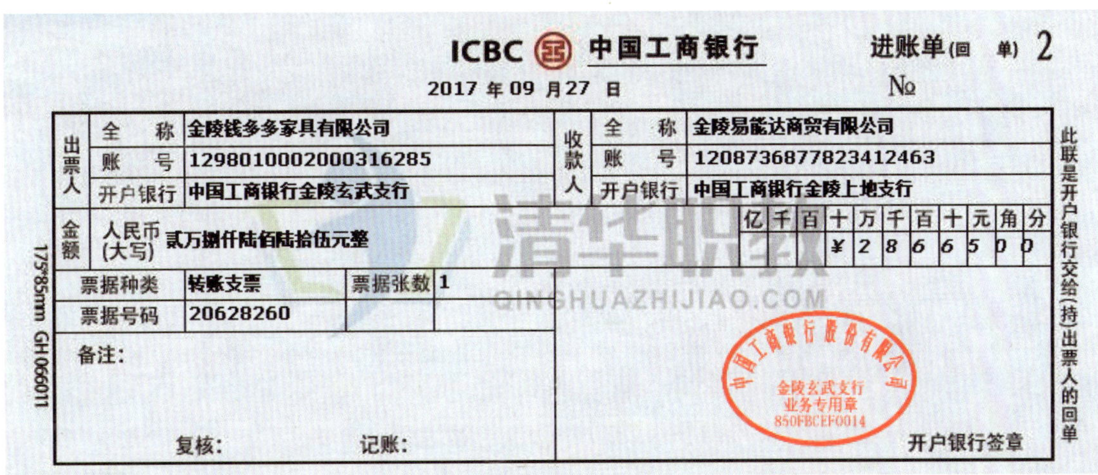

ICBC 中国工商银行　进账单（回　单）2
2017 年 09 月 27 日　№

出票人	全　称	金陵钱多多家具有限公司	收款人	全　称	金陵易能达商贸有限公司
	账　号	1298010002000316285		账　号	1208736877823412463
	开户银行	中国工商银行金陵玄武支行		开户银行	中国工商银行金陵上地支行
金额	人民币（大写）	贰万捌仟陆佰陆拾伍元整		亿千百十万千百十元角分	¥2866500
票据种类	转账支票	票据张数	1		
票据号码	20628260				
备注：					开户银行签章
复核：		记账：			

此联是开户银行交给（持）出票人的回单

175*85mm GH066011

单据 8-2　银行进账单

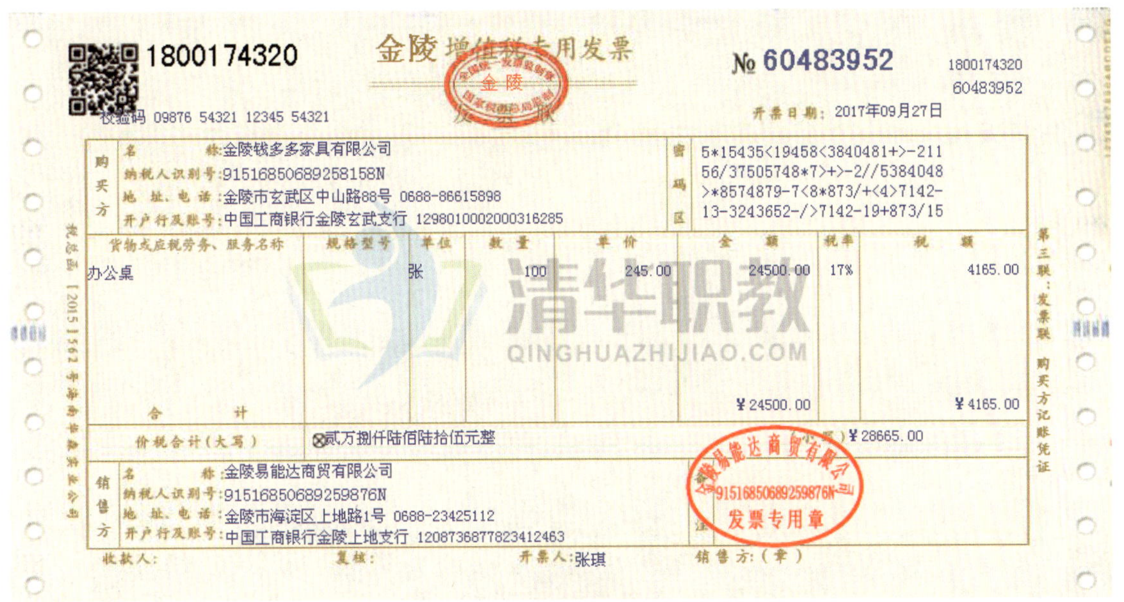

1800174320

金陵增值税专用发票

发票联

№ 60483952

1800174320
60483952

校验码 09876 54321 12345 54321

开票日期：2017年09月27日

购买方	名称：金陵钱多多家具有限公司 纳税人识别号：91516850689258158N 地址、电话：金陵市玄武区中山路88号 0688-86615898 开户行及账号：中国工商银行金陵玄武支行 1298010002000316285				密码区	5*15435<19458<3840481+>-211 56/37505748*7>+>-2//5384048 >*8574879-7<8*873/+<4>7142- 13-3243652-/>7142-19+873/15		
货物或应税劳务、服务名称	规格型号	单位	数量	单价	金额	税率	税额	
办公桌		张	100	245.00	24500.00	17%	4165.00	
合计					¥24500.00		¥4165.00	
价税合计（大写）	⊗贰万捌仟陆佰陆拾伍元整				（小写）¥28665.00			
销售方	名称：金陵易能达商贸有限公司 纳税人识别号：91516850689259876N 地址、电话：金陵市海淀区上地路1号 0688-23425112 开户行及账号：中国工商银行金陵上地支行 1208736877823412463				备注	金陵易能达商贸有限公司 91516850689259876N 发票专用章		

收款人： 复核： 开票人：张琪 销售方：（章）

第三联：发票联 购买方记账凭证

税总函[2015]562号海南华森实业公司

单据 8-3 增值税专用发票

入 库 单

2017 年 09 月 27 日 单号 32583900

交来单位及部门	金陵易能达商贸有限公司	验收仓库	仓库三		入库日期	2017.09.27	
编号	名称及规格	单位	数量		实际价格		财务联
			交库	实收	单价	金额	
01	办公桌	张	100	100	245.00	24500.00	
合计						¥24500.00	

财务经理：张丽 仓库主管：周白 经办人：张高丽 制单人：张慧

单据 8-4 入库单

【业务 8.1.2】

中国工商银行
转账支票存根
30909320
20628263
附加信息
出票日期2017年05月15日
收款人：金陵易能达商贸有限公司
金 额：¥4095.00
用 途：货款
单位主管　　会计

单据 8-5　转账支票存根

ICBC 中国工商银行　　进账单（回　单）2

2017 年 05 月 15 日　　№

出票人	全称	金陵钱多多家具有限公司	收款人 全称	金陵易能达商贸有限公司
	账号	1298010002000316285	账号	1208736877823412463
	开户银行	中国工商银行金陵玄武支行	开户银行	中国工商银行金陵上地支行

金额	人民币（大写）肆仟零玖拾伍元	亿	千	百	十	万	千	百	十	元	角	分
						¥	4	0	9	5	0	0

票据种类	转账支票	票据张数	1
票据号码	20628263		

备注：

复核：　　记账：　　开户银行签章

（印章：中国工商银行股份有限公司 金陵玄武支行 业务专用章 850FBCEF0014）

175*85mm GH066011

此联是开户银行交给（持）出票人的回单

单据 8-6　银行进账单

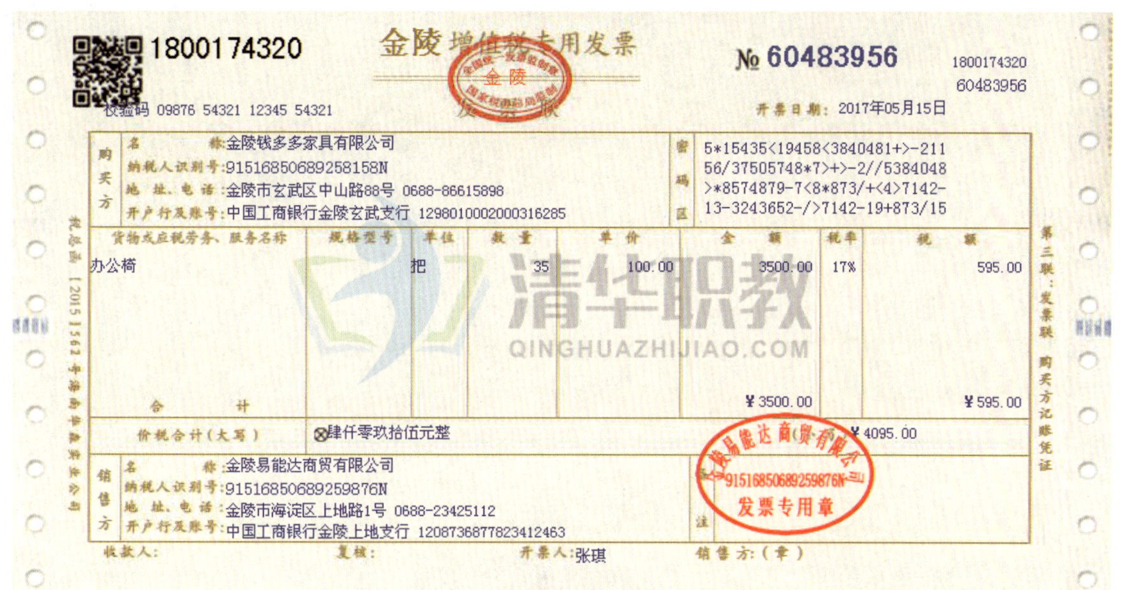

金陵增值税专用发票

1800174320　№ 60483956　1800174320　60483956

校验码 09876 54321 12345 54321　　开票日期：2017年05月15日

购买方	名　　称：金陵钱多多家具有限公司 纳税人识别号：91516850689258158N 地 址、电 话：金陵市玄武区中山路88号 0688-86615898 开户行及账号：中国工商银行金陵玄武支行 1298010002000316285	密码区	5*15435<19458<3840481+>-211 56/37505748*7>+>-2//5384048 >*8574879-7<8*873/+<4>7142- 13-3243652-/>7142-19+873/15

货物或应税劳务、服务名称	规格型号	单位	数量	单价	金额	税率	税额
办公椅		把	35	100.00	3500.00	17%	595.00
合　　计					¥3500.00		¥595.00
价税合计（大写）	⊗肆仟零玖拾伍元整				（小写）¥4095.00		

销售方	名　　称：金陵易能达商贸有限公司 纳税人识别号：91516850689259876N 地 址、电 话：金陵市海淀区上地路1号 0688-23425112 开户行及账号：中国工商银行金陵上地支行 1208736877823412463	备注	金陵易能达商贸有限公司 91516850689259876N 发票专用章

收款人：　　复核：　　开票人：张琪　　销售方：（章）

第三联：发票联　购买方记账凭证

单据 8-7　增值税专用发票

【业务 8.1.3】

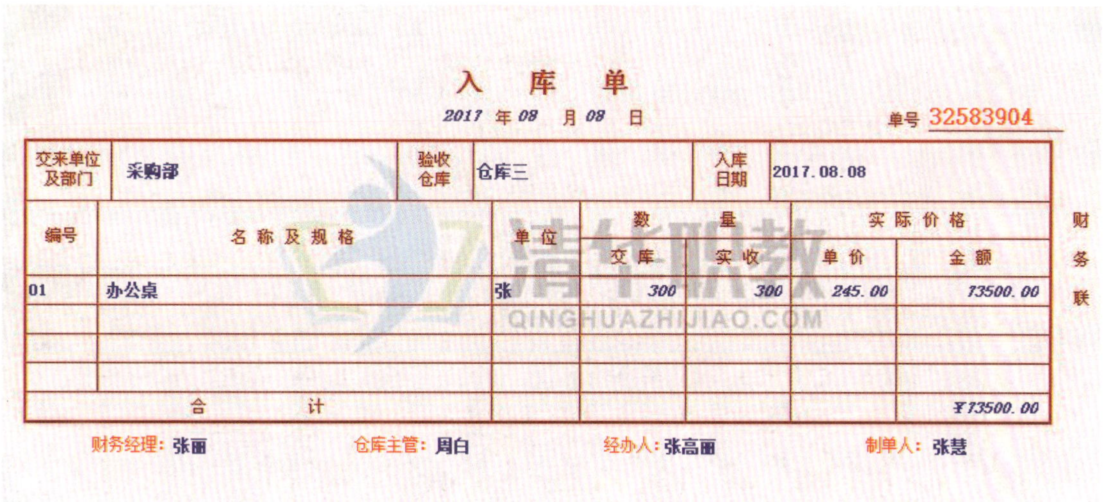

入　库　单

2017 年 08 月 08 日　　单号 32583904

交来单位及部门	采购部	验收仓库	仓库三	入库日期	2017.08.08	
编号	名称及规格	单位	数量		实际价格	
			交库	实收	单价	金额
01	办公桌	张	300	300	245.00	73500.00
	合　　计					¥73500.00

财务经理：张丽　　仓库主管：周白　　经办人：张高丽　　制单人：张慧

财务联

单据 8-8　入库单

【业务 8.1.4】

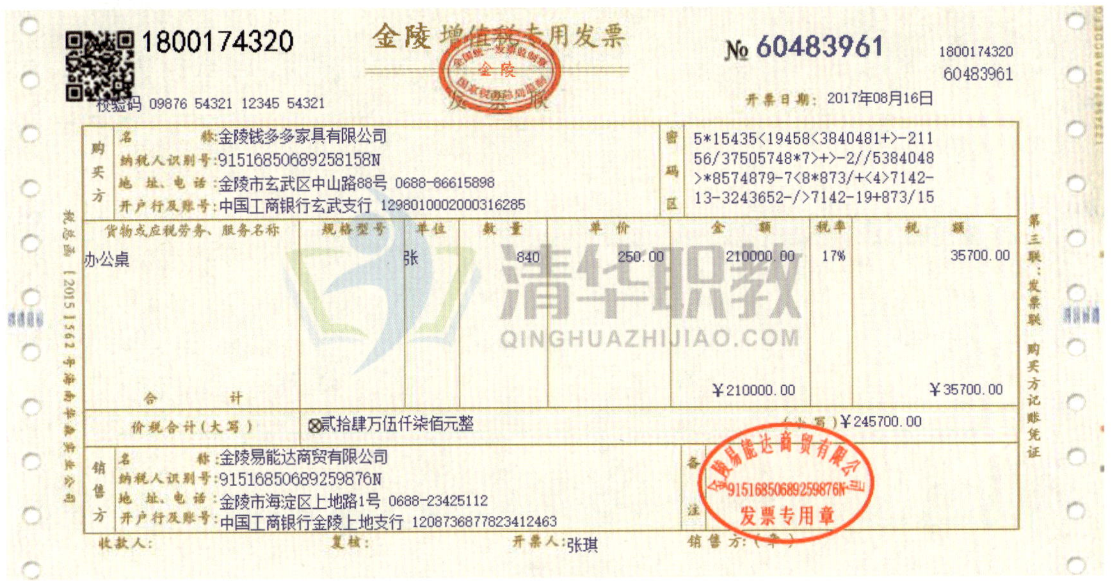
1800174320 金陵增值税专用发票 № 60483961 1800174320 60483961

发票联

校验码 09876 54321 12345 54321 开票日期：2017年08月16日

购买方	名称：金陵钱多多家具有限公司 纳税人识别号：91516850689258158N 地址、电话：金陵市玄武区中山路88号 0688-66615898 开户行及账号：中国工商银行玄武支行 1298010002000316285	密码区	5*15435<19458<3840481+>-211 56/37505748*7>+>-2//5384048 >*8574879-7<8*873/+<4>7142- 13-3243652-/>7142-19+873/15

货物或应税劳务、服务名称	规格型号	单位	数量	单价	金额	税率	税额
办公桌		张	840	250.00	210000.00	17%	35700.00
合计					¥210000.00		¥35700.00
价税合计（大写）	⊗贰拾肆万伍仟柒佰元整				（小写）¥245700.00		

销售方	名称：金陵易能达商贸有限公司 纳税人识别号：91516850689259876N 地址、电话：金陵市海淀区上地路1号 0688-23425112 开户行及账号：中国工商银行金陵上地支行 1208736877823412463	备注	

收款人： 复核： 开票人：张琪 销售方：（章）

第三联：发票联 购买方记账凭证

单据 8-9 增值税专用发票

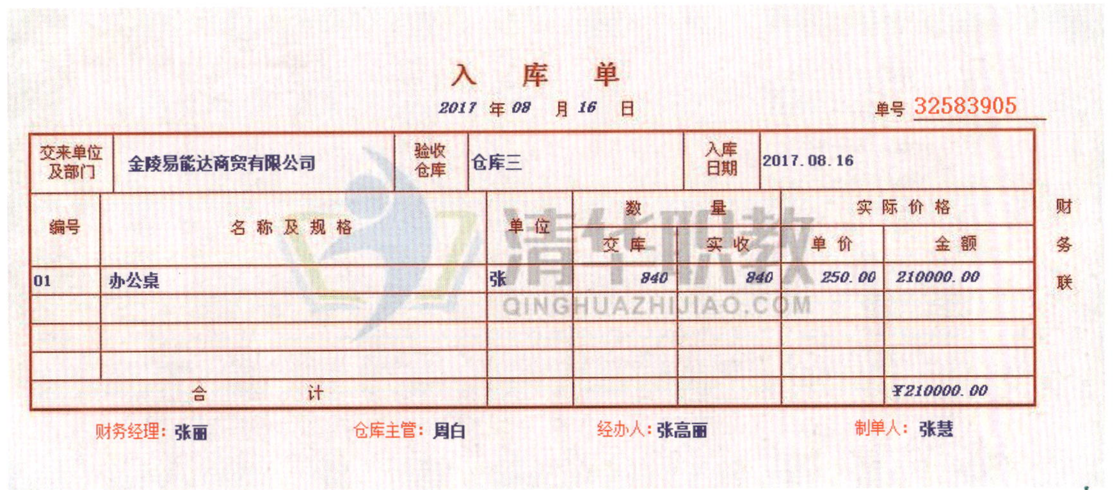
入库单

2017 年 08 月 16 日 单号 32583905

交来单位及部门	金陵易能达商贸有限公司	验收仓库	仓库三	入库日期	2017.08.16	
编号	名称及规格	单位	数量 交库	数量 实收	实际价格 单价	实际价格 金额
01	办公桌	张	840	840	250.00	210000.00
合计						¥210000.00

财务经理：张丽 仓库主管：周白 经办人：张高丽 制单人：张慧

财务联

单据 8-10 入库单

任务 8.2　商业企业批发商品销售核算

【业务 8.2.1】

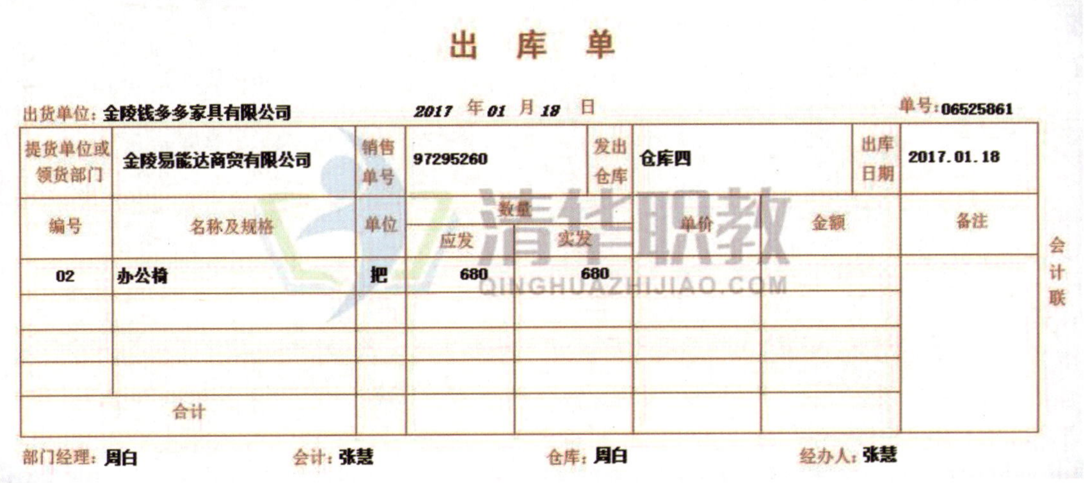

出　库　单

出货单位：金陵钱多多家具有限公司　　　2017 年 01 月 18 日　　　单号：06525861

提货单位或领货部门	金陵易能达商贸有限公司	销售单号	97295260	发出仓库	仓库四	出库日期	2017.01.18

编号	名称及规格	单位	数量 应发	数量 实发	单价	金额	备注
02	办公椅	把	680	680			
合计							

会计联

部门经理：周白　　会计：张慧　　仓库：周白　　经办人：张慧

单据 8-11　出库单

ICBC 中国工商银行　　　进账单（收账通知）3

2017 年 01 月 18 日　　　№

出票人	全　称	金陵易能达商贸有限公司	收款人	全　称	金陵钱多多家具有限公司
	账　号	120873687782341246３		账　号	1298010002000316285
	开户银行	中国工商银行金陵上地支行		开户银行	中国工商银行玄武支行
金额	人民币（大写）	壹拾肆万柒仟壹佰捌拾陆元整		亿千百十万千百十元角分	¥ 1 4 7 1 8 6 0 0
票据种类	转账支票	票据张数	1		
票据号码					
备注：					
复核：　　记账：				收款人开户银行签章	

中国工商银行股份有限公司 金陵玄武支行 业务专用章 850FBCEF0014

此联是收款人开户银行交给收款人的收账通知

175*85mm GH066011

单据 8-12　银行进账单

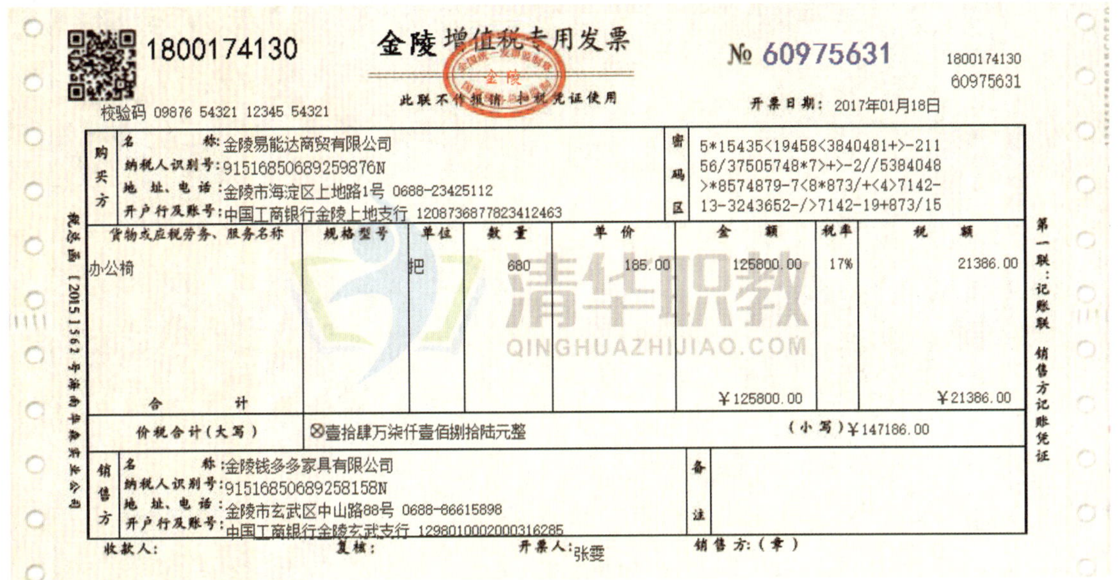

1800174130　　**金陵增值税专用发票**　　№ 60975631　　1800174130　60975631

此联不作报销、扣税凭证使用

校验码 09876 54321 12345 54321　　开票日期：2017年01月18日

购买方	名　　称：金陵易能达商贸有限公司 纳税人识别号：91516850689259876N 地 址、电 话：金陵市海淀区上地路1号 0688-23425112 开户行及账号：中国工商银行金陵上地支行 1208736877823412463	密码区	5*15435<19458<3840481+>-211 56/37505748*7>+>-2//5384048 >*8574879-7<8*873/+<4>7142- 13-3243652-/>7142-19+873/15

货物或应税劳务、服务名称	规格型号	单位	数量	单价	金额	税率	税额
办公椅		把	680	185.00	125800.00	17%	21386.00
合　　计					¥125800.00		¥21386.00
价税合计（大写）	⊗壹拾肆万柒仟壹佰捌拾陆元整				（小写）¥147186.00		

销售方	名　　称：金陵钱多多家具有限公司 纳税人识别号：91516850689258158N 地 址、电 话：金陵市玄武区中山路88号 0688-86615898 开户行及账号：中国工商银行金陵玄武支行 1298010002000316285	备注	

收款人：　　复核：　　开票人：张雯　　销售方：（章）

第一联：记账联　销售方记账凭证

税总函〔2015〕562号海南华森实业公司

单据 8-13　增值税专用发票

【业务 8.2.2】

出　库　单

出货单位：金陵钱多多家具有限公司　　2017 年 01 月 23 日　　单号：06525867

提货单位或领货部门	金陵宏鑫商贸有限公司	销售单号	97295258	发出仓库	仓库四	出库日期	2017.01.23

编号	名称及规格	单位	数量（应发）	数量（实发）	单价	金额	备注
02	办公椅	把	100	100			
合计							

部门经理：周白　　会计：张雯　　仓库：周白　　经办人：张慧

会计联

单据 8-14　出库单

【业务 8.2.3】

中国工商银行
转账支票存根
30909320
20629260
附加信息
出票日期 2017 年 07 月 26 日
收款人：宏源货运有限公司
金　额：¥1670.00
用　途：代垫运费
单位主管　　会计

单据 8-15　转账支票存根

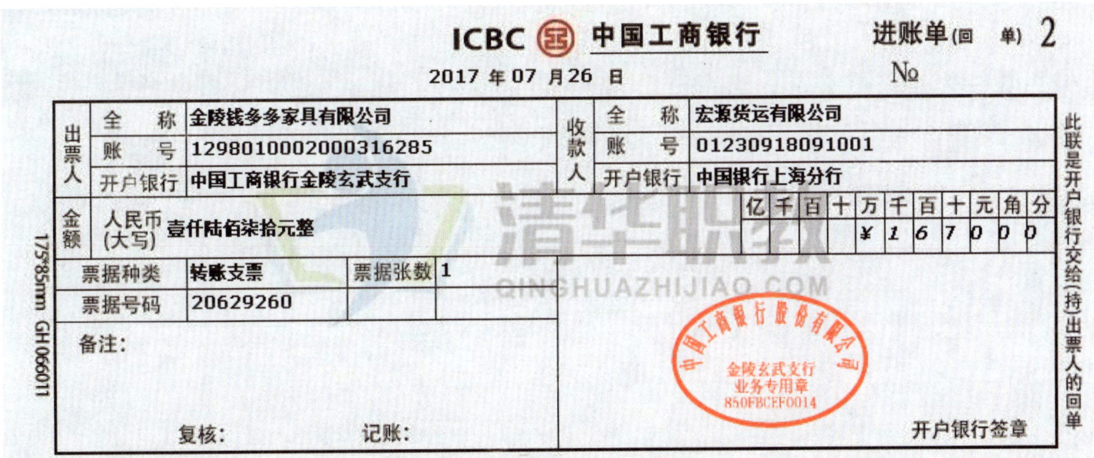

ICBC 中国工商银行　进账单（回　单）2

2017 年 07 月 26 日　№

出票人	全　称	金陵钱多多家具有限公司	收款人	全　称	宏源货运有限公司
	账　号	1298010002000316285		账　号	01230918091001
	开户银行	中国工商银行金陵玄武支行		开户银行	中国银行上海分行
金额	人民币（大写）	壹仟陆佰柒拾元整		亿千百十万千百十元角分	¥167000
票据种类	转账支票	票据张数	1		
票据号码	20629260				
备注：					
复核：	记账：			开户银行签章	

此联是开户银行交给（持）出票人的回单

175*85mm GH 066011

单据 8-16　银行进账单

【业务 8.2.4】

出 库 单

出货单位：金陵钱多多家具有限公司　　2017 年 11 月 16 日　　单号：06525905

提货单位或领货部门	上海美新商贸有限公司	销售单号	97295261		发出仓库	仓库四	出库日期	2017.11.16
编号	名称及规格	单位	数量		单价	金额	备注	
			应发	实发				
02	办公椅	把	320	320				
合计								

部门经理：周白　　会计：张雯　　仓库：周白　　经办人：张慧

会计联

单据 8-17　出库单

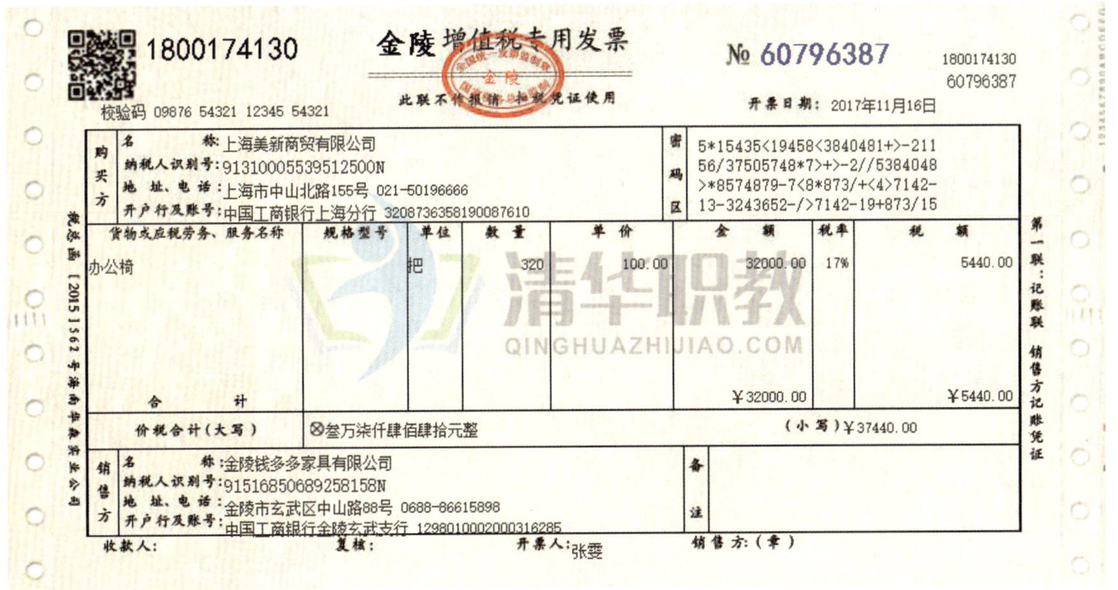

1800174130　　金陵增值税专用发票　　№ 60796387

此联不作报销、扣税凭证使用

1800174130
60796387

校验码 09876 54321 12345 54321　　开票日期：2017年11月16日

购买方	名　　称：上海美新商贸有限公司 纳税人识别号：91310005539512500N 地 址、电 话：上海市中山北路155号 021-50196666 开户行及账号：中国工商银行上海分行 3208736358190087610	密码区	5*15435<19458<3840481+>-211 56/37505748*7>+>-2//5384048 >*8574879-7<8*873/+<4>7142- 13-3243652-/>7142-19+873/15

货物或应税劳务、服务名称	规格型号	单位	数量	单价	金额	税率	税额
办公椅		把	320	100.00	32000.00	17%	5440.00
合　　计					¥32000.00		¥5440.00
价税合计（大写）	⊗叁万柒仟肆佰肆拾元整				（小写）¥37440.00		

销售方	名　　称：金陵钱多多家具有限公司 纳税人识别号：91516850689258158N 地 址、电 话：金陵市玄武区中山路88号 0688-86615898 开户行及账号：中国工商银行金陵玄武支行 1298010002000316285	备注	

收款人：　　复核：　　开票人：张雯　　销售方：（章）

税总函〔2015〕562号海南华森实业公司

第一联：记账联 销售方记账凭证

单据 8-18　增值税专用发票

托收凭证（受理回单） 1

委托日期 2017年 11月 16日

业务类型	委托收款（□邮划、☑电划） 托收承付（□邮划、□电划）			
付款人 全称	上海美新商贸有限公司	收款人 全称	金陵钱多多家具有限公司	
账号	3208736358190087610	账号	1298010002000316285	
地址	省 上海 市/县 开户行 中国工商银行上海分行	地址	省 金陵 市/县 开户行 中国工商银行金陵玄武支行	
金额 人民币（大写）	叁万柒仟肆佰肆拾元整	亿千百十万千百十元角分	¥ 3 7 4 4 0 0 0	
款项内容	货款	托收凭据名称	发票	附寄单证张数 4
商品发运情况	已发货	合同名称号码		
备注： 复核 记账	年 月 日	收款人开户银行签章 2017年 11月 16日		

(2005) 10×17.5公分 文 远 角 直印刷 0512-65011866

此联作收款人开户银行给收款人的受理回单

单据 8-19 托收凭证

【业务 8.2.5】

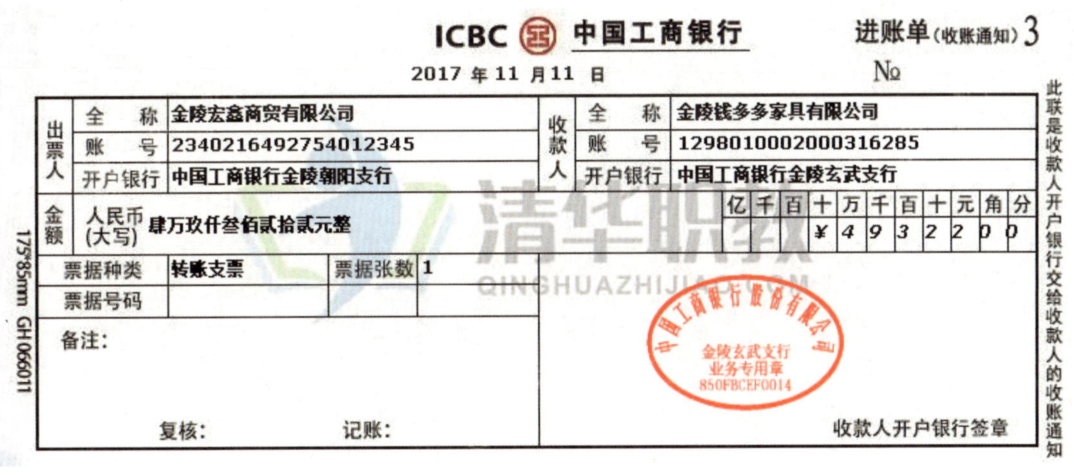

ICBC 中国工商银行 进账单（收账通知） 3

2017 年 11 月 11 日 №

出票人 全称	金陵宏鑫商贸有限公司	收款人 全称	金陵钱多多家具有限公司
账号	2340216492754012345	账号	1298010002000316285
开户银行	中国工商银行金陵朝阳支行	开户银行	中国工商银行金陵玄武支行
金额 人民币（大写）	肆万玖仟叁佰贰拾贰元整	亿千百十万千百十元角分	¥ 4 9 3 2 2 0 0
票据种类	转账支票	票据张数	1
票据号码			
备注： 复核： 记账：		收款人开户银行签章	

175*85mm GH 066011

此联是收款人开户银行交给收款人的收账通知

单据 8-20 银行进账单

任务 8.3 商业企业售价金额核算方法

【业务 8.3.1】

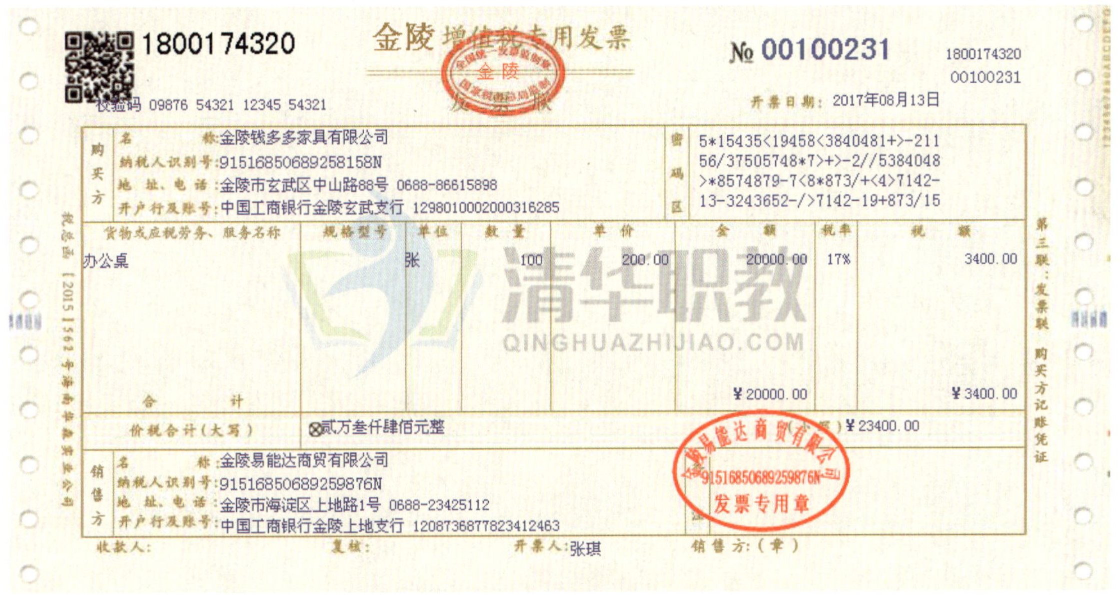

1800174320 金陵增值税专用发票 № 00100231

1800174320
00100231

校验码 09876 54321 12345 54321　　开票日期：2017年08月13日

购买方	名称：金陵钱多多家具有限公司 纳税人识别号：91516850689258158N 地址、电话：金陵市玄武区中山路88号 0688-86615898 开户行及账号：中国工商银行金陵玄武支行 1298010002000316285	密码区	5*15435<19458<3840481+>-211 56/37505748*7>+>-2//5384048 >*8574879-7<8*873/+<4>7142- 13-3243652-/>7142-19+873/15

货物或应税劳务、服务名称	规格型号	单位	数量	单价	金额	税率	税额
办公桌		张	100	200.00	20000.00	17%	3400.00
合计					¥20000.00		¥3400.00
价税合计（大写）	⊗贰万叁仟肆佰元整				（小写）¥23400.00		

销售方	名称：金陵易能达商贸有限公司 纳税人识别号：91516850689259876N 地址、电话：金陵市海淀区上地路1号 0688-23425112 开户行及账号：中国工商银行金陵上地支行 1208736877823412463	备注	

收款人：　　复核：　　开票人：张琪　　销售方：（章）

第三联：发票联 购买方记账凭证

单据 8-21 增值税专用发票

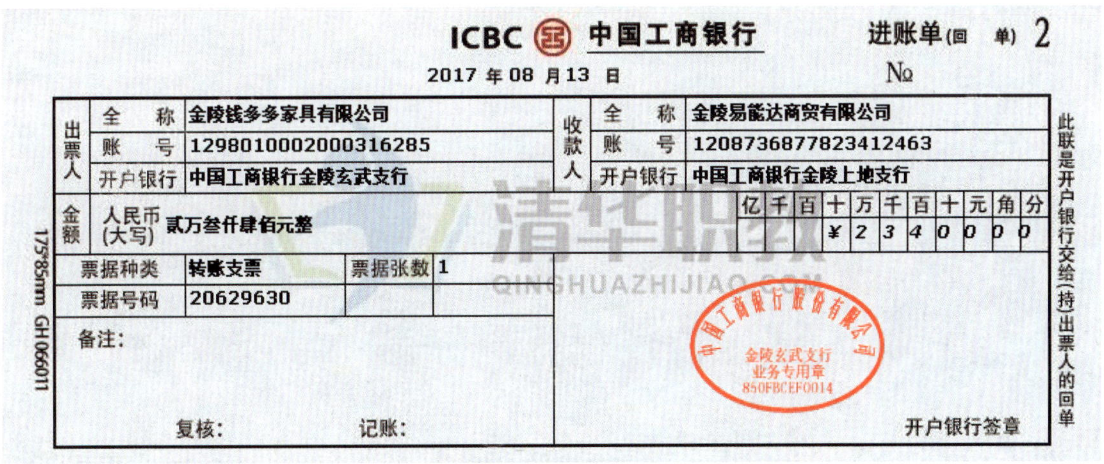

ICBC 中国工商银行　　进账单（回 单）2

2017 年 08 月 13 日　　№

出票人	全称	金陵钱多多家具有限公司	收款人	全称	金陵易能达商贸有限公司
	账号	1298010002000316285		账号	1208736877823412463
	开户银行	中国工商银行金陵玄武支行		开户银行	中国工商银行金陵上地支行

金额	人民币（大写）	贰万叁仟肆佰元整	亿	千	百	十	万	千	百	十	元	角	分
						¥	2	3	4	0	0	0	0

票据种类	转账支票	票据张数	1
票据号码	20629630		

备注：

复核：　　记账：　　开户银行签章

此联是开户银行交给（持）出票人的回单

175*85mm GH06601

单据 8-22 银行进账单

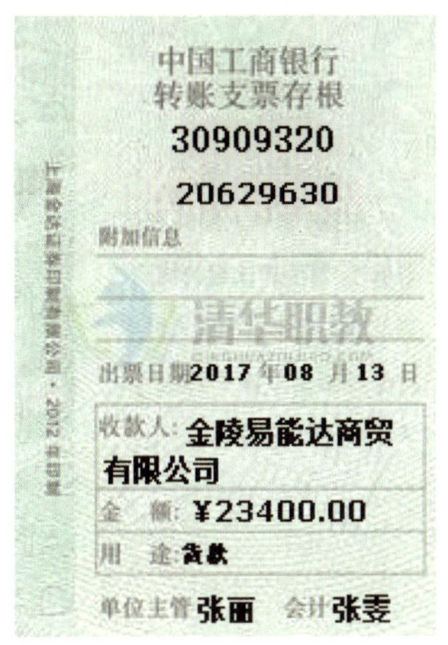
中国工商银行
转账支票存根
30909320
20629630
附加信息
出票日期 2017 年 08 月 13 日
收款人：金陵易能达商贸有限公司
金　额：¥23400.00
用　途：货款
单位主管 张丽　会计 张雯

单据 8-23　转账支票存根

【业务 8.3.2】

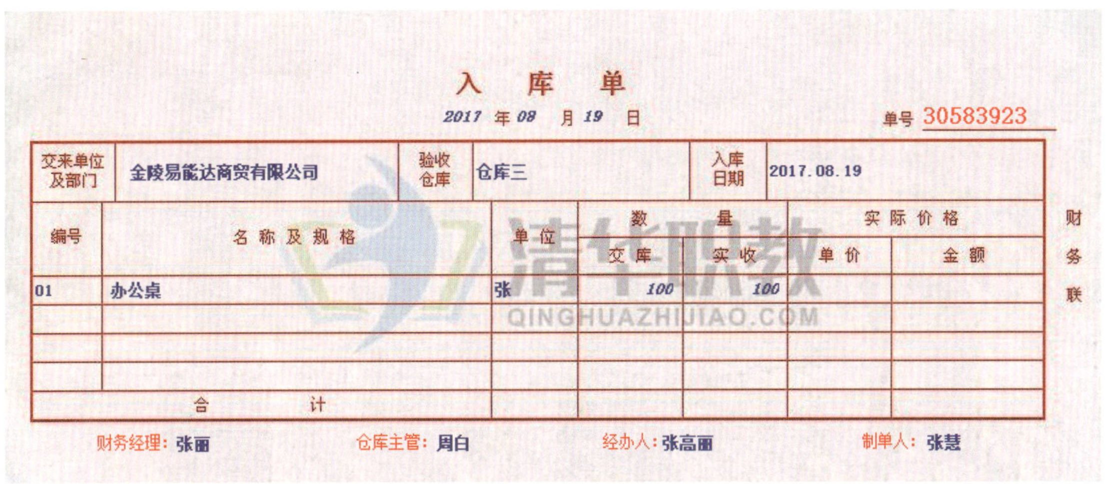
入　库　单

2017 年 08 月 19 日　　单号 30583923

交来单位及部门	金陵易能达商贸有限公司	验收仓库	仓库三	入库日期	2017.08.19

编号	名称及规格	单位	数量		实际价格	
			交库	实收	单价	金额
01	办公桌	张	100	100		
合计						

财务联

财务经理：张丽　仓库主管：周白　经办人：张高丽　制单人：张慧

单据 8-24　入库单

【业务 8.3.3】

1800174130　　金陵增值税专用发票　　№ 60796432　　1800174130 60796432

此联不作报销、扣税凭证使用　　开票日期：2017年08月21日

校验码 18291 82018 02183 08048

购买方	名　　称：上海美新商贸有限公司 纳税人识别号：91310005539512500N 地址、电话：上海市中山北路155号 021-50196666 开户行及账号：中国工商银行上海分行 3208736358190087610				密码区	-65745<19458<38404817000006 5/37503848*7>234504>-000006 2//5>*8574567-7<8*873000007 <413-3001152-/7142>>8000008		
货物或应税劳务、服务名称	规格型号	单位	数量	单价	金额	税率	税额	
办公桌		张	80	240.00	19200.00	17%	3264.00	
合　　计					¥19200.00		¥3264.00	
价税合计（大写）	⊗贰万贰仟肆佰陆拾肆元整				（小写）¥22464.00			
销售方	名　　称：金陵钱多多家具有限公司 纳税人识别号：91516850689258158N 地址、电话：金陵市玄武区中山路88号 0688-66615898 开户行及账号：中国工商银行金陵玄武支行 1298010002000316285				备注			

收款人：　　复核：　　开票人：张雯　　销售方：（章）

税总函〔2015〕562号海南华森实业公司

第一联：记账联　销售方记账凭证

单据 8-25　增值税专用发票

ICBC 中国工商银行　　进账单（收账通知）3

2017 年 08 月 21 日　　№

出票人	全　称	上海美新商贸有限公司	收款人	全　称	金陵钱多多家具有限公司
	账　号	3208736358190087610		账　号	1298010002000316285
	开户银行	中国工商银行上海分行		开户银行	中国工商银行金陵玄武支行
金额	人民币（大写）	贰万贰仟肆佰陆拾肆元整		亿千百十万千百十元角分	¥2246400
票据种类	转账支票	票据张数	1		
票据号码					
备注：		复核：　　记账：		收款人开户银行签章	

175*85mm GH066011

此联是收款人开户银行交给收款人的收账通知

单据 8-26　银行进账单

出 库 单

出货单位：金陵钱多多家具有限公司　　2017 年 08 月 21 日　　单号：06525911

提货单位或领货部门	上海美新商贸有限公司	销售单号	97295267	发出仓库	仓库三	出库日期	2017.08.21
编号	名称及规格	单位	数量 应发	数量 实发	单价	金额	备注
01	办公桌	张	80	80			
合计							

会计联

部门经理：周白　　会计：张雯　　仓库：周白　　经办人：张慧

单据 8-27　出库单

任务 8.4　商业企业进价金额核算方法

【业务 8.4.1】

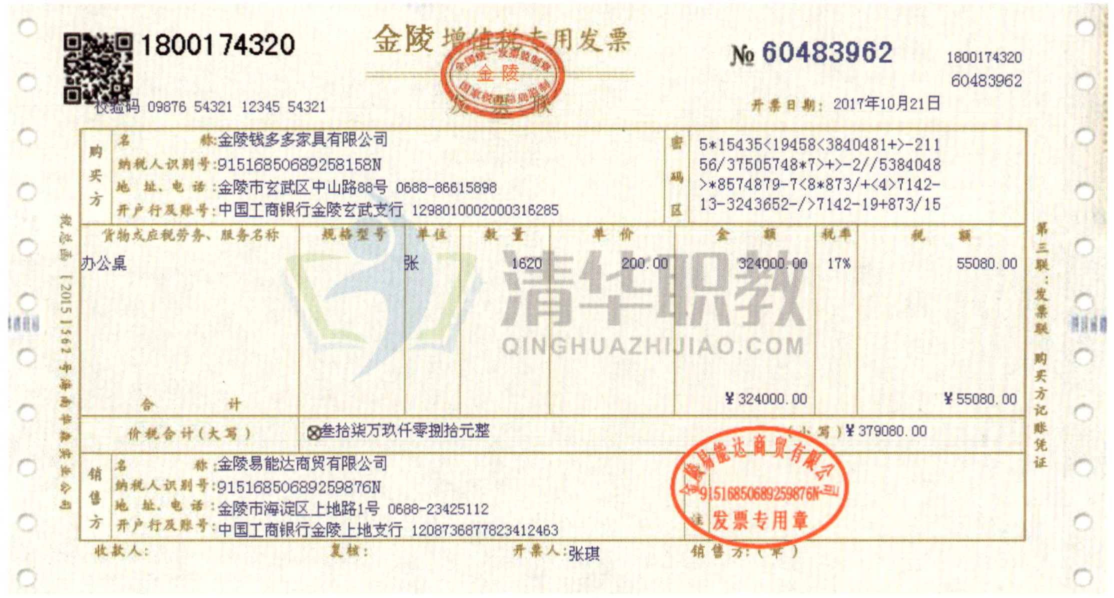

金陵增值税专用发票

1800174320　　№ 60483962　　1800174320　60483962

发票联

校验码 09876 54321 12345 54321　　开票日期：2017年10月21日

购买方　名　称：金陵钱多多家具有限公司
纳税人识别号：91516850689258158N
地址、电话：金陵市玄武区中山路88号 0688-86615898
开户行及账号：中国工商银行金陵玄武支行 1298010002000316285

密码区　5*15435<19458<3840481+>-211
56/37505748*7>+>-2//5384048
>*8574879-7<8*873/+<4>7142-
13-3243652-/>7142-19+873/15

货物或应税劳务、服务名称	规格型号	单位	数量	单价	金额	税率	税额
办公桌		张	1620	200.00	324000.00	17%	55080.00
合计					¥324000.00		¥55080.00

价税合计（大写）⊗叁拾柒万玖仟零捌拾元整　（小写）¥379080.00

销售方　名　称：金陵易能达商贸有限公司
纳税人识别号：91516850689259876N
地址、电话：金陵市海淀区上地路1号 0688-23425112
开户行及账号：中国工商银行金陵上地支行 1208736877823412463

备注　（发票专用章）

收款人：　　复核：　　开票人：张琪　　销售方：（章）

第三联：发票联　购买方记账凭证

单据 8-28　增值税专用发票

入 库 单

2017 年 10 月 21 日　　　　单号 32583933

交来单位及部门	金陵易能达商贸有限公司	验收仓库	仓库三	入库日期	2017.10.21	
编号	名称及规格	单位	数量		实际价格	
			交库	实收	单价	金额
01	办公桌	张	1620	1620		
	合　　计					

财务联

财务经理：张丽　　仓库主管：周白　　经办人：张高丽　　制单人：张慧

单据 8-29　入库单

ICBC 中国工商银行　　进账单（回　单）2

2017 年 10 月 21 日　　№

出票人	全称	金陵钱多多家具有限公司	收款人	全称	金陵易能达商贸有限公司
	账号	1298010002000316285		账号	1208736877823412463
	开户银行	中国工商银行金陵玄武支行		开户银行	中国工商银行金陵上地支行
金额	人民币（大写）	叁拾柒万玖仟零捌拾元整		亿千百十万千百十元角分	¥ 3 7 9 0 8 0 0 0
票据种类	转账支票	票据张数	1		
票据号码					
备注：					
复核：	记账：			开户银行签章	

此联是开户银行交给（持）出票人的回单

175*85mm GH066011

中国工商银行股份有限公司 金陵玄武支行 业务专用章 850FBCEF0014

单据 8-30　银行进账单

【业务 8.4.2】

1800174130 **金陵增值税专用发票** № 60796451

此联不作报销、扣税凭证使用

1800174130
60796451

校验码 18291 82018 02183 08048

开票日期：2017年10月26日

购买方	名称：金陵宏鑫商贸有限公司 纳税人识别号：91510010553951100N 地址、电话：金陵市高新区宣汉路94号 0688-54720481 开户行及账号：中国工商银行金陵朝阳支行 2340216492754012345			密码区	-65745<19458<38404817000006 5/37503848*7>234504>-000006 2//5>*8574567-7<8*873000007 <413-3001152-/7142>>8000008		
货物或应税劳务、服务名称	规格型号	单位	数量	单价	金额	税率	税额
办公桌		张	1000	300.00	300000.00	17%	51000.00
合计					¥300000.00		¥51000.00
价税合计（大写）	⊗叁拾伍万壹仟元整				（小写）¥351000.00		
销售方	名称：金陵钱多多家具有限公司 纳税人识别号：91516850689258158N 地址、电话：金陵市玄武区中山路88号 0688-86615898 开户行及账号：中国工商银行金陵玄武支行 1298010002000316285			备注			

收款人： 复核： 开票人：张雯 销售方：（章）

第一联：记账联 销售方记账凭证

税总函［2015］562号海南华森实业公司

单据 8-31 增值税专用发票

出库单

出货单位：金陵钱多多家具有限公司 2017 年 10 月 26 日 单号：06525923

提货单位或领货部门	金陵宏鑫商贸有限公司	销售单号	10593867		发出仓库	仓库三	出库日期	2017.10.26
编号	名称及规格	单位	数量		单价	金额	备注	
			应发	实发				
01	办公桌	张	1000	1000				
合计								

部门经理：周白 会计：张雯 仓库：周白 经办人：张慧

会计联

单据 8-32 出库单

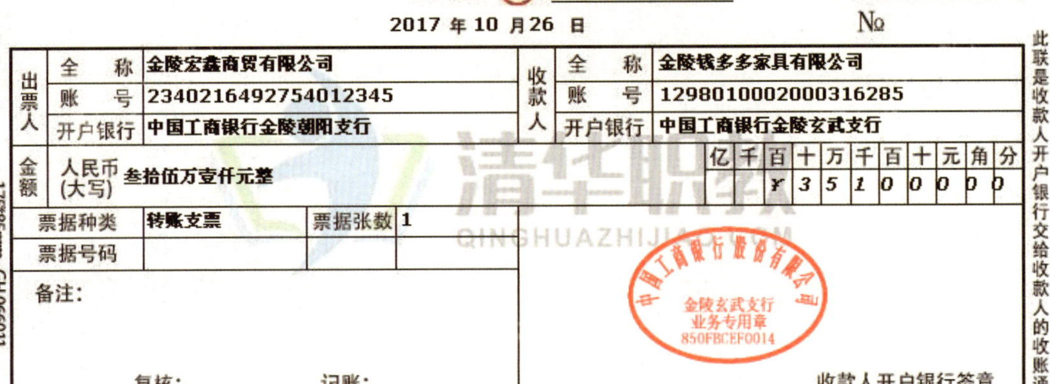

ICBC 中国工商银行　　进账单（收账通知）3

2017 年 10 月 26 日　　№

出票人	全　称	金陵宏鑫商贸有限公司	收款人	全　称	金陵钱多多家具有限公司
	账　号	2340216492754012345		账　号	1298010002000316285
	开户银行	中国工商银行金陵朝阳支行		开户银行	中国工商银行金陵玄武支行
金额	人民币（大写）	叁拾伍万壹仟元整		亿千百十万千百十元角分	￥35100000
票据种类	转账支票	票据张数	1		
票据号码					
备注：					
复核：	记账：			收款人开户银行签章	

中国工商银行股份有限公司 金陵玄武支行 业务专用章 850FBCEF0014

此联是收款人开户银行交给收款人的收账通知

175*85mm GH066011

单据 8-33　银行进账单

任务 8.5　商业企业流通费用核算

【业务 8.5.1】

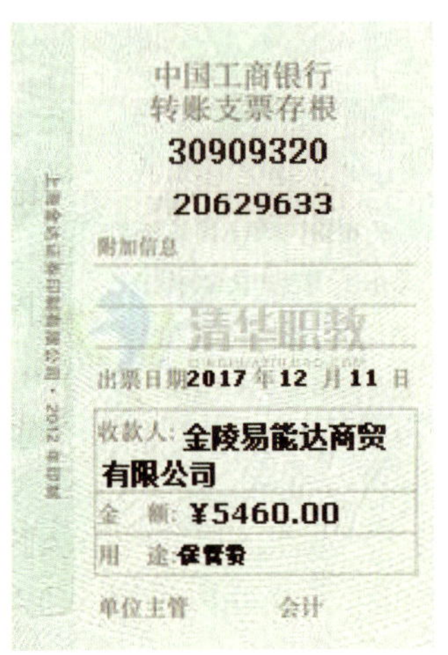

中国工商银行
转账支票存根
30909320
20629633
附加信息
出票日期 2017 年 12 月 11 日
收款人：金陵易能达商贸有限公司
金　额：￥5460.00
用　途：保管费
单位主管　　会计

单据 8-34　转账支票存根

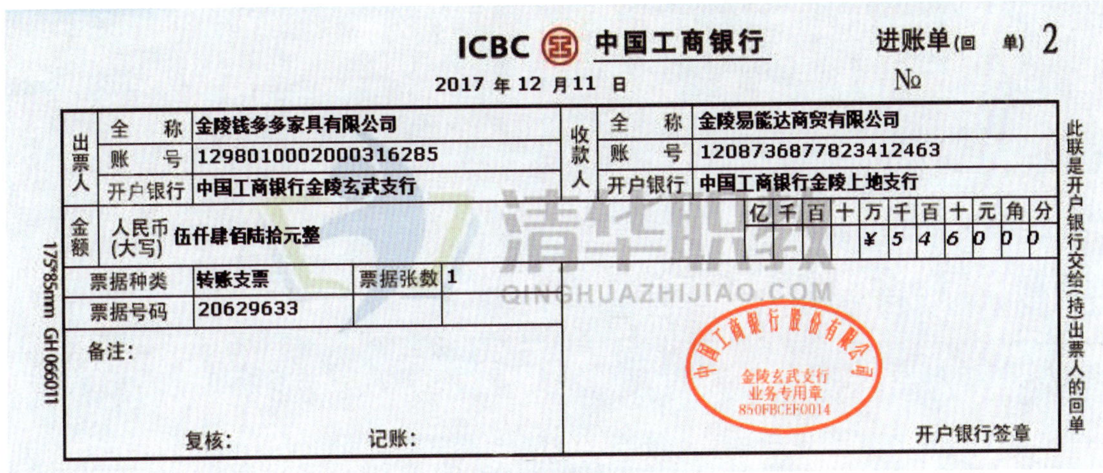

ICBC 中国工商银行　　进账单（回　单）2

2017 年 12 月 11 日　　№

出票人	全　称	金陵钱多多家具有限公司	收款人	全　称	金陵易能达商贸有限公司
	账　号	1298010002000316285		账　号	1208736877823412463
	开户银行	中国工商银行金陵玄武支行		开户银行	中国工商银行金陵上地支行

金额	人民币（大写）	伍仟肆佰陆拾元整	亿千百十万千百十元角分：¥546000
票据种类	转账支票	票据张数	1
票据号码	20629633		

备注：

复核：　　记账：　　开户银行签章

中国工商银行股份有限公司 金陵玄武支行 业务专用章 850FBCEF0014

此联是开户银行交给（持）出票人的回单

175*85mm GH066011

单据 8-35　银行进账单

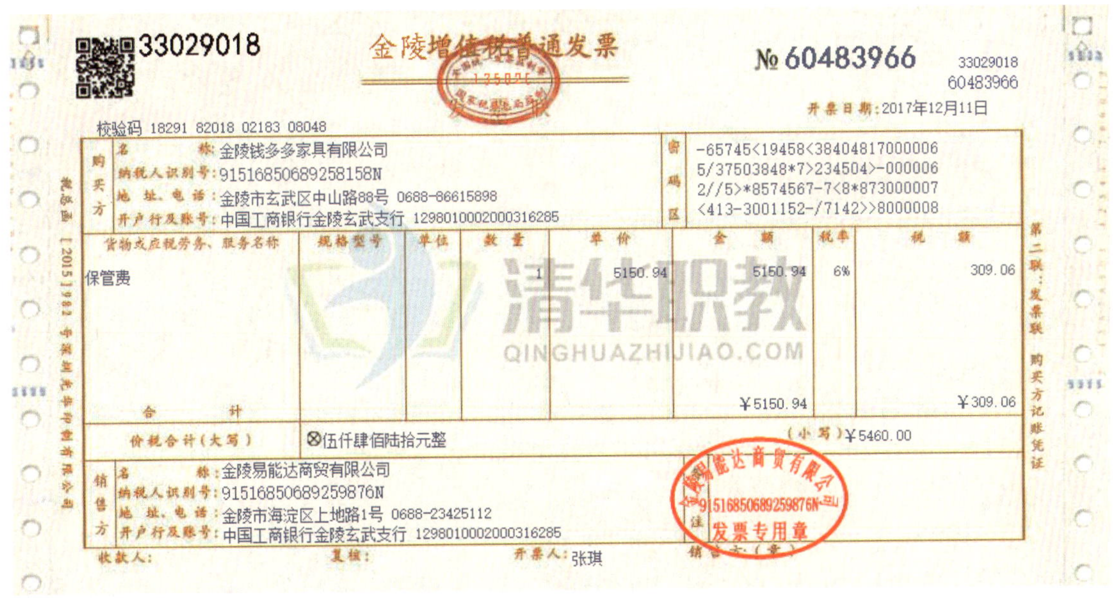

33029018　　金陵增值税普通发票　　№ 60483966　　33029018 60483966

发票联

开票日期：2017年12月11日

校验码 18291 82018 02183 08048

购买方	
名　　称	金陵钱多多家具有限公司
纳税人识别号	91516850689258158N
地址、电话	金陵市玄武区中山路88号 0688-86615898
开户行及账号	中国工商银行金陵玄武支行 1298010002000316285

密码区：
-65745<19458<38404817000006
5/37503848*7>234504>-000006
2//5>*8574567-7<8*873000007
<413-3001152-/7142>>8000008

货物或应税劳务、服务名称	规格型号	单位	数量	单价	金额	税率	税额
保管费			1	5150.94	5150.94	6%	309.06
合　计					¥5150.94		¥309.06

价税合计（大写）⊗伍仟肆佰陆拾元整　　（小写）¥5460.00

销售方	
名　　称	金陵易能达商贸有限公司
纳税人识别号	91516850689259876N
地址、电话	金陵市海淀区上地路1号 0688-23425112
开户行及账号	中国工商银行金陵玄武支行 1298010002000316285

备注：金陵易能达商贸有限公司 91516850689259876N 发票专用章

收款人：　　复核：　　开票人：张琪　　销售方：（章）

第二联：发票联　购买方记账凭证

单据 8-36　增值税普通发票

【业务 8.5.2】

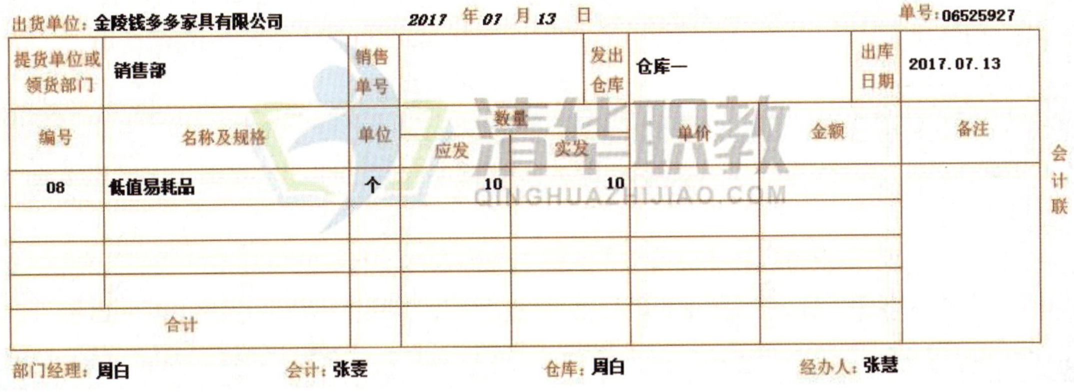

出 库 单

出货单位：金陵钱多多家具有限公司　　2017 年 07 月 13 日　　单号：06525927

提货单位或领货部门	销售部	销售单号		发出仓库	仓库一	出库日期	2017.07.13
编号	名称及规格	单位	数量 应发	数量 实发	单价	金额	备注
08	低值易耗品	个	10	10			
合计							

部门经理：周白　　会计：张雯　　仓库：周白　　经办人：张慧

会计联

单据 8-37　出库单

任务 8.6　商业企业利润和利润分配核算

【业务 8.6.1】

企业所得税计算表

项 目	数 值
利润总额（元）	9800.00
税率（%）	25
应计提所得税（元）	2450.00

单据 8-38　企业所得税计算表

【业务 8.6.2】

2017年12月损益类科目余额表

科目名称	本期借方发生额	本期贷方发生额	本年累计借方发生额	本年累计贷方发生额
主营业务收入		517400.00		
其他业务收入		53770.00		
营业外收入		10290.00		

制表人：

单据 8-39　损益类科目余额表

【业务 8.6.3】

2017年12月成本收益类科目余额表

科目名称	本期借方发生额	本期贷方发生额	本年累计借方发生额	本年累计贷方发生额
主营业务成本	411600.00			
其他业务成本	32610.00			
税金及附加	17445.00			
管理费用	81885.00			
营业外支出	6160.00			

制表人：

单据 8-40　成本收益类科目余额表